Michael Schneider

Heilige im Alltag

BILDNACHWEIS:

Christus und der heilige Menas:
Koptische Ikone nach einer Vorlage aus dem 6. Jahrhundert

(Privatbesitz 2004)
Vgl. Seite 89

Die Deutsche Bibliothek - CIP Einheitsaufnahme

Schneider, Michael
Heilige im Alltag
Michael Schneider - Kisslegg
Fe-Medienverlags GmbH

ISBN 978-3-939684-15-2

INHALTSVERZEICHNIS

HEILIGE IM ALLTAG

Die vorliegende Studie verdankt sich einer Anregung von Walter Nigg und seinem Buch Heilige im Alltag [1]. Nicht der Sonntag , sondern der Alltag ist das Problem christlichen Daseins: Wie ist der Glaube in den Alltäglichkeiten des Lebens glaubwürdig zu bezeugen? Der Christ wird zu einem wahren Anbeter Gottes in dem Augenblick, wo er in und mit seinem ganzen Leben betet. Die Weisung der Heiligen Schrift: Betet ohne Unterlaß! deutet Martin Luther so: Unser Haus, Hof, Acker und alles ist voller Bibel, daß Gott durch seine Wunderwerke nicht allein predigt, sondern auch an unsere Augen klopft, unsere Sinne anrührt und uns gleichsam ins Herz leuchtet, wo wir es haben wollen, wir sollen aufmerken und wahrnehmen. Es gilt also, mitten im Alltag Gottes Spuren zu erkennen und darauf zu antworten.

Der Glaube erwächst in einem primären, nicht erst nachträglichen Akt einer spirituellen Erfahrung.[2] Von der pneumatologischen Grundlegung des Glaubens (und der Theologie) spricht Bonaventura, indem er sich auf den Rat Bernhards von Clairvaux bezieht: Nie wirst du Paulus verstehen, wenn du nicht den Geist des Paulus findest. [3] Wer Christus in sich selber findet, wird ihn auch draußen in der Heiligen Schrift oder gar im Studium der Theologie entdecken.[4] Im Leben der Heiligen wird deutlich, daß Heiligkeit alle Bereiche und Bezüge des Lebens umfaßt; darin sind die Heiligen eine ständige Herausforderung für jedes Glaubensleben im Alltag, aber auch ein bleibendes Modell christlicher Existenz.

Seit der Menschwerdung des Gottessohnes ist Heiligkeit nicht mehr auf bestimmte Zeiten und Räume beschränkt, sondern reicht überall dorthin, wo der Geist weht: Heiligkeit ist eine Haltung, die zu allen Hand-

---

1 Vgl. W. Nigg, Heilige im Alltag. Olten-Freiburg 1976.

2 Vgl. A. Rotzetter, Theologie und Spiritualität, in: ders. (Hg.), Geist wird Leib. Zürich 1979, 19-39, hier 28.

3 Bonaventura, Collationes de septem donis Spiritus sancti VII,12.

4 Bonaventura fügt jedoch hinzu: Da es nicht leicht ist, sich recht zu erziehen, nehme man sich andere von Gott inspirierte Menschen, gute Ratgeber.

lungen gehört, mit allen Taten verbunden ist, alles Leben begleitet und formt - kein Ausflug in Spiritualität. Ein Heiliger ist ein Mensch, der nicht weiß, wie es möglich sein kann, nicht zu lieben, nicht mitzuleiden und mitzuhelfen, kein Gefühl zu haben für die Freuden und Ängste anderer - ein Weg, der Quelle des Seins treu zu sein [5].

Nun ist aber folgende Ansicht über die Heiligen weit verbreitet: Heilige üben zahlreiche heroische Tugendakte und leben fern von jeder (läßlichen) Sünde, mit voranschreitender Vollkommenheit und Reinheit, unter strenger Askese und häufiger Beichte... Ein solches Heiligenbild erscheint viel zu introvertiert, weltfremd, asketisch und leibfeindlich, als daß es ein Vorbild gelebten Lebens sein könnte. So wundert es nicht, daß dieses Heiligenverständnis zu einer Krise in der Heiligenverehrung führte.

Der grundlegende Wandel im Verständnis christlicher Heiligkeit zeigt sich heute darin, daß sich der Christ eher zu solchen Glaubenszeugnissen hingezogen fühlt, die die ganze Not des Lebens und der Gottesferne durchlitten haben (Thérèse von Lisieux, aber auch Madeleine Delbrêl). Ein neuer Typ des Heiligen wird sichtbar, nämlich der des unscheinbaren Heiligen [6], der mit den anderen und unter ihnen lebt, solidarisch mit Unterprivilegierten und denen am Rande der Kirche, den Nichtglaubenden.[7]

Die heutige Atrophie in der Fähigkeit zur Verehrung der Heiligen[8] verbindet sich meist mit der Frage, was überhaupt unter einem Heiligen zu verstehen ist. Wird er als ein Vorbild oder Heroe des Glaubens verstanden, der außerordentliche Tugendakte aufzuweisen hat, so

---

[5] So das Wort des Juden Abraham Heschel, zit. im Artikel Heilig - Heiligkeit von H. Spaemann, in: Lexikon der Spiritualität. Hrsg. von C. Schütz, Freiburg-Basel-Wien 1988, 593.

[6] R. Guardini, Der Heilige in unserer Welt. Würzburg 1956, 11-24.

[7] Vgl. K. Rahner, Dimensionen des Martyriums. Plädoyer für die Erweiterung eines klassischen Begriffs, in: ders., Schriften zur Theologie XVI. Einsiedeln-Zürich-Köln 1984, 295-299.

[8] Vgl. K. Rahner, Warum und wie können wir die Heiligen verehren?, in: ders., Schriften zur Theologie VII. Einsiedeln-Zürich-Köln 1966, 285.

führt dieses Verständnis zu einer Gesetzesmoral und einem quantitativen Messen von Tugenden und Vollkommenheiten. Aber Gott ist größer: Was immer vom einzelnen in der Nachfolge getan wird, bleibt weniger und geringer als das, was getan werden müßte.
Ferner steht die Heiligenverehrung unter dem Verdacht, daß sie in den Glaubensweg zu Gott einen Instanzenweg einführt, der nicht genuin christlich ist: Christus ist der einzige Mittler des Heils und schenkt dem Glaubenden freien Zugang zum Vater (nicht zuletzt auch aus diesem Grund lehnt das frühe Christentum bewußt den heidnischen Heroenkult und die spätjüdische Engelverehrung ab). Eine spezifische Situation ergibt sich für die Kirche nach dem II. Vatikanum daraus, daß mit der neuen Eucharistiefrömmigkeit zahlreiche Andachten und andere Gottesdienste (z.B. Votivmessen), bei denen sich die Gemeinde im Gebet zu den Heiligen versammelte, in den Hintergrund getreten sind. Außerdem ist die Vorstellung von einer Beziehung zu einzelnen Heiligen im Himmel kaum noch selbstverständlich: Der Mensch tut sich heute schwer mit dem Gedenken an die Toten; sie scheinen in die Namenlosigkeit zu verschwinden.
Der Sinn der Heiligenverehrung und ihre Bedeutung im Leben des Christen erschließen sich aus dem Glauben, daß Gott in Christus die innerste Wirklichkeit seiner Geschöpfe geworden ist; ihn findet, wer dem erlösten und vollendeten Menschen begegnet. Gegenüber allen Einseitigkeiten und Verengungen in der Heiligenverehrung gilt es zu betonen, daß sie ein Lobpreis auf die Menschenfreundlichkeit Gottes ist, der siegreich in seinen Heiligen und ihrem Leben wirkt. Wie dies gerade im Alltag der Heiligen geschehen ist, dem möchte die vorliegende Studie nachgehen. Dabei ist die Anzahl der Heiligen, die vorgestellt werden, recht eingeschränkt, damit der Leser den jeweiligen Heiligen von verschiedenen Seiten her kennenlernen kann.

I. DAS GELEBTE GLAUBENSZEUGNIS ALLER CHRISTEN

Die Heiligen, die als Zeugen des Herrn ihren Glauben exemplarisch gelebt haben, sind ihren eigenen Weg vor und mit Gott gegangen. Keiner kopierte einen anderen, jeder lebte aus der ursprünglichen Beziehung zu Gott und in Treue zu seinem Ruf, wie er ihn in seinem Leben gesucht und beantwortet hat. Wie die Heiligen hat aber jeder Christ in seinem Leben den Ruf Gottes zu erkennen und zu beantworten; in der Treue zu seinem Weg vor Gott geht keiner allein, sondern in der Gemeinschaft der Glaubenden.

1. Die Berufung aller zur Nachfolge

Jeder Christ ist von Gott berufen, ein Leben zu führen, das der Taufe und der Freiheit der Kinder Gottes entspricht. Hier sind sich alle im Glauben gleich. Dies bedeutet für die beiden Wege der Gebote (Weltchristen) und der Räte (Ordenschristen), daß sie nicht so voneinander zu scheiden sind, daß der zweite Weg der vollkommenere wäre[9]. Es gibt nur eine einzige Berufung, der alle Glaubenden zu entsprechen haben, indem sie sich fragen, was der Wille Gottes ist und wie er erfüllt werden kann. Letztlich geht es darum, selbst ein Heiliger zu werden. Julien Green resümiert jedoch eher traurig, gar resignativ: Mindestens dreißig Jahre wenden wir daran, den Heiligen zu töten, der in uns ins Dasein drängt. [10]

Die ganze Geschichte des Glaubens und der christlichen Spiritualität ist ein immer neuer Aufbruch in der Suche nach einem heiligen und dem Glauben gemäßen Leben; es kommt zu besonderen Ausformungen einer Standesspiritualität und einer christlichen Elitegruppe (z.B. des Mönchtums). Es bilden sich einzelne juridische und soziale Unterschei-

---

9 Vgl. LG 41.

10 J. Green, Tagebücher. Bd. II, Paris 1954, 241.

dungen aus, besonders zwischen den Laien und dem Klerus. Dennoch hat die Kirche die Aussage des Neuen Testaments bewahrt, daß *jeder* Christ zu einem Leben der Vollkommenheit berufen ist. In diesem theologischen Sinn meint Laie (laos = Volk) jenen, der zum auserwählten Volk Gottes gehört und somit zur Vollkommenheit berufen ist. Vollkommen ist, wer an Gottes Gutsein teilhat.

NEUES TESTAMENT

Das Neue Testament unterscheidet verschiedene Charismen (1 Kor 12,4; 14,26), aber auch die Vollmachten der Diener, Vorsteher, Hirten und Ältesten; ihre Vollmachten sind nicht losgelöst von der Gemeinde, sie dienen ihrem Aufbau .

Der Begriff Laie kommt in den neutestamentlichen Schriften nicht vor; diese applizieren vielmehr die alttestamentlichen Texte, die sich auf die Reinheit oder Heiligkeit des Tempels und der Priester beziehen, auf die ganze Kirche und geben ihnen einen neuen Sinn. Die einzelnen Aussagen, die im Alten Bund die Besonderheit des Kultes und seiner Diener bezeichnen (heiliges Priestertum, priesterliches Königtum, geistiger Tempel), werden auf die ganze Kirche übertragen, in der alle Glieder durch den Ruf Jesu aus der Welt ausgesondert und zu einem besonderen Volk geformt sind (1 Petr 2,9f.). Gottes Zusage, die Mose auf dem Sinai für die Israeliten empfangen hat (Ex 19,5f.), gilt dem ganzen Volk Gottes.

Statt einer Scheidung zwischen Laien und Priestern steht am Anfang des Christentums die Scheidung zwischen Kirche und Welt. Die Kirche steht im Widerspruch zur Welt, aus der sie erwählt wird; sie ist von Gott berufen, in der Welt die Nähe des Gottesreiches und des wiederkommenden Herrn zu bezeugen. Für alle Christen gilt, daß sie nicht von dieser Welt sind, doch hineingenommen in die Welt.

KIRCHENVÄTER

Die Botschaft Jesu ist jedem Menschen zugesprochen. Deshalb wundert es nicht, daß sich die Predigten und Katechesen der Kirchenväter[11] an alle Christen richten, ohne daß sie besondere Standesspiritualitäten hervorheben (Johannes Chrysostomus ist sogar der Ansicht, daß alle Christen die evangelischen Räte zu befolgen hätten). Die Unterweisung der Kirchenväter, welche sich an die ganze Gemeinde richtet, hat folgende Inhalte:

1. Aufgrund der Taufe ist jeder Christ dazu verpflichtet, den Weg des Lebens zu gehen und die Vollkommenheit anzustreben.
2. Nicht nur die Taufe, auch der Name des Christen verpflichtet: Der Christ soll sein, was sein Name besagt; er darf nicht allein Christ genannt werden, sondern muß es in Wirklichkeit sein.
3. Jeder Christ ist zum Martyrium berufen (die Martyrer der Frühkirche sind meist Laien und entstammen keinem besonderen - geistlichen - Stand).
4. Die Grundberufung des Christen besteht zunächst nicht in der Erfüllung der evangelischen Räte , sondern im Gebot der vollkommenen Gottes- und Nächstenliebe.
5. Die Grundinhalte christlichen Lebens finden sich im Herrengebet und in den Seligpreisungen.

Alle Christen sind berufen, doch es kommt bald zu Unterscheidungen. Schon im Klemensbrief 40,6 (um 95) findet sich erstmals der Ausdruck laikós als Bezeichnung für den einfachen Christen in Absetzung vom Amtsträger (Presbyter, Diakon); doch diese Unterscheidung wird erst vom 3. Jahrhundert an geläufig, wenn auch die juridischen und sozialen Konsequenzen noch fehlen, wie sie später anzutreffen sind.

MITTELALTER

Ein entscheidender Wandel tritt ein, als seit Papst Gregor VII. nicht nur die Mönche, sondern alle Kleriker als Geistliche bezeichnet werden. Damit wird die paulinische Unterscheidung zwischen fleischlichen

---

11 Vgl. Laien und christliche Vollkommenheit. Hrsg. von G. Thils und K.V. Truhlar. Freiburg-Basel-Wien 1965, bes. 30-114 (I. Hausherr).

und geistlichen Menschen auf die juridische und soziale Ebene gehoben. Besteht ursprünglich der primäre Gegensatz nicht zwischen Klerus und Laie, sondern zwischen Kirche und Welt, verlagert sich die Unterscheidung immer mehr in die Kirche selbst: Das Volk wird zu einer kompetenzlosen Masse und der Laie zum Nicht-Fachmann, dem es an theologischer Bildung, Kunst und Wissen fehlt. Gegenüber den Geistlichen verliert der Laie seinen Ort im Vollzug der Kirche. Dies zeigt sich seit dem 8. Jahrhundert in der Feier der Eucharistie, in der der Laie nur noch als hörender Zuschauer gegenüber dem agierenden und amtierenden Klerus fungiert. Die Geistlichen, die immer mönchischer (mit eigener Kleidung und Zölibat) werden, bilden die kirchliche Hierarchie. Von nun an werden zwei Stände in der Kirche unterschieden, nämlich die Priester und Mönche einerseits und die Laien andererseits.[12] Da man meinte, Jesu Forderungen könne man aufteilen in Minimalforderungen (10 Gebote) für alle und Maximalforderungen (Bergpredigt; evangelische Räte) für die wenigen auserwählten Christen mit einer besonderen Berufung, bildete sich der Stand der Vollkommenheit aus.

II. VATIKANUM

Auf dem II. Vatikanischen Konzil vollzieht sich eine wichtige Neubesinnung. Ausgehend von 1 Petr 2,9f., lehrt das zweite Kapitel der Kirchenkonstitution die Einheit aller Glieder der Kirche: Aufgrund von Taufe und Firmung nehmen alle an der gemeinsamen Berufung und am

---

[12] Bei Gratian (um 1140), dem Vater des Kirchenrechts, heißt es hierzu: Es gibt zwei Arten von Christen. Die eine Art ist diejenige, die dem göttlichen Dienst, der Betrachtung und dem Gebet übereignet ist und sich von allem weltlichen Lärm fernhalten muß. Dies sind die Kleriker und Gott-Geweihten, das heißt die Mönche. Die andere Art von Christen ist diejenige der Laien. Ihnen ist es erlaubt, irdische Güter zu besitzen, aber nur für den notwendigen Gebrauch. [...] Ihnen ist es zugestanden zu heiraten, Land zu bebauen, Klagen durch einen Richterspruch aufzuheben, Rechtshändel zu führen, Opfergaben auf dem Altar niederzulegen, den Zehnten zu bezahlen. So können auch sie gerettet werden, unter der Voraussetzung, daß sie die Laster meiden, indem sie das Gute tun. (Decr.p. II[a], XII,1,7; zit. nach H. Mühlen, Die Besonderheit des Kirchlichen Leitungsamtes, in: Dienst und Amt. Regensburg 1973, 80).

dreifachen Amt Christi teil. Im Volk Gottes, das die Kirche bildet, sind alle Christen gleich, besonders was ihre gemeinsame Sendung betrifft, so daß das Recht und die Pflicht allen Gläubigen, Klerikern und Laien, gemeinsam ist [13]. Hiermit ist das spezifische Priestertum keineswegs geleugnet. Da nämlich das Volk Gottes als eine gegliederte Gemeinschaft existiert und die verschiedenen Dienste in ihr aufeinander angewiesen sind, gibt es neben dem allen Gläubigen gemeinsamen Priestertum das Priesteramt des Dienstes, das von jenem nicht nur dem Grade, sondern auch der göttlichen Einsetzung nach verschieden ist.
Das Konzil bedenkt die spezifische Sendung des Laien. Er wird nicht mehr als der Nicht-Kleriker angesehen, vielmehr betont das vierte Kapitel der Kirchenkonstitution, daß der Laie gegenüber der Hierarchie und dem Ordensstand eine eigene Berufung und Sendung hat, die sich aus seiner besonderen Stellung zur Welt ergibt; der Laie nimmt an der Heilssendung der Kirche teil. Durch ihre Präsenz in Welt und Gesellschaft[14] haben die Laien nicht nur irgendwie Anteil an der Sendung der Kirche, sondern sind berufen, als lebendige Glieder (der Kirche) mit all ihren Kräften [...] zum Wachstum und zur ständigen Heiligung der Kirche beizutragen [15].
Dabei bleibt es dem Laien aufgetragen, die Konflikte auszutragen, die ihm aus seiner Stellung in der weltlichen und kirchlichen Gesellschaft erwachsen.[16] In solchen Konfliktsituationen darf er von seinen Seelsorgern Hilfe erwarten, aber keine konkreten Lösungen, denn die Kirche ist keinem irdisch-gesellschaftlichen System verpflichtet und gibt keine konkreten politischen, wirtschaftlichen oder gesellschaftlichen Ordnungsmodelle vor.[17] Das Ordnen der zeitlichen Dinge und die Heiligung der Welt stehen für den Laien heutzutage im Spannungsfeld von normativer Offenbarung und autonomer Weltlichkeit. Daß diese Span-

---

[13] AA 25.

[14] Vgl. AA 5-8.

[15] LG 33.

[16] Vgl. LG 36; GS 43.

[17] Vgl. GS 43.

nung heute von den Laien deutlich empfunden wird, zeigt das rasche Aufkommen der Säkularinstitute und der neuen geistlichen Gemeinschaften im vergangenen Jahrhundert.

2. Die Kirche der Heiligen

Heiligkeit macht nicht bloß eine Eigenschaft, sondern das Sein Gottes aus. Jahwe ist der Heilige (Jes 6,3), der Heilige Israels , der sich ein heiliges Volk aussondert (Ex 19,6). Wer Gott, den Heiligen, liebt und den Bund treu hält, sucht dem Ruf zur Heiligkeit zu entsprechen (Lev 11,44f.; 20,26; 21,8): Seid heilig, denn ich, der Herr, euer Gott, bin heilig (Lev 19,2). Heiligkeit ist für das Alte Testament Bundesheiligkeit; sie gründet nicht in der Heiligkeit des einzelnen, sondern in der Zugehörigkeit zu Gott und zu seinem Volk; in ihm hängt jeder mit jedem zusammen, selbst über die Jahrhunderte hinweg.
In der neutestamentlichen Botschaft bleibt die Aussage über Gottes Heiligkeit aufs engste verbunden mit der Beziehung Jesu zum Vater . Jesus erschließt den Weg zum Heiligen Vater (Joh 17,11); seinen Namen sollen die Jünger heiligen (Mt 6,9), wie sich Jesus für seine Freunde in Wahrheit geheiligt hat (Joh 17,19). Jesus schafft sich ein heiliges Volk (Röm 11,17; Hebr 13,12), dem er seinen Heiligen Geist sendet (Apg 1,8; Röm 15,16; 1 Kor 6,11; 2 Thess 2,13). Zu dem neuen Volk Gottes gehören alle in Christus Geheiligten (Röm 1,7; 1 Kor 1,2; Kol 3,12) und zur Heiligung Berufenen (1 Thess 4,7). Kein Ding und kein Mensch ist aus diesem Volk ausgeschlossen; alles, was Gott geschaffen hat, ist gut, und nichts ist verwerflich, wenn es mit Dank genossen wird; es wird geheiligt durch Gottes Wort und durch das Gebet (1 Tim 4,4f.).
Paulus nennt die Christen geheiligt als Söhne Gottes (vgl. Röm 8,14ff.; Gal 3,26ff.; 4,7). Als berufene Heilige (Röm 1,7) und in Christus Jesus Geheiligte (1 Kor 1,2) sind alle Christen Heilige (2 Kor 1,1 und öfters). So antwortet Ananias, als er aufgefordert wird, zu Paulus zu gehen: Herr, ich habe durch viele von diesem Mann gehört, wieviel Böses er Deinen Heiligen in Jerusalem angetan hat (Apg 9,13).

Der neutestamentliche Sprachgebrauch ist bezeichnend: Wenn die Christen als Heilige bezeichnet werden, wird das Wort im Plural verwendet, nämlich als Gemeinschaft der Geheiligten (Apg 20,32) und als Kirche der Heiligen (1 Kor 14,33). Die Heiligkeit des Christen gründet in der Heiligkeit Gottes, wie auch die Gemeinschaft der Heiligen ihre Vollendung bei Gott hat.
Aufgrund von Taufe und Firmung herrscht unter allen eine wahre Gleichheit in der allen Gläubigen gemeinsamen Würde und Tätigkeit zum Aufbau des Leibes Christi (LG 32). Nur in Gemeinschaft und Einheit mit der ganzen Kirche erfüllt der Priester seine Sendung, d.h., er ist zuerst und vor allem anderen Christ und steht in der Gemeinde, nicht jedoch über ihr. Wie die Ortsgemeinde nur in Gemeinschaft mit den Priestern und dem Bischof ihren Auftrag erfüllt, so kann auch der Priester sein kirchliches Amt nur in und mit der Gemeinde ausüben. Um dieses Zueinander deutlich zum Ausdruck zu bringen, hat die frühchristliche Gemeinde ganz spezifische Begriffe gewählt: Der Presbyteros verwaltet sein Amt nicht seines biologischen Alters wegen, wohl aber wegen seiner Aufgabe in der Gemeinde; der Episkopos hat in besonderer Weise auf die Gemeinde zu achten, während der Diakonos ihr (besonders in den Bedürftigen) dient. Auffällig und wesentlich an diesen Amtsbeschreibungen ist, daß die Begriffe sich nicht von kultischen Handlungen her bestimmen, sondern in Hinordnung auf den Dienst in der christlichen Gemeinde. Daraus folgt eine differenzierte Sicht des gemeinsamen Priestertums.
Vor allem ist das Konzept vom Stand der Vollkommenheit zu korrigieren, insofern es aus der Unterscheidung von zwei Ständen in der Kirche, einem vollkommenen und einem unvollkommenen, resultiert. Eine solche Zweiteilung in der Spiritualität und im Glaubensleben hat es in der frühen Kirche nicht gegeben.[18] Die Botschaft Jesu ist jedem Menschen zugesprochen.[19]

---

[18] Laien und christliche Vollkommenheit, bes. 30-114 (I. Hausherr).

[19] Was den Alltag des Glaubens angeht, so deuten die Kirchenväter die Grundberufung des Christen nicht von der Erfüllung der evangelischen Räte her, sondern aus den Geboten der vollkommenen Gottes- und Nächstenliebe. Die Grundinhalte christlichen

Auf dem II. Vatikanum gelten die Räte als Grundform jeder christlichen Existenz, nicht nur eines besonderen Standes in der Kirche. So werden die evangelischen Räte im V. Kapitel von Lumen gentium behandelt (Die allgemeine Berufung zur Heiligkeit in der Kirche) und nicht im VI. Kapitel, in dem sich das Konzil der Theologie des Ordenslebens zuwendet. Die Räte dürfen nicht vorschnell mit dem Ordensstand oder dem Weltpriestertum verknüpft werden; sie müssen vielmehr in ihrer Bedeutung und Gültigkeit für jeden Christen gesehen werden.[20]

Es war eine mühevolle und erhebliche Korrektur, die Räte aus ihrer Vereinnahmung durch den Rätestand zu lösen. Doch schließlich stellte sich das Konzil dezidiert gegen die Unterscheidung zwischen einem Stand der Vollkommenheit , der sich den evangelischen Räten verpflichtet sieht, und den Christen, die nach den Geboten leben. Das Heiligkeitsmonopol wird nicht mehr ausschließlich den Ordensleuten zugesprochen. Da alle Christen zur Heiligkeit berufen sind, müssen alle den Weg zur Vollkommenheit betreten und unter dem Anruf des Heiligen Geistes ein Leben nach dem Evangelium führen. Der Gegenstand der evangelischen Räte ist in gewisser Weise in jeder christlichen Vollkommenheit enthalten, und in diesem Sinn fällt das Ordens-Ideal mit dem Ideal des christlichen Lebens zusammen. Wohl gibt es in jedem christlichen Leben bei der Verwirklichung und konkreten Umsetzung der evangelischen Räte verschiedene Grade der Intensität. Die Eigenheit des Ordenslebens besteht darin, daß die evangelischen Räte in einer besonderen Art und Weise verwirklicht werden (Gelübde und Gemeinschaft), aber diese konkrete Form darf als solche nicht zur Norm für das christliche Leben schlechthin erhoben werden.

Eine solche Sicht der Räte mindert nicht den Ernst und die Radikalität der Nachfolge. Die neuere exegetische Interpretation von Mk 10,17-27 (par.) bezweifelt, daß es sich in dieser Jüngerberufung nur um einen Ratschlag gehandelt habe; es gehe hier vielmehr darum, die Gefähr-

---

Lebens sind im Herrengebet und in den Seligpreisungen ausgesagt.

[20] Vgl. B. Schüller, Gesetz und Freiheit. Eine moraltheologische Untersuchung, Düsseldorf 1966, 65-75.

lichkeit des Reichtums zu erweisen. Das Verhalten des Jünglings wird also vom Text her nicht als ethisch akzeptable Alternative angesehen werden können. Jesus hat nicht nur geraten, sondern unzweideutig in seine Nachfolge gerufen.

Die beiden Wege der Gebote und der Räte dürfen keineswegs so voneinander geschieden werden, daß der zweite Weg als der vollkommenere erscheint.[21] Die evangelischen Räte sind in das Gesamt der Weisungen des Evangeliums einzuordnen. Deshalb ist die übertriebene Trennung von Rat und Gebot, die so nicht vom Evangelium herzuleiten ist, abzubauen. Der Gegensatz: Gebot als heilsnotwendiges Minimum und Rat als Werk der Übergebühr wurde vom II. Vatikanischen Konzil aufgegeben, weil die Räte nicht über das Gebot der Liebe hinausgehen, sondern ihm zu- und untergeordnet sind. Benennt der Begriff Gebot mehr die inhaltlich verbindliche Forderung, so der Begriff Rat mehr den Geist, in dem ein Leben nach dem Evangelium möglich ist. Im Blick auf die Freiheit, die Gott dem Menschen läßt, und im Blick auf Seine werbende Liebe könnte man alle Gebote auch Räte nennen, und aufgrund ihrer Ernsthaftigkeit und Heilsbedeutung dürften die Räte auch als Gebote bezeichnet werden.

Die Räte sind innerlich verbunden und untrennbar. Die oft vorausgesetzte Dreiheit der Räte, die sich in der geistlichen Tradition (seit dem 13. Jahrhundert in der heute bekannten Trias) kontinuierlich durchhält, ist als solche biblisch nicht leicht nachzuweisen. Für Thomas von Aquin bleibt es ausgemacht, daß man einen einzigen evangelischen Rat nicht ohne die anderen halten kann, weil es bei den Räten um drei Seiten eines einzigen Prismas geht, nämlich um das ungeteilte Leben nach dem Evangelium. Deshalb legt das II. Vatikanum die Räte als Ausformungen der Nachfolge Jesu aus. In ihr grundgelegt, bleiben sie aufeinander bezogen, nämlich als Ausfaltungen der einen Gesinnung, die das Leben Jesu prägte und in seiner Hingabe am Kreuz gipfelte (vgl. Phil 2,5ff.).

---

[21] Vgl. LG 41.

Es geht um die eine Berufung, der alle Glaubenden zu entsprechen haben.[22] Vor der Berufung in einen besonderen Stand gibt es eine Verbindlichkeit der Räte qua Taufe und Partizipation an der Kirche. Jeder Christ ist von Gott in das königliche Volk von Priestern erwählt und berufen, ein Leben zu führen, das der Taufe und der Freiheit der Kinder Gottes entspricht. Darin bleiben sich alle im Glauben gleich. Somit sind die evangelischen Räte unmittelbar dem Leben in der Nachfolge Jesu zuzuordnen, nämlich der ungeteilten Liebe, zu der alle Christen berufen sind. Tragfähige Begründung für die evangelischen Räte (und den Zölibat) sind nicht Einzelerfordernisse christlichen Dienens, sondern die Übereignung der Person an Gott und seinen Dienst.

Während sich das Leben in Armut und Gehorsam recht schnell als allgemeine Norm einsehbar machen läßt, eben als Grundform der christlichen Existenz, scheint der evangelische Rat der Ehelosigkeit nur für die Priester und Ordensleute in Betracht zu kommen. Daß es aber bei diesem Rat um eine Grundform christlicher Existenz geht, läßt sich am Begriff der *Jungfräulichkeit* , insofern er in seiner Bedeutung richtig verstanden wird, deutlich machen. Jungfräulichkeit ist ein positives Existential christlichen Lebens. Jeder Christ hat sich um die Jungfräulichkeit zu bemühen. Jungfräulichkeit meint die eschatologische Grundhaltung im Glauben, sich von der Welt unbefleckt zu halten. In diesem Sinn fällt der Begriff der Jungfräulichkeit mit dem der Armut zusammen, wie sie in den Seligpreisungen angeführt ist.

Der theologische Aussageinhalt der Jungfräulichkeit wird im Bericht der Taufe Jesu deutlich. Wenn die Stimme aus dem Himmel bezeugt: Dieser ist mein geliebter Sohn (Mt 3,17), besagt dies, daß Jesus direkt von Gott stammt. Gegenüber Josef, der auf Adam zurückgeführt wird, ist Jesus unmittelbar zu Gott und unmittelbar von Gott. In gleicher Weise definiert sich der Glaubende nicht durch seinen (biologischen) Vater, sondern durch seine Jungfrauengeburt : Allen, die ihn aufnah-

---

[22] Wer Christus nachfolgt, soll so gesinnt sein, wie er selbst gesinnt war, und von ihm das eigene Leben prägen und bestimmen lassen. Würden einzelne Lebensbereiche aus der Ergriffenheit vom Evangelium ausgeklammert sein, wäre die Authentizität christlicher Existenz in Frage gestellt.

men, gab er Macht, Kinder Gottes zu werden: nicht aus dem Willen des Fleisches, sondern aus Gott geboren (vgl. Joh 1,12f.). Der Glaube stellt den Menschen in eine neue Gottunmittelbarkeit, da er durch die Verkündigung des Wortes zum Kind Gottes geworden ist. Für die Heilige Schrift meint die Jungfräulichkeit demnach keine genitale und geschlechtliche Kategorie, sondern die Unmittelbarkeit des einzelnen zu Gott, wie sie in den Sakramenten, speziell in der Lehre und Feier der Eucharistie, grundgelegt und vollzogen wird. Ein christliches Leben der Jungfräulichkeit im dargelegten Sinn ist eine Grundform der Nachfolge Christi und ihrer Grundhaltungen trauern , fasten , ohne Zufluchtstätte sein . Mit einem Wort: Die spezifische Situation des Christen kristallisiert sich im Begriff der Jungfräulichkeit, die als Grundnorm jeder christlichen Existenz zu gelten hat.[23]

So zeigt sich, daß die Räte kein Zusatzkapitel im Glauben sind, sondern unmittelbar die Mitte gläubigen Daseins betreffen. Es wäre ein Erfordernis der Sakramententheologie und nicht zuletzt einer Lehre von der Eucharistie, die evangelischen Räte entschiedener und eindeutiger sakramental grundgelegt zu sehen als Urform christlicher Nachfolge und des ganzen Lebens im Glauben.[24]

---

23 Weil die evangelischen Räte die Grundnorm jedes christlichen Lebens sind, haben Theologen unserer Zeit (K. Rahner, H.U. von Balthasar, J.B. Metz) die Räte zum Ausgangspunkt ihrer Theologie gemacht. Vgl. M. Scheuer, Die Evangelischen Räte. Strukturprinzip systematischer Theologie bei H.U. von Balthasar, K. Rahner, J.B. Metz und in der Theologie der Befreiung, Würzburg 1990.

24 Der Zölibat müßte eigens bedacht werden. Die angeführten Theologen, besonders Karl Rahner, weisen darauf hin, daß die Erlösungsordnung niemals die Schöpfungsordnung aufhebt, für welche die Weisung gilt: Seid fruchtbar und mehret euch (Gen 1,28). Wenn also einer zölibatär leben will, bedarf es dazu - um eines höheren Zieles willen, nämlich um des Himmelreiches willen - einer ausdrücklichen Sondererlaubnis , wie sie in der Berufung zum Priestertum vorliegt (Gott muß das Vorbeigehen an der Welt, wie es mit der Ehelosigkeit gegeben ist, um des höheren Zieles willen eigens gestatten). Das Zeugnis der Eheleute steht in gleicher Weise unter dem Wort: Unsere Heimat ist im Himmel (Phil 3,20), so daß Eheleute und Ehelose das gleiche Zeugnis geben, auch wenn es in seiner konkreten Ausführung unterschiedlich ausfällt. Würde man die Ehelosigkeit absolut setzen, würde dies eine Verachtung der Schöpfungsordnung und der Welt bedeuten, während die schöpfungsgemäße Sehnsucht nach Liebe in der Ehe nie die andere Glaubensaussage aufheben kann, daß die

Zusammenfassend läßt sich festhalten, daß allen Christen, wenn auch in einer wesentlichen Differenzierung, ein priesterlicher Dienst obliegt und damit die Verpflichtung zu einem ihm entsprechenden Lebensstil, wie er in den evangelischen Räten vorgegeben ist. Für eine Grundlegung der Liturgie heißt dies: Weder der Priester für sich noch die Gemeinde für sich ist Träger der Liturgie, sondern der ganze Christus ist es, Haupt und Glieder; der Priester, die Gemeinde, die einzelnen sind es, insoweit sie mit Christus geeint sind und insofern sie ihn in der Gemeinschaft aller Glieder mit dem Haupt darstellen. In jeder liturgischen Feier ist die ganze Kirche, sind Himmel und Erde, Gott und Mensch beteiligt, nicht nur theoretisch, sondern ganz real. [25] Das Priestertum aller findet seinen Ausdruck darin, daß die Christen in und mit ihrem Leben Gott allezeit das Opfer des Lobes darbringen, nämlich die Frucht der Lippen, die seinen Namen preisen (Hebr 13,15).

---

letzte Erfüllung der Liebe bei Gott ist. - Dies ist weiter ausgeführt in: Laien und christliche Vollkommenheit, bes. 155-186; hier auch die entsprechenden Angaben über weitere Ausführungen bei Karl Rahner. - Ferner ist daran zu erinnern, daß im zölibatären Leben die beiden anderen Räte nicht ausgeklammert werden können, sonst wird der Zölibat schnell als ein Fremdkörper im priesterlichen Leben erfahren. - Aufgrund der fundamentalen Bedeutung der evangelischen Räte ist schließlich die Priesterausbildung eigens zu bedenken. In den Konzilstexten werden die evangelischen Räte nie von einem bestimmten Funktions- oder Dienstmodell in der Kirche abgeleitet. Sie gelten als Ausdruck der Betroffenheit durch Gott und als Ausdruck persönlicher Hingabe. Das erste Bezugsfeld für die evangelischen Räte ist keine bestimmte Lebensweise (z.B. der künftige Priesterberuf), sondern der augenblickliche Lebensabschnitt und der jetzt ergangene Ruf zur Nachfolge. Die evangelischen Räte sind gleichsam der Geist , in dem die Entscheidung zu fällen ist, und nicht nur ihr Gegenstand. Die Räte sind demnach der vorausgehenden Glaubensentscheidung zuzuordnen, nicht einem bestimmten Stand.

[25] J. Ratzinger, Ein neues Lied für den Herrn. Freiburg 1995, 173.

3. Die eine Weisung und die vielen Weisen

In seiner Lehre von der Berufung aller zur Vollkommenheit hebt das II. Vatikanum zwei Punkte hervor, die von besonderer Aktualität und Bedeutung sind. Zum einen wird betont: Der Weltcharakter des Laien, von dem das Konzil spricht, ist nicht in einem soziologischen, sondern in einem theologischen Sinn zu definieren. Der Laie soll die Welt im Licht des Schöpfungs- und Erlösungshandelns Gottes verstehen und im Sinne Gottes und seines Willens ordnen, um sich und andere Menschen zu heiligen. Dieser Auftrag kann heute auf vielfältige Weise erfüllt werden, z.B. durch das Zeugnis der Armut, durch die Beseitigung sozialer und politischer Vorurteile, durch die Mitarbeit in Pfarren, Schulen, Vereinigungen und Bewegungen, durch ein glaubwürdiges Leben in Ehe und Familie, durch Interesse und Engagement in der Bildung u.a.m. Die Stunde des Laien und die Vielfalt der Charismen wird heute in der Kirche erkannt, wie sich in den zahlreichen geistlichen Bewegungen und Aufbrüchen zeigt.

Noch ein Zweites gilt es zu bedenken: Der Heils- und Weltdienst, den die Kirche im Auftrag ihres Herrn zu erfüllen hat, teilt sich nicht so auf Kleriker und Laien auf, daß die Kleriker den Heilsdienst und die Laien den Weltdienst zu vollziehen hätten. Das traditionelle Verständnis der Berufung zur Vollkommenheit wandelt sich in einem wesentlichen Punkt: Die Vollkommenheit, zu der alle berufen sind, meint keine innere Tugend oder Haltung, sondern eine allen gemeinsame *Sendung*. Dies bedeutet für den Laien, daß er nicht nur als Nichtkleriker auch am Heilsauftrag der Kirche teilnimmt, er hat vielmehr aufgrund von Taufe und Firmung vollen Anteil am Heilsauftrag Jesu.

Während sich der Kleriker durch seine Hinordnung auf die kirchliche Gemeinschaft bestimmt, definieren sich die anderen Christen in keiner Weise vom Amt des Klerikers her, sondern von der Kirche als ganzer. Im Dienst der Kirche an der Welt ist der Laie nie Laie ; als Christ hat er vollen Anteil an der prophetischen Sendung der Kirche durch die Verkündigung in Wort und Werk. Die Vollkommenheit des Laien steht in keiner Weise der Vollkommenheit anderer Stände nach; es gibt nur einen Stand der Vollkommenheit, nämlich den aller Christen. Die

Berufung zu der einen, allen Christen gemeinsam geschenkten und aufgetragenen Vollkommenheit stellt das Grundmodell christlicher Existenz dar. Dies bedeutet für unsere Fragestellung, daß allen Christen ein glaubwürdiges und heiliges Leben mitten im Alltag aufgetragen ist. Wie dies gelingen kann, dazu geben gerade die Heiligen vielfältige Anregungen und Hilfen.

II. DAS GELEBTE GLAUBENSZEUGNIS DER HEILIGEN

Die Grundgestalt christlicher Existenz läßt sich nicht heilsindividualistisch einengen, sondern ist auf Gemeinschaft hin angelegt. So bekennt sich der Glaubende im Credo zur Gemeinschaft der Heiligen .

1. Gelebter Glaube

Im Glauben zählt das gelebte Leben. Doch das wirkliche Leben lernt man bei den Heiligen; sie lehren, wie authentisch und überzeugend aus dem Glauben gelebt wird. Die Vielfalt im Glaubenszeugnis der Heiligen erklärt sich daraus, daß jeder von ihnen auf seine ihm eigene Weise Christus nachzufolgen sucht, und zwar in Übereinstimmung mit dem, was er für sich und sein Leben als Ruf Gottes erkannt hat: Die Heiligen sind viel zu mannigfaltig und zu verschiedenartig, als daß sie auf eine einzige Formel gebracht werden könnten. In ihnen lebt eine derart starke Unmittelbarkeit, der auch die amtliche Kirchensprache nicht gerecht wird. [26]

Aufgrund dieser Ursprünglichkeit in ihrer Berufung sind die Heiligen keine einfachen Menschen, die man leicht verrechnen und einordnen könnte. Ihr Leben und Zeugnis bedeutet eine Provokation und wird nicht selten auch als Kritik an der Kirche erfahren. So heißt es bei George Bernanos im Tagebuch eines Landpfarrers : Nur zu oft sind die Heiligen für die Kirche eine Prüfung gewesen, ehe sie ihr zur Glorie wurden. [27]

Die Ursprünglichkeit zum Evangelium und Nicht-Beirrbarkeit in der Treue zur eigenen Berufung macht die einzigartige Bedeutung der Heiligen für die Kirche und jedes christliche Leben aus. Ihr Leben verläuft nicht nach einem ausgeklügelten Plan und einem gleich ein-

---

[26] W. Nigg, Heilige im Alltag, 10.

[27] G. Bernanos, Tagebuch eines Landpfarrers. Paris 1936, 84.

sichtigen Raster, es bleibt ein alogischer Rest: Vieles von dem, was sie getan und gesagt haben, läßt sich nicht nach den Gesetzen der Vernunft einsehen und nachvollziehen: Es ist eine Eigentümlichkeit der Heiligen, nie getan zu haben, was die Vernunft von ihnen erwartet hat. Der gesunde Menschenverstand ist ein vielgepriesener Maßstab, der besonders dem Bürger der Wohlfahrtsgesellschaft entspricht. Dabei übersieht die kluge Vernunft ganz, daß die Rechnung des Lebens nie glatt aufgeht und immer ein unaufhebbarer Rest bleibt, auf den es gerade ankommt. Die Heiligen haben nie gerechnet; deswegen wurden sie von den biederen Leuten mit ihrem Haushaltungsbuch auch nie begriffen. Don Bosco kümmerte sich nie um den rechnenden Verstand, sondern tat einfach das, was gerade getan werden mußte, auch wenn die notwendigen Mittel nicht zur Verfügung standen oder sie erst in allerletzter Minute eintrafen. Sagen wir es ganz pointiert: Bei den Heiligen wird die Logik verabschiedet, auf die unser Denken so stolz ist. [28]
Es erstaunt um so mehr, daß dieser unaufhebbare Rest des Alogischen bei den Heiligen sie gerade zu Freiheit und Großzügigkeit führt. Auch wenn man zuweilen eher überrascht ist und teils als ein Unverständiger vor ihrem Lebenszeugnis steht, so ist es einem doch wohl bei den Heiligen: Das Nein zur Logik ruft nicht zur Konfusion, sondern nimmt den Verstand gefangen in den Gehorsam Christi. Wohin wurden sie geführt, wenn sie auf das logische Denken verzichteten? In das Dunkel Gottes hinein, vor dem wir zurückbeben. Die Heiligen aber haben alles zerbrochen und haben dabei Gottes sanftes Erbarmen erfahren. Sie haben den Mut aufgebracht, sich kopfüber ins göttliche Abenteuer zu stürzen. Die Absage an den Verstand verleiht den Heiligen den Anschein, als ob sie Narren geworden wären. Nie haben die Durchschnittschristen die Narrheit um Christi willen verstanden. Die Heiligen dagegen haben aus ihr gelebt; dies unterscheidet sie von den allzu gescheiten Theologen. Statt dem Wissen nachzueifern, erhielten sie wirkliche Erleuchtungen, dank denen sie die Dinge viel hellsichtiger erfaßten, als es die Klüglinge je vermocht haben. Die tiefen Einsichten der Heiligen sind um so erstaunlicher, als sie oft nur eine notdürftige Schulbildung

---

[28] W. Nigg, Heilige im Alltag, 15.

genossen haben und intellektuell gar nicht sonderlich begabt waren. Das ist gerade ein Zeichen dafür, daß man die Heiligen nicht aus natürlichen Ursachen ableiten kann; diese Bemühung versagt bei ihnen, weil sie in einer anderen, unsichtbaren Wirklichkeit gegründet sind. [29]
Die Wirklichkeit, in der die Heiligen sich und ihr Leben festmachen, ist ihr Auftrag. Die Heiligen haben die Sendung ihres Lebens erkannt und ihren Mitmenschen bezeugt, was Gott mit ihrer Zeit vorhat. Darin liegt die Bedeutung der Heiligen für die Gemeinschaft der Glaubenden: Die Kirche hat nicht Reformatoren, sondern Heilige nötig. [30] Man reformiert die Kirche nicht durch äußere Aktionen, sondern durch eine neue Hinwendung zum Evangelium, durch Leiden und Hingabe, wie es im Leben der Heiligen vielfältig geschehen ist.

2. Menschlich heilig

Seit der Barockzeit wurden die Heiligen vornehmlich als Tugendbolde dargestellt, die von Sieg zu Sieg eilen und sich soviel an Gewalt und Askese zumuten, daß sie ihr Leben auf eine moralische Höhe voller Ideale und Tugenden bringen, daß der normale Christ nur bewundernd vor ihnen steht. Eine neue und authentische Sicht der Heiligen wurde in der Mitte des vergangenen Jahrhunderts erschlossen.

WALTER NIGG
Der schweizer Hagiograph schreibt über Jahrzehnte hin zahlreiche Bücher über die Heiligen, vor allem sein Hauptwerk Große Heilige (1947).[31] Es zeigt Menschen des Glaubens als Heilige ohne Heiligenschein [32], in denen der Leser sich und seine eigenen Gefahren und Gefährdungen wiedererkennen kann. In den Heiligen findet sich die rätsel-

---

[29] Ebd., 15f.

[30] A. Beguin, Bernanos. Paris 1958, 146.

[31] W. Nigg, Große Heilige. Zürich-Stuttgart [8]1966.

[32] So der Titel eines seiner Bücher aus dem Jahr 1978.

volle Mischung von Größe und Elend des Menschen: Von ihnen als den großen Vorbildern wollen wir weder im stilisierenden Ton noch im Sinne einer geschmacklosen Enthüllungspsychologie sprechen, weil beide Redensarten die unerhört nüchterne Gottes-Atmosphäre verfehlen, in der allein der Heilige lebt und die unseren letzten Ernst erfordert. Die Heiligen sind Menschen aus Fleisch und Blut, genau wie wir [...] Die Erkenntnis von dem Heiligen als dem Menschen von gleicher Art wie wir schließt die Einsicht in sich, daß sie nicht als Heilige mit einem Glorienschein zur Welt gekommen sind, sondern heilig geworden sind nach einem langen Werdeprozeß, nach schweren inneren Kämpfen und Überwindungen. [33]

Gewiß, das Leben der Heiligen ist außergewöhnlich und einzigartig, aber oft müssen sie einen langen Weg zurücklegen, bis sie diejenigen werden, als die wir sie heute verehren: Lange Zeit wurde das Hauptgewicht auf das Tugendleben der Heiligen gelegt; stets versuchte man nachzuweisen, daß der Heilige alle Tugenden besitze, was zu einer gekünstelten Schilderung führte. Nun ist das Wort 'Tugend' in seiner ursprünglichen Bedeutung nicht abzulehnen, namentlich wenn mit ihr noch die über die gewöhnliche Leistung hinausragende heroische Bemühung verbunden wird. Trotzdem hat man heutzutage mit dem Wort 'heroische Tugendausübung' sparsam umzugehen, weil es verbraucht ist und das moralistische Mißverständnis noch unterstreicht. Im Grunde haben die Heiligen vorwiegend zwei innere Leistungen hervorgebracht, mit denen sie uns bei weitem übertreffen. Einmal besaßen sie einen unerschütterlichen Glauben [...] Die Heiligen haben geglaubt; sie verlangten nicht Beweise. Sie glaubten einfach, glaubten allem gegenteiligen Augenschein zum Trotz; ihr Glaube war ein schlichtes, aber ungemein lebendiges und zuversichtliches Vertrauen zu Gott. Was Glaube wirklich ist, lernt man bei den Heiligen, denn bei ihnen ist er noch in einer beinahe wilden Urform vorhanden. Zum andern haben die Heiligen mit dem Glauben zugleich die Liebe verbunden. Sie liebten

---

[33] W. Nigg, Heilige im Alltag, 13.

Christus, liebten ihn mit einem brennenden Herzen und vergaßen so alles in der Welt, auch sich selbst. [34]
Statt einer modischen Schreibweise oder voreiligen Neufassung des Lebens der Heiligen geht es Walter Nigg vor allem darum, die Quellen neu zu fassen und die Mehrschichtigkeit des Lebens der Heiligen darzustellen: Die Heiligen haben nichts mit jenen kitschigen Gipsfiguren gemeinsam, die uns allzu lange vor Augen gerückt wurden. Auch die öligen Bilder über sie haben ihr Antlitz mehr verdeckt als erhellt, ganz gewiß aber ist der Zugang zu ihnen beinahe hoffnungslos verstellt. Wir verabschieden solche Bilder ganz bewußt, weil ihre Rahmen allzu wurmstichig geworden sind. Ihre moralistischen Aussagen sind kraftlos geworden, und man verspürt eine geradezu unerträgliche Langeweile. Wir sollten uns bemühen, die erstarrte und veraltete Heiligendarstellung zu vergessen, um ernsthaft und unvoreingenommen den Heiligen zu begegnen. [...] Vor allem müssen die Heiligen temperamentvoller geschildert und aus den derzeitigen Nöten heraus befragt werden - ihre mutige Antwort wird nicht ausbleiben. [...] Ein neues Alphabet ist nötig, ein Abc, an dem ich gegenwärtig herumbuchstabiere und das ich oft noch mit fehlerhaftem Akzent spreche. Die Boten Gottes sind einzig und allein der Sprache der Liebe zugänglich. Alle Heiligen hüten ein Geheimnis, das mit dem Schweigen zusammenhängt und das sich nur dem erschließt, der ihnen mit ehrfürchtigen Fragen sein Herz öffnet. Die neue Sprache hat ein persönliches Berührtwerden und ein Innewerden der Heiligen zur Voraussetzung, eine Bemühung, ohne die man nicht überzeugend von ihnen zu reden vermag. [35]

Ida Friederike Görres

Ähnlich wie Walter Nigg setzt sich auch die Schriftstellerin Ida Friederike Görres für eine neue Sicht der Heiligen ein. Sie weist auf das verborgene Antlitz der Heiligen, das so viele Schleier vor unseren Blicken verhüllen: der billig vergoldete des süßen Klisches, der dichte,

[34] Ebd., 16-18.

[35] Ebd., 9f.

maskenhafte eines vergangenen Heiligkeitsideals, der verzeichnende einer allzu eng familienhaft gebundenen Stilisierung , wie es bei der Kleinen Thérèse von Lisieux der Fall ist.[36] Ja, es geht Ida Friederike Görres darum, gerade das Gewöhnliche an den Heiligen darzustellen, selbst wenn sie darüber zunächst nur klein und unbedeutend erscheinen mögen.[37]

REINHOLD SCHNEIDER

Eine ganz besondere Bedeutung in der neuen Hagiographie kommt Reinhold Schneider zu, vor allem seinen Erzählungen, die er in dem Band Die dunkle Nacht [38] (1947) gesammelt hat. In den Darstellungen der Glaubensnächte des heiligen Johannes vom Kreuz, der Selbstmordgedanken des Ignatius von Loyola vor dem Abgrund und nicht zuletzt in der menschlich so gewinnenden Erzählung über den Pilger Benedikt Labre - eine Erzählung übrigens, die auf dem Hintergrund des Dritten Reiches tiefer zu verstehen und zu deuten ist - zeigt sich ein neues Bild der Heiligen und ihres alltäglichen Lebens: Sie wollen nicht lehren, sondern nur betend leben, aber dies in der Klarheit [39], denn: Auf ein Stück Wahrheit läßt sich nichts erwidern. Es wirkt - oder es wirkt nicht. Das ist nicht in unserer Hand; wir sollen es nur bezeugen. [40]
Im Januar 1939 schreibt Reinhold Schneider in Paris die kleine Erzählung Vor dem Grauen , welche von dem heiligen Beter und Pilger Joseph Benedikt Labre handelt. Vor dem Grauen, das heißt: vor dem Krieg.[41] Angesichts des Krieges und des mit ihm hervorbrechenden Leidens gibt es für Reinhold Schneider nur eine Möglichkeit der Existenz und zugleich der Gegenwirkung - das Gebet. Sobald ich nachts

---

36 I.F. Görres, Das verborgene Antlitz. Eine Studie über Therese von Lisieux, Wien 1948, VII.

37 Ebd., 1.

38 R. Schneider, Die dunkle Nacht. Erzählungen, Freiburg-Basel-Wien 1960.

39 Ebd., 15.

40 Ebd., 120.

41 R. Schneider, Verhüllter Tag. Köln-Olten 1954, 157.

erwachte, ging ich in dieses Dasein über, und ich verharrte darin, bis ich wieder einschlief [42]. Gebet wird hier zum Leben und Leben zum Gebet: Nur noch lebend, um zu Dir zu beten [43], denn allein den Betern wird es gelingen [44], das Leben zu ordnen und in aller Not der Zeit das Vertrauen auf den lebendigen Gott zu behalten. So sieht sich Reinhold Schneider während der Kriegsjahre endgültig abberufen vom literarischen Leben in die religiös-geschichtliche Existenz [45], um sich erbarmungslos fürs Letzte einzusetzen[46]. Das Gebet ist der entscheidende Einsatz für die Zeit.

Nicht Theologe oder Kirchenmann können qua Amt in ihrem Aufgabenbereich der Wahrheit zum Sieg verhelfen, sondern jene, welche die Wahrheit tun. Reinhold Schneider zitiert an dieser Stelle Gregor den Großen: Beim Anhören der Gebote Gottes wurden sie nicht erleuchtet, als sie sie erfüllten, kam die Erleuchtung [47]. Nirgendwo läßt sich die Unbesiegbarkeit des Symbols deutlicher erkennen als im Leben der Heiligen. Den Symbolgehalt des Lebens der Heiligen und ihres Weges zeigt Reinhold Schneider bei dem heiligmäßigen Kurfürsten Maximilian und Ignatius von Loyola, bei Johanna von Chantal, Papst Leo IX., Thomas Morus, Johannes vom Kreuz[48], Franz Xaver, Friedrich von

---

[42] Ebd., 185.

[43] R. Schneider, Die Sonette von Leben und Zeit, dem Glauben und der Geschichte. Köln-Olten 1954, 178.

[44] Ebd., 86.

[45] R. Schneider, Verhüllter Tag, 185.

[46] R. Schneider, Die Sonette, 92.

[47] R. Schneider, Der christliche Protest. Zürich 1954, 88.

[48] Nicht nur Pascal, auch die spanische Mystik hat Reinhold Schneiders Glaubensverständnis geprägt. Dabei ist es wichtig zu beachten, daß gerade die spanische Mystik den tiefsten Anteil am göttlichen Leiden fruchtbar gemacht hat für eine weltumformende Aktivität. Aus der weltabgewandten Versunkenheit und Vereinsamung sind welttüchtige und weltprägende Glaubensstreiter, Ordensgründer hervorgegangen, deren Wirksamkeit konkret der Gegenreformation zuzurechnen ist. 1939 erschien das kleine Büchlein Theresia von Spanien , die Beschreibung des Lebensweges und des inneren Weges dieser großen Heiligen, und etwas später der Aufsatz Johannes vom Kreuz . In der Erzählung Die dunkle Nacht des heiligen Johannes vom Kreuz

Spee, Benedikt Labre, Franz von Assisi. Reinhold Schneider verfaßt seine Schriften über diese Zeugen des Glaubens fast alle in den Jahren des Zweiten Weltkriegs, sie werden für viele in den tragischen Zeiten der Vernichtung zu einem Zeichen für die Verheißungen im Glauben. Die Gegenwart des Gottesreiches in der Zeit zum Ausdruck zu bringen, ist der Inhalt der christlichen Existenz in der Geschichte. Wie solches auf vollkommene Weise geschieht, zeigt sich im Leben der Heiligen: Der Auftrag eines jeden Heiligen ist es, ein bestimmtes Anliegen seiner Zeit von der Ewigkeit her, aus dem Wissen um Christus, zu ergreifen und zu bewältigen; indem er das Zeitliche mit Ewigem erfüllt, erhebt er die Zeit und Geschichte zum Ruhm des Herrn; daß die Zeit den Herrn rühme, ist die Sehnsucht der Heiligen. [49] Dadurch daß der Heilige in der Unmittelbarkeit zu Christus lebt, trägt er wesentlich zur fortschreitenden Wirkmächtigkeit des Evangeliums in der Zeit bei, eine Wirksamkeit, die sich im Alltag des Heiligen bewährt hat und sich sogar über den Tod des Heiligen hinaus fortsetzt.

(1939) ging er dem äußeren seelischen Läuterungsleiden und der Erlösung des Heiligen nach.

[49] R. Schneider, Die Stunde des heiligen Franzi von Assisi. Kolmar 1941, 80.

III. GEBET UND ARBEIT

Um die Gegenwart Gottes in allen Dingen hat die geistliche Tradition der Kirche immer gewußt. So sagt *Benedikt von Nursia* über den Cellerar: Alle Geräte des Klosters und den ganzen Besitz betrachte er wie heilige Altargefäße. Nichts glaube er vernachlässigen zu dürfen. Dieser Hinweis dürfte eine Anspielung auf einen Text des Propheten Sacharja sein: An jenem Tag wird auf den Pferdeschellen stehen: Dem Herrn heilig. Die Kochtöpfe im Hause des Herrn werden gebraucht wie die Opferschalen vor dem Altar. Jeder Kochtopf in Jerusalem und Juda wird dem Herrn der Heere geweiht sein (Sach 14,20f.). In der eschatologischen messianischen Endzeit ist alles heilig; alles steht im Dienst des Herrn. Für Benedikt jedoch ist Gott so intensiv überall gegenwärtig, daß diese Gegenwart schon jetzt alles ergreift.
Wie sehr diese Gegenwart Gottes den Alltag des Glaubenden bestimmt - bis in die ganz gewöhnlichen Vollzüge hinein -, will eine chassidische Erzählung verdeutlichen: Daß ich zum Maggid fuhr, war nicht, um Lehre von ihm zu hören, nur um zu sehen, wie er die Filzschuhe aufschnürt und wie er sie schnürt. Schon im Schnüren der Schuhe war der Maggid mit Gott verbunden, und die Art seiner Bewegung spiegelte das Ruhen in Gottes Gegenwart wider. So soll im folgenden zunächst die Rede sein von der Gegenwart Gottes in allen Dingen des Lebens der Heiligen, aber auch von den Wandlungen Gottes (E. Barlach), durch die für sie der Augenblick ein gewandeltes Fragment der Ewigkeit (R. Bultmann) wurde.
In der Begegnung mit den Mitmenschen, in den Gesprächen, im lebendigen Zeugnis der Arbeit und im alltäglichen Tun des Werktags haben die Heiligen ihren Glauben bezeugt. Gegen Bernhard von Clairvaux hat der heilige Norbert gezeigt, daß die Mühen des Alltags und des Apostolates genausogut der Vereinigung mit Gott dienen können wie die passiven Reinigungen und Prüfungen der Kontemplation, und für Thomas von Aquin sind die Gaben des Geistes sowohl auf das kontemplative wie auch auf das aktive Leben gerichtet. Der Weg des Gebetes und der Kontemplation ist nicht an sich schon der vollkommenere und bessere (vielleicht auch nicht der sicherere) Weg zu Gott.

1225, also ein Jahr vor dem Tod des *Franziskus*, fragt man Bruder Jordan von Giano, ob man den Brüdern in Erfurt ein Kloster bauen solle.[50] Er kann darauf weder ja noch nein sagen, denn er weiß nicht, was ein Kloster ist. Für Franziskus selber ist die Zelle weniger ein Strukturprinzip als ein Lebensprinzip: Wenn ihr auf Wanderschaft seid, so sei euer Wandel so ehrenwert, als ob ihr in einer Einsiedelei oder in einer Zelle geblieben wäret. Denn wo immer wir auch sind und wandeln, haben wir die Zelle bei uns. Denn Bruder Leib ist unsere Zelle und die Seele ist die Einsiedlerin, die zum Gebet und zur Meditation darin weilt. Wenn daher die Seele nicht in der Ruhe und in der Einsamkeit ihrer Zelle bleibt, nützt eine religiöse, von Hand gemachte Zelle wenig. Was mit Zelle gemeint ist, ist überall und immer zu leben. Sie ist ein Lebensprinzip, das sich in verschiedenen Strukturen ausdrücken kann.

Gebet und Arbeit sind gemeinsam das eine geistliche Tun: Das Gebetsleben wird gepflegt in der Arbeit , wie ein früher Gefährte des *Ignatius von Loyola* sagt. Aber nicht nur das Gebet befruchtet die Arbeit, diese läßt auch das Gebet zu immer größerer Tiefe und Fruchtbarkeit wachsen: So muß also unser Gebetsleben sein: daß es all unser Wirken leite, ehre, ihm innere Gottesfreude und Kraft gebe im Herrn. Unser Arbeiten aber soll das Beten wachsen lassen, ihm Kraft und heilige Frömmigkeit verleihen. [51]
Über das innere Verhältnis von Arbeit und Gebet schreibt Ignatius von Loyola an anderer Stelle: Es wäre gut, er machte sich einmal klar, daß Gott sich des Menschen nicht nur dann bedient, wenn er betet; sonst wären allerdings alle Gebete zu kurz, wenn sie weniger als 24 Stunden am Tag dauerten, [...] der Mensch muß sich ja, soweit er nur kann, Gott hingeben. In Wirklichkeit aber bedient sich dieser bisweilen anderer Dinge mehr als des Gebets; und manchmal läßt er zu, daß man ihretwegen auf das Gebet verzichtet, und öfter noch, daß man es abkürzt.

---

50 Vgl. hierzu A. Rotzetter, Universale Sendung und Claustrum. Eine weltzugewandte Spiritualität im Kloster, in: ders. (Hg.), Geist und Welt. Politische Aspekte des geistlichen Lebens (Seminar Spiritualität 3), Zürich-Einsiedeln-Köln 1981, 211-231.

51 Nadal IV,674.

Gewiß muß man also beten und nicht ablassen; aber in einem vernünftigen Sinn, so wie es die Heiligen und Gottesgelehrten verstanden haben. [52] Das Gebet soll nicht verdrängt werden, sondern eine ganz besondere Gestalt annehmen, es soll dahin münden, daß alles, was getan wird, sowohl in die Gottesbeziehung hineingenommen wie auch von ihr inspiriert und geprägt wird.

In einer russischen Legende wird folgendes berichtet: Sankt *Nikolaus* und Sankt *Cassian* sprachen zu Gott: Herr, laß uns einmal auf die Erde gehen, damit wir sehen, wie die Christen dir dienen. Sankt Nikolaus und Sankt Cassian steigen hinab auf die russische Erde. Der Frühling hat den Schnee zum Schmelzen gebracht, so daß die Erde zum Pflügen bereitet ist. Ein Bauer müht sich, den Pflug durch die schmutzige Erde zu fahren. Die Pferde wollen nicht wie der Bauer und der Bauer nicht wie die Pferde. Da springt der heilige Nikolaus gleich herbei, schickt den Bauern zu den Pferden und führt selbst den Pflug. Doch plötzlich, beim Wenden des Pfluges, bleibt das lange Himmelsgewand von Nikolaus an der scharfen Pflugschar hängen und reißt entzwei, der Schmutz spritzt am Gewande empor. Nikolaus ist so eifrig bei der Arbeit, daß er gar nicht darauf achtet. Er gibt keine Ruhe, bis das ganze Feld umgepflügt ist. Der Bauer ist überglücklich. Die neugierigen Nachbarn kommen hinzu und staunen, als Nikolaus zu den Leuten spricht: Ich bin Sankt Nikolaus, der Patron der russischen Erde. Als ich die Not und Sorge dieses Mannes sah, da mußte mein gütiges Herz helfen. Schreitet die Güte wie ein Engel durch eure Häuser und über eure Äcker, dann geht alles besser und schneller. Also, helft euch untereinander. Seid gütig, und ich bin immer bei euch. Doch Cassian schaut auf das zerrissene und beschmutzte Kleid des heiligen Nikolaus: Ich schäme mich, mit dir zusammen zu gehen. Du siehst aus wie ein Vagabund! Strafe erwartet dich vor Gottes Thron. Du verwöhnst die Menschen. Man wird überall von dir erzählen, und schließlich kommt noch die Polizei. Nikolaus seufzt tief und schweigt. Vor Gottes Thron staunen alle Engel und Heiligen über das zerrissene und beschmutzte Kleid von Nikolaus

---

[52] MI I,II,494f.632-654.

und wundern sich, wie er es wagen kann, so vor Gott den Herrn hinzutreten. Herr , ruft unwillig und anklagend Cassian, mit diesem Bruder Nikolaus gehe ich nicht mehr auf die Erde. Schau, wie sein Gewand aussieht. Allen will er helfen und achtet nicht auf sein strahlendes Himmelsgewand, das er doch von dir empfangen . Komm näher , spricht Gott zu Sankt Nikolaus, damit wir alle dich so recht ansehen können. Erzähle mir, wie es gekommen ist. Dann spricht Gott: Mein treuer Diener Nikolaus, du hast wohl getan. Deine Tat soll Vorbild sein und bleiben für das Christenvolk auf russischer Erde. Nicht nur soll deine Ikone im Festkleid, im Kerzenglanz und umwölkt von Weihrauchduft auf heiligen Altären stehen, sondern sie soll immer in den Herzen deiner russischen Brüder leben, damit sie einander in ihrer Not helfen. Zur ewigen Mahnung wirst du im Heiligen Rußland für immer zwei Festtage haben, am 6. Dezember und am 9. Mai. Du aber, Cassian, weil du den Glanz deines Himmelsgewandes höher geschätzt hast als die helfende Güte deines Dieners Nikolaus, wirst nur alle vier Jahre, am 29. Februar, einen Festtag haben. Und alle im Himmel werden erkennen, daß helfende Güte bei Gott und seinen Boten der wahre Schmuck ist.[53]

Es ist nicht so, daß die Heiligen immer ein sehr kompliziertes und differenziertes Gebetsleben haben, meist ist es sehr schlicht und simpel. Einfachheit ist für die Frömmigkeit im Leben *Philipp Neris* maßgebend.[54] Er verrichtet seine Meditation auf einer Bank sitzend, nach rechts und links schaukelnd, oder auch im Bett liegend. Die Beichte hört er meist auf dem Bett sitzend. Die Jungen läßt er im Atrium spielen, während sie auf die Beichte warten. In allem sucht er Einfachheit und Ausdauer. Sie ist seine Parole. Ausdauer wird bei ihm Prinzip, Mittel und Ziel der Heiligkeit. Ein wichtiges Mittel, um Einfachheit und

---

53 W. Nigg, Heilige im Alltag, 27-29.

54 Vgl. zum folgenden auch J.H. Newman, Philipp Neri. Übertr. von O. Karrer, München o.J.; W. Nigg, Philipp Neri, der Spaßvogel Gottes. Freiburg-Basel-Wien 1976; H.G. Zander, Heilige für unsere Zeit. Gottes unbequeme Freunde, Hamburg 1982; P. Türks, Philipp Neri oder Das Feuer der Freude. Freiburg-Basel-Wien 1986.

Demut zu praktizieren, ist nach seiner Meinung die häufige Beichte. Philipp Neri will als Seelenführer die zu Begleitenden möglichst nah um sich herum haben und ständig ihnen durch die Beichte auf ihrem Weg helfen. Im Oratorium möchte er die Ratschläge ergänzen und allen eine Instruktion mitgeben. Bei der Kirche der SS. Trinità dei Pellegrini beginnt die Praxis der 48 Stunden , die eine in Vergessenheit geratene Verehrung der Eucharistie durch feierliche Aussetzung volkstümlich macht.

1551 ändert sich sein Leben insofern, als er gleichsam gezwungenermaßen am 23. Mai die Weihe empfängt. Philipp Neri wird ein gesuchter Ratgeber und Beichtvater. Tag und Nacht bleibt die Tür zu seiner Zelle bei San Girolamo della Carità für jeden offen, der nach ihm fragt. Seine Askese entwächst nicht der stillen Verborgenheit eines Klosters, sie wurzelt im steten Andrang der Hilfesuchenden, in der großen Selbstlosigkeit seiner Hingabe. Als man einmal Besucher wegschicken will, sagt er fast heftig: Ihr wißt doch, daß ich keine freie Zeit, keine einzige Stunde für mich selbst haben will!

Kommen die Menschen nicht zu ihm, sucht er sie selbst auf. Dennoch findet er immer wieder die Möglichkeit zur stillen Sammlung. Selbst in Krankheitstagen betet er ganze oder halbe Nächte lang. Er antwortet auf Vorwürfe nur mit einem seiner beliebtesten Schlagworte: Das Himmelreich ist nicht für Faulenzer gemacht. Er nimmt die Aufforderung und Verheißung des Herrn wortwörtlich: Bittet, und ihr werdet empfangen! Seinen Priestern gibt Philipp folgende Regel: Ich erinnere euch daran, daß diejenigen Beichtkinder, die jetzt am meisten den Heiligen Geist besitzen, mir vom Herrn geschenkt wurden, indem ich auch die Nacht für sie opferte.

Die Grundhaltung des Gebetes ist für Philipp Neri die Einfachheit in tiefer Demut. Philipp Neri spricht in der Vorbereitung seiner Gebete das eine, dann das andere Stoßgebet, je nach Stimmung und Bedürfnis. Das Ave Maria betet Philipp meist in einer ganz kurzen Zusammenfassung: Jungfrau Maria, Muttergottes, bitte Jesus für mich. Jedem Wort legt er eine eigene Bedeutung zu. Das Vaterunser, das Ave Maria und Gloria Patri ersetzt er durch kurze, liebend wiederholte Formeln. Besonders liebt Philipp Neri das kurze Gebet: Jesus, sis mihi Jesus! Dieses innere Gebet, so bekennt er, habe er von dem heiligen Ignatius gelernt.

Pater Antonio Gallonio schreibt: Diese Gebete hat Philipp Neri mich gelehrt, damit ich sie sprechen sollte, mal das eine, mal das andere, nach Art eines Rosenkranzes, das heißt, statt des Ave Maria und des Vater Unser immer eine dieser Anrufungen, die der Heilige selber lobte. Es sind meist sehr kurze Gebetsworte, die Philipp Neri betet, wie etwa:

Ich kenne dich noch nicht, Jesus, weil ich dich nicht suche! Was kann ich machen, wenn du mir nicht hilfst, mein Jesus? Was kann ich machen, um dir zu gefallen, Jesus?

Was kann ich machen, mein Jesus, um deinen Willen zu tun? Lehre mich, deinen Willen zu tun!

Mein Jesus, ich möchte dich doch lieben!

Ich kann nichts Gutes tun, wenn du mir nicht hilfst, mein Jesus! Ich will nichts anderes tun, als deinen Heiligen Willen, mein Jesus! Ich habe dich niemals geliebt und will dich doch lieben, mein Jesus! Ich suche dich und finde dich nicht, mein Jesus, komm zu mir!

Wenn ich dich kennen würde, würde ich auch mich kennen, mein Jesus! Wenn ich auch alles Gute der Welt täte, was hätte ich dann je getan, mein Jesus?

Mein Jesus, ich kenne dich nicht! Mein Jesus, hilf mir!

Ich möchte dich lieben, mein Jesus, und finde den Weg nicht! Ich möchte deinen Willen tun, mein Jesus!

Wenn du mir nicht hilfst, gehe ich unter, mein Jesus! Mein Herr, ich möchte den Weg lernen, zu dir zu kommen! Herr, ich möchte einmal dich lieben.

Gib mir Gnade, mein Jesus, daß ich dich aus Liebe lieben kann! Gott, merk' auf meine Hilfe, eile, mir zu helfen!

Mein Gott, verbirg dich nicht vor mir! Entzünde in mir das Feuer deiner Liebe! Ich liebe dich nicht und will dich doch lieben! Vermehre in mir den Glauben, guter Jesus!

Jesus, sis mihi Jesus - Jesus, sei mein Jesus!

Seine Vertrauten bezeugen, daß sein Leben ein ständiges Gebet war. Sogar des Nachts kommt er nicht zur Ruhe, ohne Unterlaß zu beten: Signore, lasciami dormire!
Philipp ist bei seinen täglichen Gebeten sehr frei. Oft entblättert er bekannte Gebete bis auf den Kern. Entscheidend ist letztlich die Erhebung des Herzens zu Gott.
Das tägliche Stundengebet ist für ihn begreiflicherweise eine kaum bezwingbare Aufgabe. Wenn er nicht am allgemeinen Chorgebet teilnehmen kann, hilft ihm später einer der Brüder, laut zu beten, damit er mit seinem Brevier an ein Ende kommt.
In der Vallicella, wohin Philipp Neri auf Drängen seiner Mitbrüder umziehen muß, wählt er sich das höchstgelegene und einsamste Zimmer und sucht sich, soviel wie nur möglich, die geliebte Unabhängigkeit von San Girolamo zu bewahren. Er ißt fast immer allein, damit er den ewigen Vorwürfen entgeht, zu wenig zu essen. Von seinem Zimmer aus gelangt er über eine kleine Treppe aufs Dach, wo er sich eine erhöhte Loggia bauen läßt. Darin steht nur ein einziger Stuhl am Fenster. Jede freie Minute seines erfüllten Tages bringt Philipp hier im Gebet zu.
Philipp Neri empfiehlt, beim Beten niemals ein frommes Bild so lange anzuschauen, bis man die Augen nicht mehr davon abwenden kann. Er ist erfüllt von tiefer Andacht zum Heiligen Geist und rät seinen Söhnen und Beichtkindern, diesen besonders zu verehren. Sooft er nur kann, betet er in der heiligen Messe die Orationen zum Heiligen Geist. Es ist wohl nicht nötig, viele Worte darüber zu verlieren, daß das Gebetsleben Philipp Neris der ständigen Einwohnung des Geistes entspricht.
Wenn er den ganzen Tag Besuche empfangen hat, wie sein Amt als Beichtvater es mit sich bringt, meint er am Abend: Heute habe ich noch gar nichts Gutes getan. Ich möchte jetzt allein sein. Das wichtigste an seinem Tagewerk ist für ihn das Schweigen und das Gebet. In den letzten fünf oder sechs Jahren vor seinem Tod muß er darauf verzichten, in der Kirche im Beisein anderer zu zelebrieren. Er tut es nur noch in der Stille, in einem der beiden Zimmer, die er in Vallicella bewohnt. Gegen Ende seines Lebens ist die innere Glut, die ihn erfüllt, so stark, daß er seine stille Messe singend feiert.

Das Gemeinschaftsleben stößt ihn letztlich ab; am liebsten verharrt er in der Einsamkeit seiner kleinen Kammer, die er vierzig Jahre lang bewohnt und in die er sich einschließt, auch wenn er nie auf seine geliebten Wanderungen durch Rom verzichtet.
Gewiß, Philipp Neri hat eine gefühlsbetonte Frömmigkeit. Dennoch weiß er sie auch einzuordnen. Er konnte es sich nicht leisten, längere Vorträge über religiöse Gegenstände zu halten, da die Gefahr, in Ekstase zu geraten, zu groß war. Als Philipp eines Tages auf die Kanzel steigt, kann er vor Tränen kein Wort hervorbringen. Mit größter Anstrengung gelingt es ihm zu sagen, man möchte ihn doch um dieser Tränen willen ja nicht für fromm halten, denn auch Dirnen weinten, wenn sie von Gott sprechen hörten. Er sagte ein andermal: Wer sich Ekstasen wünscht, der täuscht sich gründlich, er weiß nicht, was Ekstasen sind. Am Morgen betet er: O Herr, gib nur acht auf mich, denn ich könnte dich verraten, wie Judas dich verraten hat!

Gewiß, Philipp Neri weist auf den Kern des Gebets, das in aller Einfachheit und Aufrichtigkeit vor Gott zu verrichten ist. Dennoch gibt es auch Methoden, Hilfen und Übungen, die auf dem Weg des Gebets voranbringen. So seien zwei Zeugen angeführt, die hierfür wichtige Hinweise geben. Zunächst ein Beispiel aus der Ostkirche.
Porphyrios von Kavsokalyvia (1906-1991), ein griechischer Altvater unserer Tage, der zunächst auf dem Berg Athos lebte, doch dann aus gesundheitlichen Gründen wieder in die Welt zurückkehren mußte und dort zum Ratgeber vieler wurde, bezeugt die Notwendigkeit der rechten Gebetshaltung und der Einübung in sie: Die körperliche Anstrengung bewirkt, daß der Körper sich beklagt und meckert und sich widersetzt, doch sie vermag die Seele nicht faul zu machen im Gebet. Du drehst das Radio einfach auf größere Lautstärke, so daß du die Musik hörst und dich freust daran und das Meckern nicht mehr vernimmst. Damit will ich sagen, daß mit der Verstärkung des Gebets die Müdigkeit aufgehoben wird. Bevor du aufzubegehren anfängst über die körperliche Müdigkeit, fang an mit dem Gebet, denn das Aufbegehren vertreibt die Gnade, und dann bleibst du allein mit deinen eigenen Kräften. Gelingt es dir, dreimal das 'Herr Jesus Christus...' zu sagen, wirst du

weiterfahren mit Freude. Denn Gott sieht dich, Er streckt Seine Hand aus und hält dich. Von da an beginnt die wahre Gemeinschaft mit Ihm. Wenn die körperliche Anstrengung - Metanien, Nachtwachen, Selbstaufopferung - mit Liebe, mit göttlichem Eros unternommen wird, schadet sie dem Körper nicht. Wenn sie aus freien Stücken erfolgt, aus Liebe zum Geliebten, zu Christus, zeigt sie, in welchem Grad Ihn einer liebt. Niemand spart mit Anstrengungen für den, den er liebt. So steigt einer beispielsweise auf einen Berg, müht sich, schwitzt, erschöpft sich. ‘Warum tatest du es?’ fragt man ihn. ‘Für den, den ich liebe’, sagt er, ‘weil ich begriff, daß ich ihm damit Freude machen würde.’ Der gläubige Mensch zeigt seine Liebe zu Christus, seine Hingabe an Ihn, seine Anbetung für Ihn, auch mit greifbaren Mitteln. Hier liegt der Grund für die körperliche Anstrengung, für die Metanien. Du tust es, nicht um etwas zu gewinnen, sondern weil die Liebe, das göttliche Verlangen nach Christus, nicht zuläßt, daß du anders handelst.
Vielleicht wird einer sagen: ‘Die Liebe, die habe ich im Herzen.’ Gewiss, doch die Metanien und all die anderen Übungen sind dennoch nötig. Sie sind zwar äußere Formen, doch mit Hilfe dieser äußeren Formen gelingt es uns, hineinzukommen in das Wesen. Wenn wir da nicht hineinkommen, ist unsere Mühe umsonst. So ist es. Soll ich nun Purzelbäume machen, damit Gott es sieht, damit Er Gefallen findet? Gott findet nicht Gefallen an solchen Dingen. Noch auch bringen wir Christus etwas mit unserer Anbetung. Wir sind es, die Nutzen haben davon, wir sind es, die das nötig haben. Heutzutage haben sich hier tausendundzwei Häresien verbreitet. Habt ihr gesehen, welchen Quälereien sie sich hingeben? Sie gehen soweit, Leibesübungen zu machen, bei denen die Füße nach oben gestreckt sind und der Kopf nach unten. Sie machen die unmöglichsten Verrenkungen und versuchen so, die Seele zu beeinflussen. Wir lehren nicht solches, sondern dies: Wenn die Metanien um Christi willen gemacht werden, wirkt sogleich die Gnade auf die Seele ein und gibt ihr Reumut, innere Ruhe, Frieden und Freude. All das aber kommt durch die göttliche Gnade, und danach hat auch der Körper Nutzen davon. [55]

---

[55] Altvater Porphyrios von Kavsokalyvia. Leben und Lehre, Kreta 2006, 257f.

Altvater Porphyrios von Kavsokalyvia betont, daß das innere Gebet nicht zustande kommt ohne einen geistigen Führer: Um euch ausschließlich mit dem inneren Gebet zu beschäftigen, benötigt ihr die Führung eines geistigen Vaters. Das innere Gebet kommt nicht zustande ohne geistigen Führer. Es besteht die Gefahr, daß die Seele auf Abwege gerät. Deshalb ist Vorsicht geboten. Jener wird euch lehren, euch dem Gebet in der richtigen Reihenfolge zu nähern, denn wenn ihr die Reihenfolge nicht einhaltet, ist zu befürchten, dass ihr das Licht des Widersachers seht, in der Täuschung lebt und verfinstert werdet. [...] Der geistige Vater muß erfahren sein im inneren Gebet. Wenn er bloß mechanisch betet und das Gebet nicht mit der Gnade Gottes gespürt hat, vermag er dem anderen nicht zu sagen, wie er beten soll. Er wird es zwar sagen, so wie er es in den Büchern gelesen hat und wie es die Väter erklären. Ganze Bücher sind geschrieben worden über das Gebet. So viele lesen dieselben, und keiner weiß zu beten. Du wirst sagen: 'Wir lesen sie, wir lernen die Methode des Betens, wir bereiten uns vor, und Gott gibt den Segen, Er sendet Seine Gnade herab, und so verstehen wir die Dinge.' Gewiß, doch es ist ein Mysterium. Gebet ist ein Mysterium und vor allem das innere Gebet.
Beim inneren Gebet kann es zu schrecklicher Verblendung kommen. Die anderen Gebete vollziehen wir mehr oder weniger mit unserem Verstand. Wir sagen sie einfach, und unsere Ohren hören sie. Doch das innere Gebet ist etwas anderes. Etwas innerliches, noetisches, und wenn sich daran das Verlangen entzündet nicht unseres guten Selbst, sondern des anderen, des Egoisten, dann kannst du sicher sein, dass du Irrlichter zu sehen beginnst und nicht das Licht Christi, dann wirst du mit Gewißheit anfangen, eine Pseudo-Freude zu empfinden. Im Äußeren aber, in deinem Alltagsleben, im Umgang mit den Mitmenschen wirst du reizbarer, auffahrender, jähzorniger und unruhiger sein. Dies sind die Kennzeichen des Verblendeten. Der Verblendete anerkennt seine Verblendung nicht. Er ist fanatisiert und tut Ungutes. Dasselbe geschieht auch mit den Eiferern, mit denen, deren Eifer der Unterscheidung entbehrt [...] Wir sagen, daß das Gebet nicht gelehrt werden kann, und dennoch wird es gelehrt, wenn du bei einem lebst, der wirklich betet. Wenn du ein Buch über das Gebet nimmst und liest, verstehst du mög-

licherweise gar nichts. Doch wenn du den Geronta in deiner Nähe hast, der betet, dann verstehst du, was er dir sagt über das Gebet, du machst es dir zu eigen, du kommst hinein ins Gebet, und auch du betest, ohne daß du es gewahrst, du bist in Kommunion. Wichtig ist nicht das Buch, es ist nicht das Wissen, es ist das Gefühl, die Art, die Öffnung, es ist die Umarmung. [56]

Eine weitere Voraussetzung des inneren Gebets betrifft seine Zeit. Altvater Porphyrios von Kavsokalyvia betont, ähnlich wie Philipp Neri und andere Heilige, die Kostbarkeit der Nacht für das Gebet: Erwähle dir die nächtlichen Stunden. Da kommst du leichter ins Gebet hinein. Auch wenn du zufällig erwachst mitten in der Nacht, schlaf nicht sogleich wieder ein. Es ist eine Gelegenheit, die Gott dir gibt, damit du in der Stille betest, soviel du vermagst. Außer der Stille hat die Nacht noch einen anderen Vorteil, es geschieht noch etwas anderes. Ich habe eine seltsame Tatsache festgestellt. Im 24-Stunden-Zyklus gibt es Unterschiede zwischen den Stunden und ihrer Einwirkung auf den menschlichen Organismus. Während der Zustand einer Wunde stationär bleibt, gibt es beim Fieber Wellen. In der Frühe fällt es ab, gegen Mittag steigt es an, am Nachmittag und Abend steigt es noch mehr, und um Mitternacht beginnt es wieder zu fallen. Das hängt mit der Erdbewegung zusammen. So wie die Stunden den Körper beeinflussen, so beeinflussen sie auch die Seele. Wer Nachtwache hält im Gebet, kann am anderen Tag besser arbeiten, denn Gott schenkt ihm Seine Gnade, und er wird erneuert in seiner Seele. Das Gegenteil geschieht jenem, der keine Lust verspürt, Opfer zu bringen für die Liebe Christi, er schließt sich selbst aus von der Gnade. [57]

Eine große Lehrmeisterin des inneren Gebets und seiner Einübung ist die Karmelitin *Teresa von Avila*[58]. Sie geht in ihrem Gebet zielstrebig

---

[56] Ebd., 198-200.

[57] Ebd., 255f.

[58] Vgl. M. Auclair, Das Leben der Heiligen Teresa von Avila. Zürich 1953; B. Günther, Theresia von Avila. Weg und Gotteserfahrung der Kirchenlehrerin, Aschaffenburg 1975; W. Herbstrith, Teresa von Avila. Meditation - Mystik - Mitmenschlichkeit,

vor, ja, sie zwingt Gott gleichsam in ihrem Gebet, und der Erfolg ihrer Vorhaben ist für sie gleichbedeutend mit der Verwirklichung des Willens Gottes auf Erden. Auch wenn sie sich selbst als alt und müde erfährt, so gilt das nicht von meinen Wünschen .

Allen Zwang legt sie ab, wenn es darum geht, andere auf dem Weg des Gebets zu begleiten. Wer andere auf den Weg des Gebets führen will, darf ihre Seele nicht in einen Winkel pferchen oder einengen, auch soll man nicht zu lange Zeit immer mit denselben Übungen und Vollzügen beschäftigt sein. Man muß dem anderen den nötigen Spiel- und Freiraum in der Einübung lassen, da Gott nicht alle auf demselben Weg führt, sondern alle auf einem eigenen, ganz persönlichen.

Um der falschen Demut nicht zu verfallen, muß jeder beim Eintritt in das Gebet auf seine wahre Größe bedacht sein: Haltet eure Seele nicht wie in einem Winkel versteckt, sonst würde sie, statt an Heiligkeit zu wachsen, nur viele Unvollkommenheiten annehmen, die ihr der Widersacher auf anderen Wegen beibringt. Sie würde, wie gesagt, weder sich noch anderen soviel nützen, als sie könnte. [59]

Im Vertrauen auf die eigene Größe vor Gott und seine Nähe im eigenen Dasein hat der Beter mutig und hoffnungsvoll zu beginnen, ohne sich auf komplizierte Übungen zu versteifen: Es genügt, beim Beten gewohnheitsmäßig Worte auszusprechen. Ob es genügt oder nicht, sollen Theologen untersuchen. Ich will, daß wir uns mit dem bloßen Aussprechen von Worten nicht zufriedengeben. [60] Entscheidend ist, daß der Beter mit dem Herzen bei dem ist, was und wie er betet: Das wäre eine schlechte Musik , wenn die gesprochenen Worte nicht innerlich vollzogen würden. Solches Beten verlangt den Einsatz des ganzen Menschen.

In ihrer Unterweisung über rechtes Beten beginnt Teresa beim traditionellen und in der Kirche geübten Beten mit Worten der Heiligen

---

Frankfurt/M. 1971; M. Herraiz-Garcia, Beten mit der hl. Teresa. Anleitung zum geistlichen Leben, Wien 1987; C. Lapauw, Teresa von Avila. Wege nach innen. Erfahrung und Führung, Innsbruck-Wien-München 1981.

[59] Teresa von Avila, Weg der Vollkommenheit, 41,6,8.

[60] Ebd., 24,2.

Schrift, doch sie brandmarkt zugleich jede veräußerlichte Gebetspraxis: Der Beter soll sich von Gott beschenken zu lassen. Dieser Weg nach innen ist voller Verheißung, denn: Wir sind innen nicht leer. [61] Für den Beter ist es wichtig, daß er Gott nicht nur überall, sondern in sich selbst erfährt: Gewöhnt euch daran, Jesus immer bei euch zu haben. [62] Nicht Worte sind entscheidend, sondern daß der Beter in der Nähe Gottes verweilt: Ich wünsche nicht, daß ihr über Jesus viel nachdenkt, daß ihr euch viele Gedanken macht oder scharfsinnige Erwägungen anstellt. Ich bitte euch nur, daß ihr ihn anschaut. Wer hindert euch, den Blick eures Inneren auf diesen Herrn zu richten? Ist es zuviel, von Zeit zu Zeit die Augen von den äußeren Dingen abzuwenden und Jesus anzusehen? Schon ein Blick von uns ist ihm so kostbar, daß er sich von uns finden läßt. [63]

Teresa kämpft lange Zeit gegen die Zerstreuungen, bis sie einsieht, daß man Zerstreuungen nicht bekämpfen, sondern loslassen, weiterziehen lassen muß. Zugleich weist sie auf die Quelle der meisten Zerstreuungen, nämlich das ungeordnete Leben. Um das eigene Beten zu ordnen, bedarf es des geistlichen Rates und Zuspruches. Dabei soll man darauf achten, daß man sich den richtigen Ratgeber aussucht, der über das nötige Wissen verfügt. Teresa lehnt allzu betagte Beichtväter ab, sie hält es lieber mit den Gelehrten und den Professoren der Theologie , da sie sich ständig mit der Heiligen Schrift beschäftigen.

Die Kunst des inneren Weges besteht darin, mündliches, liturgisches und innerliches Gebet in einen Einklang zu bringen. Man soll mit großem Vertrauen voranschreiten, denn Gott ist keineswegs übergenau . Viele Menschen verwenden viel Zeit für das Gebet, aber sie werden dennoch nicht verwandelt. So kann ein aufrichtig gesprochenes Vaterunser zuweilen mehr bewirken als viele dahergesagte fromme Worte und Gebetsübungen: Wieviel Zeit bringen wir mit uns selbst zu und mit anderen, die uns keinen Dank wissen. Wenn wir Gott Zeit geben,

---

[61] Ebd., 29,2.

[62] Ebd., 26,2.

[63] Ebd., 26,3.

sollen wir es so tun, daß wir unseren Geist nicht mit anderen Dingen beschäftigen. Fest entschlossen, wollen wir dieses Geschenk für ihn nicht mehr zurücknehmen, auch wenn wir noch so viele Leiden und Trockenheiten zu bestehen hätten. Die Zeit, die wir dem Herrn schenken, gehört ihm, nicht uns. [64]

Teresa weiß aus Erfahrung um die Notwendigkeit der Treue im Gebet. Hatte sie doch das Gebet anderthalb Jahre unterlassen. Lange Zeit verrichtet Teresa die klösterlichen Pflichtgebete, gibt aber das innerliche Gebet unter dem Schein der Demut ganz auf. Als die Schlimmste unter den Schlimmen hielt ich es für besser, mit dem großen Haufen zu gehen und bloß noch die schuldigen mündlichen Gebete zu verrichten, als im innerlichen Gebet mit Gott vertrauten Umgang zu pflegen. [65]

Letztlich kommt es auf das regelmäßige Einüben im Vertrauen auf Gottes Gnade und Hilfe an: Wer sich jetzt nicht etwas Gewalt antut, den Blick nach innen zu richten, um den Herrn dort anzusehen, was doch ganz ungefährlich ist, der hätte sich auch nicht mit Magdalena unter das Kreuz Jesu gestellt. [...] Übt ihr nicht in kleinen Dingen, seid ihr unfähig, Großes zu erdulden. Damit ihr euch leicht an diese Übung gewöhnt, sucht ein Bild des Herrn, das nach eurem Geschmack ist, und sprecht mit ihm in diesem Bild. Ihr könnt doch auch sonst reden, warum sollen euch keine Worte für Gott einfallen? Dies gelingt euch nur, wenn ihr euch in solchen Gesprächen übt. [66]

Das Wichtigste ist nicht die Erfahrung im Gebet, sondern die Umgestaltung in Christus; sie ist Höhepunkt und Ziel des Christenlebens. Viele Jahre lang war das Gebet für Teresa von Avila Gegenstand der Abtötung und Buße: Ich beschäftigte mich einige Jahre hindurch mehr mit dem Verlangen nach dem Ende der Gebetsstunde, die ich für mich zu halten mir vorgenommen hatte, und mit dem Horchen auf den Schlag der Stunde als mit anderen guten Gedanken. [67]

---

[64] Ebd., 23,2.

[65] Das Leben der Heiligen Theresia von Jesu. München-Kempten 1952, 71.

[66] Teresa von Avila, Weg der Vollkommenheit, 26,8.

[67] Das Leben der Heiligen Theresia von Jesu, 99.

Im 39. Kapitel aus dem Weg zur Vollkommenheit beschreibt Teresa in der Rückschau den Weg des Gebetes folgendermaßen: Wie weit bin ich abgeschweift! Ich sage, viel, sehr viel liegt daran, mit dieser großen Entschlossenheit zu beginnen, aus vielen Gründen. - Nur zwei oder drei will ich davon nennen. Ein Grund ist nämlich dieser: Unbillig ist es, jemandem, der uns soviel gegeben hat und weiterhin gibt, etwa, womit wir ihm dienen und was wir ihm schenken wollen, [...] nicht mit aller Entschlossenheit hinzugeben, sondern nur leihweise, wie etwas, das man zurücknehmen will. Das nenne ich nicht 'schenken'. [...] Gott ist keineswegs übergenau. Er sieht nicht auf Winzigkeiten, er wird euch lohnen; nur etwas sei gegeben. Überdies ist er gut zu dem, der behindert ist, so beengt, das er nicht das Herz zu einer Hingabe hat, ein solcher mag leihen. Kurz, biete etwas. [...] Es heißt, mit Mut zu kämpfen.

IV. HEILIGE SCHRIFT

Jede Betrachtung über Heilige im Alltag muß sich besonders der Quelle zuwenden, aus der alle Zeugen des Glaubens Tag für Tag schöpfen, nämlich der Heiligen Schrift. Auch hier gilt wieder: Alle Gläubigen müssen sich dem Wirken des Geistes öffnen, denn alle sollen ein Leben der Nachfolge führen und ein Brief Christi (vgl. 2 Kor 3,1-3) sein, eine Bibel , die von anderen gelesen wird. Dies ist dem Christen nur möglich, wenn er in beständiger Lesung und gründlichem Studium sich mit der Schrift befaßt.

Wer sein Leben auf den Text hin abstimmt und sich für ihn engagiert, wird ihn verstehen. Der Text ist eine Lebensform und kann nur als Lebensform begriffen und erschlossen werden. Objektiv ist der Text insofern, als er Kontinuität im Lebenszusammenhang des Verfassers wie auch des Lesers einfordert. Wer sich in den gelesenen Text vertieft, dringt tiefer in sich selbst ein, und tiefer in sich eindringend, erfaßt er den Text. So ist das Lesen ein Neu-Lesen, nicht die Wiederholung eines toten Buchstabens: Im Lesen werden Text und Leser neu geschaffen. Der Text macht dem Leser bewußt, wer er ist, und hilft ihm, sich selbst zu verstehen; so läßt der Text den Leser er selbst werden, denn er war das nicht, ehe er las.

In seinem lebenschaffenden Wort gibt Gott keine Sachmitteilungen, sondern unmittelbaren Zugang zu seinem eigenen Herzen, um das Herz des Menschen anzurühren und zu wandeln. Gregor der Große sagt deshalb: Entdecke das Herz Gottes im Wort Gottes. [68] Im Lesen der Schrift vollzieht sich das Erkennen, das vorbereitet auf das Tun der Wahrheit - in Liebe, wie Gregor betont: Das Eindringen des Geistes in Gott ist nicht die Frucht einer Denkanstrengung, sondern des richtigen Empfindens, sozusagen des richtigen Geschmacks, also Weisheit und nicht Wissenschaft. Ihr erkennt nicht durch den Glauben, sondern durch die Liebe. [69]

---

68 Gregor der Große, Epistola 4, 31 (PL 77,706B).

69 Gregor, Moralia 23,43; 28,1-9; In Ezech. II, 6,1-2; II, 3,14.

Auf dem Weg der Nachfolge weiß sich der Christ eins mit denen, die dem Herrn geglaubt haben. Die Heiligen haben auf besondere Weise das Wort des Herrn bewahrt und ohne Abstriche verwirklicht. Durch ihr Lebenszeugnis und ihre Treue zur Sendung durch Gott geben sie für die Gemeinschaft der Glaubenden ein fünftes Evangelium.
Das fünfte Evangelium, das die Heiligen schreiben, erwächst aus ihrer Liebe zur Heiligen Schrift; das Wort des Herrn ist ihnen so kostbar und notwendig wie das tägliche Brot, das sie essen. Die Heiligen halten das Wort der Heiligen Schrift hoch in Ehren. Augustinus und Bernhard werden nicht müde, das Wort der Schrift den ihnen Anvertrauten auszulegen. Benedikt leitet an, das Wort des Herrn in der Demut des Herzens zu empfangen. Franziskus hält das Wort der Schrift klar und ohne jede Deutelei ein. Ignatius von Loyola schreibt sein Exerzitienbüchlein, um dem Beter einen Weg zu zeigen, wie er das Wort der Bibel betrachten kann. Thérèse von Lisieux vertieft sich in die Sprache der Heiligen Schrift, um so das Antlitz Gottes deutlicher erkennen zu können.

Für die Heiligen wird die Bibel zu einem Wort, das hier und heute direkt angeht und anspricht; alles, was die Heiligen von der Heiligen Schrift schon kennen und wissen, können sie wie zum ersten Mal hören.
Antonius von Ägypten bekehrt sich beim Hören eines Schriftwortes, da er meint, die Lesung sei um seinetwillen erfolgt. Ähnlich *Franziskus*: Für ihn ist die Aussendungsrede: Nehmt nichts mit auf den Weg (Lk 10,4) zu ihm gesprochen; er lebt sie unter den Voraussetzungen von Wehrlosigkeit und Besitzverzicht. Er wird für seine Brüder forma, figura und exemplum, also lebendige Lebensform und Ikone des Herrn, weil für ihn das, was er vom Einhalten seiner Regel verlangt, auch von der Schrift gilt: sine glossa, sine glossa: ohne Kommentar, ohne Deutelei![70] Für Franziskus gibt es keinen geistlichen Sinn des Schriftwortes, der neben und gegen den Buchstaben gestellt werden kann. Er nimmt das Wort der Schrift ernst, d.h. wörtlich und befolgt auf den

---

[70] Bruder Leo, Spiegel der Vollkommenheit. Der Bericht über das Leben des hl. Franz von Assisi. Nachwort von R. Guardini, München ^{2}1952, Vorwort.

Buchstaben das ganze heilige Evangelium von Anbeginn, da er anfing, Brüder zu haben, bis zur Stunde seines Todes [71].

Wenn die Heiligen auf eines nicht verzichten, dann auf den Besitz der Heiligen Schrift. Daß der Besitz der Bibel den Heiligen kostbar ist, wird von vielen Heiligen berichtet. Von *Benedikt Labre*, dem Bettler in den Straßen Roms, heißt es, daß man nach seinem Tod in seinem Sack nur ein zerlesenes Exemplar der Heiligen Schrift fand; sie war sein einziges Hab und Gut.

Nicht nur äußerlich, auch innerlich besitzen die Heiligen das Wort des Herrn; ihr Leben lang suchen sie nach einem tieferen Verständnis des Gotteswortes. Von den Mönchsvätern ist überliefert, daß sie sich viele Monate in die Einsamkeit zurückzogen und Gott baten, daß er ihnen den Sinn einer Schriftstelle erschließen möge. *Hieronymus*, der Notar des Heiligen Geistes (L. Bloy), arbeitet 20 Jahre lang an der Übersetzung der Schrift ins Lateinische. *Johannes Chrysostomus*, *Thomas von Aquin* und viele andere Theologen schreiben Zeit ihres Lebens an Kommentaren zu Büchern der Heiligen Schrift, von denen der Aquinate bekennt, daß er sie lieber besitzen möchte als die Stadt Paris. Nicht anders *Bernhard von Clairvaux*: Er wird als der doctor mellifluus - der honigfließende Lehrer - bezeichnet, nicht wegen seines glänzenden Lateins, sondern weil er aus dem Buchstaben der Schrift, der zuweilen hart und trocken wie Fels erscheint, den Honig des tieferen Sinnes fließen läßt. Als Prediger und Theologe sucht er nicht den Unterricht, der Gelehrte hervorbringt[72], sondern die liebende Zuwendung zum lebendigen Wort Gottes, denn sie erst macht weise: Was lehrten und lehren uns denn die heiligen Apostel? Nicht das Fischefangen [...], nicht die Fertigkeit, Platon zu lesen und an den Spitzfindigkeiten des Aristoteles herumzudeuten, nicht ewig zu lernen und doch niemals zur Erkenntnis der Wahrheit zu gelangen. Sie lehrten mich leben! Du

---

71 Ebd., 21.

72 Bernhard von Clairvaux, Cant. 23,14 (PL 183,891D).

meinst, das sei wenig, wenn man zu leben verstehe? Großes, ja das Größte ist es! [73]

An anderer Stelle heißt es bei Bernhard: Heute lesen wir im Buch der Erfahrung. Euch selber kehret euch jetzt zu und bei den Punkten, die nun besprochen werden sollen, achte ein jeder einzelne darauf, was er darüber von sich selber weiß. Ich möchte nämlich auslegen, was es bedeutet, wenn es einem von euch jemals verliehen ward, von Herzen zu sagen: 'Er küsse mich mit dem Kusse seines Mundes' (Hhl 1,1). Gefühlsmäßig dies zu sagen, das steht ja nicht in der Gewalt eines jeden beliebigen Menschen, wenn aber einer vom Munde Christi den geistlichen Kuß auch nur ein einziges Mal empfangen hat, dem läßt das persönliche Erlebnis keine Ruhe, und eifrig verlangt er von neuem danach. Nach meiner Überzeugung kann niemand das Wesen dieses Erlebnisses erklären, außer derjenige, der es empfangen hat; es ist nämlich ein verborgenes Manna; und nur der es gekostet hat, hungert immerzu. [74]

Die Heiligen erkennen im Wort der Heiligen Schrift die sakramentale Gegenwart des auferstandenen Herrn.

Auch wenn das Zweite Vatikanische Konzil ganz in der Nachfolge [75] des Konzils von Trient und des I. Vatikanum steht, muß es eigene Wege gehen, um die Beziehung zwischen Schrift und Tradition darlegen zu können.[76] Die Begegnung mit dem Wort Gottes ist für das Leben der

---

[73] Zit. nach W. Nigg, Vom Geheimnis der Mönche. Zürich-Stuttgart 1953, 223f.

[74] Zit. nach W. Nigg, Heilige im Alltag, 172.

[75] inhaerens vestigiis , in: Dogmatische Konstitution über die göttliche Offenbarung Dei Verbum (= DV), 1.

[76] Vgl. die Kommentare zu DV 4: C.M. Martini, La Sacra Scrittura nella vita della Chiesa, in: La Costituzione dogmatica sulla divina Rivelazione. Turin 1966, 265-305; A. Grillmeier, La Sainte Écriture dans la vie de l'Église, in: La Révélation divine, Bd. II. Paris 1968, 435-460; E.J. Lengeling, Liturgie: Dialog zwischen Gott und Mensch, in: Kirche nach dem Konzil. Mainz 1966, 92-135. - Die theologische Debatte über die Tradition fand ihr prägendes Zeugnis bei Y. Congar, La Tradition et les traditions. Paris 1960-1963; vgl. auch J.R. Geiselmann, Die Tradition, in: Fragen der Theologie heute. Einsiedeln 1960, 69-108; Mysterium Salutis, Bd. I. Einsiedeln 1965, 497-621.

Kirche von unersetzbarer Bedeutung, denn in dieser Begegnung wirkt der Heilige Geist (GS 21) und leitet die Gemeinde in den vier Grundbereichen kirchlichen Lebens, nämlich in Liturgie (DV 21), Verkündigung (ebd.), Theologie (DV 24) und im Alltag der Gläubigen (DV 25). Das II. Vatikanum lehrt, daß es nur ein einziges Brot des Lebens gibt, von dem die Kirche und die Gläubigen leben, die an den Tisch des Wortes und den Tisch der Eucharistie herantreten.[77] In Erinnerung an die kirchliche Tradition heißt es: Die Kirche hat die Heiligen Schriften immer verehrt wie den Herrenleib selbst, weil sie, vor allem in der heiligen Liturgie, vom Tisch des Wortes wie des Leibes Christi ohne Unterlaß das Brot des Lebens nimmt und den Gläubigen reicht. [78] Wort und Sakrament lassen das in Christus geschehene Heilsereignis fortwirken und verweisen aufeinander, so daß das eine im anderen mitgegeben ist. Schrift und Brot werden in der Liturgie zu Wort und Leib des auferstandenen Christus. In der Einheit mit der Eucharistie wird das Wort der Heiligen Schrift heute in vielen der zahlreichen geistlichen Gemeinschaften und Bewegungen wieder zum Fundament christlichen Lebens und führt den Glaubenden in eine lebendigere Gotteserfahrung [79].

Wie *Origenes* herausstellt, hört der Glaubende Christus entweder unmittelbar als Mensch, wie es seine Zeitgenossen taten, oder in der Predigt der Apostel oder auch in jedem Menschenherzen; diese verschiedenen Weisen sind alle drei ein echtes Hören des Herrn. Was aber die

---

[77] Man wollte diesen Bezug von Tisch des Wortes und Eucharistie schon in die Konstitution über die Heilige Liturgie Sacrosanctum Concilium 48 einbringen, aber die Interventionen einiger Konzilsväter, die gegen diese Parallele und diesen Vergleich waren, schüchterten die Kommission für die Liturgie ein. Deshalb bringt der definitive Text, der die Verbindung dieser Ausdrücke vermeidet, lediglich den Wunsch zum Ausdruck, daß die Gläubigen sich durch das Wort Gottes formen lassen und am Tisch des Herrenleibes Stärkung finden . So taucht auch in SC 51 der Gedanke vom Tisch des Wortes auf, allerdings streng getrennt von der Eucharistie. Das Bild wird im folgenden jedoch immer wieder aufgenommen, wie die Konzilstexte Presbyterorum ordinis 18, Ad gentes 6 und Perfectae caritatis 6 zeigen.

[78] DV 21.

[79] GS 7.

geistliche Lesung betrifft, so betont Origenes, daß sie nichts anderes bedeutet, als das gebrochene Wort auf geheimnisvolle Weise zu empfangen. *Gregor von Nazianz* weist darauf hin, daß wir das Osterlamm essen, wenn wir die Heilige Schrift lesen. Von daher wird deutlich, daß die Lectio divina kein bloßes Lesen, Betrachten und Meditieren ist, sondern Begegnung mit dem Herrn. Wer die heiligen Schriften studiert, denkt nicht betrachtend über Gott nach, sondern tritt in eine lebendige Beziehung zu dem, der jeden täglich neu anspricht, da er ihm nicht ferne ist. Aus solchem Lesen und Betrachten der Heiligen Schrift, nicht aus eigenem Vermögen, erwächst der geistliche Fortschritt im Glauben.
Das Schriftwort ist die wahre Seelennahrung, es hat sakramentalen Charakter. Die schwäbische Heilige *Crescentia von Kaufbeuren* kannte das Evangelium fast auswendig, und sie betont, daß man das Wort der Schrift nicht nur lesen, sondern essen solle. Das Wort wird Brot, das man essen muß, gleich einem Sakrament. Es ist ein reales und mystisches Essen, es geht in den Menschen ein, nicht nur in den Magen, wohl aber mitten ins Herz.

Das tiefere Verständnis der Heiligen Schrift finden die Heiligen meist dadurch, daß sie das Wort der Bibel auswendiglernen. Thomas von Celano erzählt von *Franziskus*, daß er das Gelesene in sein Gedächtnis einprägt.[80] Seine gute Schriftkenntnis, besonders der Psalmen und Evangelien, verdankt Franziskus der Pfarrschule von San Giorgio in Assisi, an der er Lesen und Schreiben lernte: An ihr galt das Psalterium als das wichtigste Schulbuch und die Einführung in den Psalter als das vorrangige Lernziel. *Thérèse von Lisieux* kennt die Evangelien fast auswendig; besonders vertraut ist sie mit der Apostelgeschichte und vielen Briefen des Apostels Paulus: Man muß den Charakter Gottes aus der Schrift kennenlernen , sagt sie häufig.

---

[80] II Celano 68: Sein Gedächtnis ersetzte ihm Bücher... ; vgl. Franziskanische Quellenschriften V, 324.

Auch die Heiligen der Ostkirche waren eifrige Leser der Schrift. Von *Seraphim von Sarow* (1759-1833) wird berichtet, daß er viele Jahre in der Einsamkeit gelebt habe. Schließlich öffnet er die Türe seiner Zelle und wird zum Seelsorger von ungewöhnlicher Kraft. Trotz der vielen Gespräche mit den bedrückten Menschenkindern behält er die Gewohnheit der täglichen Bibellektüre bei. Er bekennt von sich: Ich sage dir, daß ich, der arme Seraphim, sie jeden Tag lese. Am Montag lese ich das Evangelium nach Matthäus, am Dienstag das Markusevangelium, am Mittwoch das Lukas- und am Donnerstag das Johannesevangelium. Am Freitag lese ich die Apostelgeschichte und am Samstag die Apostelbriefe. Niemals lasse ich auch nur einen Tag vorübergehen, ohne das Evangelium zu lesen; denn nicht nur meine Seele erfreut sich am göttlichen Wort, sondern es stärkt und erquickt auch meinen Körper. [81] Nicht eine asketische Leistung, sondern die Liebe zur Schrift ist den großen Heiligen das Wichtigste im Leben. Indem der Heilige eine Grundaussage der Heiligen Schrift und des Lebens Jesu im eigenen Leben verwirklicht und auslegt - für die anderen, für die Gemeinschaft der Glaubenden - lebt er das Evangelium auf so überzeugende Weise, daß er selbst zu einem lebendigen Kommentar des Evangeliums wird. Was die Heiligen als erstes Grundelement christlicher Existenz leben, läßt sich in den Leitsatz formen: *Verwirkliche vom Evangelium, was du von ihm begriffen hast - und sei es noch so wenig; das aber verwirkliche ganz - hier und heute!*

---

[31] Zit. nach V. Zander, Seraphim von Sarow. Düsseldorf 1965, 33.

VI. SCHÖPFUNG

Thomas von Aquin sagt: Wie die Seele ganz in jedem Teil des Körpers ist, so ist auch der ganze Gott in allen Geschöpfen und in jedem einzelnen [82]. Heute fragen wir aber gerade, inwiefern der Mensch die Welt als eine bzw. die Ausdrucksgestalt der Gegenwart und der behütenden und schützenden Liebe Gottes überhaupt erfahren und deuten kann. Sprach die frühe Theologie seit Tertullian bis zu Thomas von Aquin von den zwei Büchern der göttlichen Offenbarung, nämlich dem Buch der Natur und dem Buch der Heiligen Schrift, so ist mit Beginn der Neuzeit meist nur noch von einem einzigen Buch die Rede, nämlich dem der Heilsgeschichte.

Gerade im Leben der Heiligen ist vielfach bezeugt, wie sehr der Umgang und die Erfahrung mit der Schöpfung für sie eine entscheidende Glaubenserfahrung ist, selbst wenn es in ihr viel Leid und Gebrochenheit gibt. Paulus sieht die ganze Schöpfung in Geburtswehen , sie wartet seufzend auf die Vollendung, die sie als Sehnsucht in sich trägt. *Johannes vom Kreuz* beschreibt in seinen Werken immer wieder die Gegenwart und Einwohnung Gottes in seiner Schöpfung: Gottes Liebe ist nicht weniger real als die Liebe eines Menschen. Johannes vom Kreuz hat sie als eine Kraft besungen und beschrieben, die Gott der ganzen Schöpfung 'eingegossen' hat. Sie steckt in den Bergen und in den Flüssen, in Pflanzen und Tieren, in den 'Wäldern und Gebüschen, gepflanzt von des Geliebten Hand' und 'selbst in der Seele des größten Sünders der Welt'. Uns Menschen ist sie, so schreibt der spanische Karmelit, in das Empfindungsvermögen eingesenkt; wir erfahren sie als Berührtwerden von Schönheit, als Angerührtsein von Tiefem, Wesentlichem und Kostbarem, als Hingezogensein zum anderen und 'Du'-Sagen-Wollen zu ihm, als Leidenschaft, die Geist, Seele und Leib durchdringt, als das Ja zum Leben. Sie ist da, sie muß nur 'gesehen' werden. Sie kommt mir nämlich entgegen aus Menschen und Geschöpfen und, bin ich dafür erst einmal sensibel geworden, von dem 'in

---

[82] Thomas von Aquin, S.th. I,q.8.

allen Dingen' (Ignatius von Loyola), auch in mir selbst, verborgen gegenwärtigen, uns allen entgegenwartenden Gott [83].

Weil alles auf den Logos hin geschaffen ist, versteht der heilige *Bonaventura* die Schöpfung als das Ursakrament des Glaubens, nicht nach dem Prinzip causa relucet in effectu , sondern nach der Intention Gottes, sich in den Dingen zu offenbaren. Was der Mensch durch den Sündenfall verloren hat, erkennt er durch die Offenbarung wieder neu, nämlich den Sinn der Welt, jenes ersten Buches der Schöpfung vor dem Fall. Der Kosmos ist nicht die Offenbarung Gottes, auch nicht Gottes Ebenbild, wohl aber trägt er die vestigia Dei in sich. Um diese Spuren Gottes in der Natur weiß, wer Gottes Offenbarung kennt; deshalb ist das Buch der Heiligen Schrift zugleich der Schlüssel zur Erkenntnis des Kosmos. Das Buch der Heiligen Schrift hilft dem Menschen, das Buch der Schöpfung neu zu deuten, indem er in der Schöpfung neu die Heilswahrheiten abzulesen und zu verstehen lernt, wie Abraham in den zahlreichen Sternen am Himmel die Größe seiner Nachkommenschaft schaut, Jakob im Traum die Leiter, auf der die Engel auf- und niedersteigen, und Ijob im Schauen auf die Gestirne seine wirkliche Größe vor Gott erfährt. Wer so das Buch der Natur aus dem Buch der Heiligen Schrift versteht und im einzelnen deutet, der erkennt Gottes Gegenwart in der Schöpfung.
Das Zueinander der beiden Bücher des Glaubens, nämlich der Schöpfung und der Heiligen Schrift, gehört zum Grundgepräge der Frömmigkeit der Heiligen. Der Menschensohn kam, um alles auf sich hin zusammenzufassen, Himmel und Erde, Schöpfung und Menschheit. Dazu hat er sich dem Menschen auf innigste Weise gleichgestaltet, damit dieser aus der Ähnlichkeit mit dem Menschensohn zum Heil findet: mitgekreuzigt, mitbegraben, mitauferstanden, mitaufgefahren. Die Schicksalsgemeinschaft mit dem Menschensohn erhält ihren unmittelbaren Ausdruck in der Feier der Liturgie. Sie macht deutlich, daß das Leben in Christus nicht bloß ethisch im Sinn einer äußeren Nachahmung zu verstehen ist, sondern kosmische Dimensionen hat. Denn in der Feier

---

83 R. Körner, Die Zeit ist reif. Leipzig 2005, 87.

der Liturgie erhält der Mensch in und mit den Gaben der Schöpfung, nämlich Brot und Wein, Anteil an der Neuschöpfung in Christus. Keine Liturgie ohne die Schöpfung! Dieses Zueinander von Schöpfung und Erlösung, von Kosmos und Liturgie kommt auch in den Festen des Herrenjahres zum Ausdruck: Sie sind alle eine Feier der Konsekrierung der Welt und der Heilsgegenwart Christi in der Schöpfung.

Franziskus sieht in allen Geschöpfen und Elementen der Erde ein Wort Gottes: Es sind Buchstaben, aus denen man den glorwürdigsten Namen des Herrn, unseres Gottes zusammensetzen kann. [84] Gott spricht nicht nur aus der Heiligen Schrift und der kirchlichen Glaubensverkündigung, sondern auch aus dem Kosmos.[85] Die kosmische Erfahrung der Schöpfung ist bei Franziskus eine mystische, ganz ausgerichtet auf den geistigen Symbolgehalt der sichtbaren Schöpfung, wie ihn Bonaventura, der Schüler des Franziskus, zu deuten versteht. Mozart wird alles zur Note, Rembrandt alles zum Bild, Franziskus wird alles zum Gebet. Sein erster Biograph Thomas von Celano bezeugt von ihm: Er betete nicht, er war Gebet. [86] Dieses Gebet lernt er aus der Heiligen Schrift

---

[84] 1 Cel. 82. - Vgl. zum folgenden die Textausgaben: Die Opuscula des hl. Franziskus von Assisi. Hrsg. von K. Esser, Grottaferrata 1976; Opuscula sancti patris Francisci Assisiensis. Ed. a K. Esser, Grottaferrata 1978; Die Schriften des heiligen Franziskus von Assisi. Hrsg. von L. Hardick und E. Grau, Werl 1980. - Die Schriften Bonaventuras werden nach der Standardausgabe von Quaracchi zitiert: Sancti Bonaventurae Opera Omnia. 10 tom., Quaracchi 1882-1902, jeweils unter Angabe von Band und Seite.

[85] Es ist ja nicht so, daß es zuerst das Feuer gab und wir nachträglich Christus mit dem Feuer vergleichen können; oder daß zuerst die Lämmer sind und Jesus der Ähnlichkeit eines Lammes nachgebildet wird. Jesus ist zuerst und wesentlich Licht, Lumen de Lumine, und aus diesem Licht ist das irdische Feuer ein Aufleuchten; Jesus ist zuerst das Lamm Gottes, das sich offenbart in jedem lieblichen, mutwilligen und doch so demütigen Lamm, das sich demütig schweigend scheren läßt und zur Schlachtbank geführt wird. So ist auch Christus zuerst der Bräutigam seiner Kirche, und aus dieser bräutlichen Gemeinschaft ist die Ehe genommen (E. Mederlet, Die Hochzeit des Lammes. Franziskus und die bräutliche Kirche, Stein am Rhein 1983, 20f.).

[86] Franziskanische Quellenschriften V. Werl/W. 1980, 316f.: Der ganze Mensch war nicht so sehr Beter als vielmehr selbst Gebet geworden.

wie im Achten auf Gottes Schöpfung. In Italien, Frankreich, Spanien und Ägypten durchwandert Franziskus die Schöpfung seines Herrn und buchstabiert ihr Alphabet durch. Dieses Lobgebet hat für Franziskus seinen eigenen Inhalt: Als er das Loblied auf Gottes Schöpfung, den Sonnengesang , verfaßt, ist er von Krankheiten und Schmerzen geplagt, von einem Trachom, einer schmerzhaften Augenentzündung, von chronischer Malaria, von einem Milztumor und einer Lebervergrößerung, von Darm- und Magengeschwüren, von einer schweren Anämie, von Depression und Zweifeln. [87] Trotz aller Leiden heißt es dennoch von Franziskus: Obwohl grausame Schmerzen seinen Körper quälten, nannte er diese Qualen nicht Pein, sondern Schwestern. [88] Was aber zu seiner Lebens- und Leiderfahrung wurde, lernte er im Umgang mit der Schöpfung und aus der Erkenntnis Gottes in allen Dingen tiefer im Glauben zu verstehen.

Die Liebe zur Schöpfung weitet sich im Leben der Heiligen zur Liebe gegenüber aller Kreatur. Einen besonderen Umgang mit den Tieren finden wir vom heiligen *Seraphim von Sarow* überliefert.
Als die Starzin Matrena Seraphim in seiner Einöde besuchte, erblickte sie plötzlich neben Seraphim, der auf einem Holzklotz saß, einen Bären. Als Vater Seraphim ihr Schreien hörte, gab er dem Bären einen Klaps, und der Bär lief in die Richtung davon, die der Starez ihm gezeigt hatte. Seraphim von Sarow begann nun zu beten. Als die Starzin sich neben ihm auf den Holzklotz niedergesetzt hatte, kam der Bär aus dem Wald heraus und legte sich ihm zu Füßen nieder. Schließlich gab nicht nur Seraphim, sondern auch die Starzin dem Bären etwas Brot zu essen. Er sprach zu ihr: Erinnerst du dich, Mütterchen, wie dem heiligen Hieronymus am Jordan ein Löwe diente? Dem armseligen Seraphim dient ein Bär. Siehst du, die Tiere gehorchen uns, und du, Mütter-

---

[87] Franz von Assisi, Die Demut Gottes. Meditationen, Lieder, Gebete. Hrsg. von A. Rotzetter und E. Hug (Klassiker der Meditation). Zürich-Einsiedeln-Köln 1977, 16f.

[88] Bonaventura, Legenda major S. Francisci, XIV, 2 (Analecta Franciscana. tom. X. Quaracchi 1926-1941, 621; S. Clasen, Franziskus. Engel des sechsten Siegels, Werl 1962, 376).

chen, bist verzagt! Aber warum verzagt sein? Wenn ich eine Schere bei mir hätte, würde ich ihn scheren. Seraphim aber verbot ihr, von all dem etwas vor seinem Tod zu erzählen.[89]
Ein Mönch erzählte: Einmal komme ich zum heiligen Vater in die Klause, und sein Gesicht ist mit Fliegen bedeckt, Blut läuft in Strömen über seine Wangen. Ich hatte Mitleid mit ihm und wollte das Ungeziefer wegscheuchen, er aber sagte: Berühre sie nicht, meine Wonne, jedes Geschöpf preist Gott.

Von *Isaak dem Syrer* ist ein Wort überliefert, das in ähnlicher Weise das Einsein des Heiligen mit der Schöpfung und den Tieren bekundet: Ein frommer Mensch hat Ehrfurcht vor jedem Geschöpf. Wenn er sich einem grimmigen Tier nähert und es anschaut, dann legt sich der Grimm des Tieres, und es kommt zu ihm, als sei er sein Herr, neigt sein Haupt, leckt ihm Hände und Füße, weil es den Wohlgeruch wittert, den Adam vor dem Sündenfall ausströmte, als alle Tiere um ihn versammelt waren und er ihnen im Paradies ihre Namen gab. Diese Fähigkeit haben wir verloren; aber Christus hat sie erneuert und uns zurückgegeben. Eben durch ihn ist dieser Wohlgeruch dem Menschen einverleibt worden. [90]

Johannes vom Kreuz, der rigorose und strenge Asket, hat eine besondere Liebe zur Natur. Fern von jeder Abwertung oder Geringschätzung der Schöpfung liebt er Poesie und Humor, denn alles Sinnenhafte kann dem Menschen auf den Weg zu Gott helfen; vor allem schätzt er Kunst und Musik, die ihm ein Abglanz der Schönheiten der Natur sind. Im Kreis seiner Mitbrüder erweist er sich als jener, der die Gebetsstunden aus dem Chor hinaus ins Freie verlegt, der mit seinen Untergebenen, vor allem mit den Novizen und Studenten, gern Ausflüge macht und zu solchen Ausflügen Weltleute einlädt; schließlich baut er als Oberer

---

[89] D. Mereschkowski u.a., Der letzte Heilige. Seraphim von Sarow und die russische Religiosität, Stuttgart 1994, 83f.

[90] Ebd., 85.

für seine Mitbrüder einen Erholungskonvent in einer besonders schönen Gegend.

VI. APOSTOLAT

Die Liebe zur Schöpfung und das Studium der Heiligen Schrift konkretisieren sich bei den Heiligen in ihrem eigenen Leben. Die konkrete Gestalt ihres Lebens ist ihnen so wichtig, daß sie keine beiläufige Nebensächlichkeit bleibt, sondern das Hauptwerk darstellt, an dem die Heiligen ihr Leben lang formen. Dabei haben sie oft lange über das Leben anderer Heiliger nachgedacht: Athanasius schreibt über Antonius und Hieronymus als für ihn wichtige Mönche. Ignatius von Loyola liest nach seiner Verwundung auf dem Krankenbett von Dominikus und Franziskus. Teresa von Avila wird von Augustinus auf ihrem Weg zu Gott inspiriert; sie wiederum läßt Edith Stein die Taufe erbitten.
Oft führt das Leben eines Heiligen einen anderen auf den Weg der Heiligkeit. Im Lebensalltag wird mancher Heiliger für einen anderen zum Vorbild: Johannes Berchmans ahmt Aloysius von Gonzaga nach, Thérèse von Lisieux liest von Jeanne d'Arc, die die Martyrerin Katharina verehrt und ihre Bilder mit Kränzen schmückt, Thomas Becket erinnert sich an St. Elphegus, seinen Vorgänger auf dem Stuhl von Canterbury, und an Thomas Becket denkt Thomas Morus vor seiner Hinrichtung. Viele folgen Elisabeth von Thüringen im Dienst an den Armen und Kranken, Franz Xaver in die Missionen und Franz von Assisi auf den Weg der Armut.

Im Schauen auf die anderen Glaubenszeugen findet der Heilige die Lebensgestalt des eigenen Weges. Doch die Heiligen haben nie einen anderen Heiligen kopiert oder imitiert. Ihre Lebensgestalt ist so ursprünglich wie das Leben selber. Keiner wird, was ein früherer Heiliger gewesen ist; jeder ist geworden, was ihn selber ausmacht. Die Heiligen treten in einen heiligen Wettstreit und führen sich gegenseitig zur Originalität und Ursprünglichkeit der eigenen Lebensgestalt. Der spätere *Papst Johannes XXIII.* schreibt am 16. Januar 1903 in sein Tagebuch:
Von der Tugend der Heiligen muß ich das Wesentliche und nicht das Zufällige übernehmen. Ich bin nicht der hl. Aloysius und muß mich nicht genauso heiligen, wie er es getan hat, sondern wie es mein anderes Wesen, mein Charakter, meine verschiedenen Lebensbedingungen

verlangen. Ich muß nicht die kümmerliche und dürre Reproduktion eines, wenn auch noch so vollendeten Typs sein [...] Wenn der hl. Aloysius das wäre, was ich bin, würde er auf eine andere Weise heilig werden, als er es wurde. [91]
Die Heiligen vertiefen sich in das Leben ihres Herrn und legen das Leben durch das Leben aus. Leben und Lehre sind bei den Heiligen eins: Sie leben nicht von einer Lehre her, sondern auf eine Lehre zu. Ihre Lehre sind nicht so sehr ihre Schriften als ihr Leben selbst, und ihre Schriften reden von nichts anderem als von ihrem Leben. So werden die Heiligen zu einer theologischen Existenz und zu einer lebendigen Tradition für die Gemeinschaft der Glaubenden. Damit weisen die Heiligen auf ein weiteres Grundelement christlicher Existenz, das sich in den Leitsatz bringen läßt: *Versuche, im Leben keine Kopie zu werden, sondern werde ein Original, ein einmaliges Bild Gottes!*

Jeder Heilige erfüllt in einer ganz bestimmten Weltstunde einen konkreten und einmaligen Auftrag Gottes. In der Ausführung dieser Sendung empfängt der Heilige die ihm verheißene Heiligkeit seines Lebens, wie das Leben der schon vorgestellten Heiligen zeigt.
Nicht nur in der Einsamkeit von Subiaco unterweist *Benedikt* die Hirten der Umgebung in der christlichen Lehre, auch in Montecassino verkündet er beständig das Wort Gottes und führt das Volk zum Glauben und in das Gotteshaus, wie Gregor der Große berichtet. Die Sittenlosigkeit seiner Zeit ruft ihn aus seiner Einsamkeit heraus, und er wird zum Organisator des Mönchtums und Erbauer einer Neuen Stadt , der er eine neue Ordnung des Friedens gibt. Dieser Friede ist ihm wichtiger als große Erfolge und asketische Leistungen eines einsamen Lebens. Das Heilen der Menschen, die im Unfrieden (Murren) leben, gilt Benedikt als priesterliches Tun: Als Wächter der heiligen Gefäße , wie Gregor Benedikt bezeichnet, weiß er darum: Die heiligen (Altar-) Gefäße aber sind die Herzen der Gläubigen. [92]

---

[91] Johannes XXIII. Geistliches Tagebuch. Freiburg-Basel-Wien ^{3}1964, 133.

[92] Gregor der Große, Dialoge II,2 (ed. Jungclaussen 46).

Die Nähe des Gotteswortes führt in die Nähe des Bruders! Dies bestimmt auch das Leben des heiligen *Franziskus*. Als er die Stigmata empfängt, zieht er sich nicht in die Einsamkeit des Gebetes und der Vertrautheit mit dem Herrn zurück, sondern durch den Empfang der Wundmale dürstete er mit dem gekreuzigten Christus nach der Rettung der Vielen. Da er wegen der Nägel, die an seinen Füßen aus dem Fleische hervortraten, nicht mehr gehen konnte, ließ er seinen halbtoten Körper durch Städte und Dörfer herumführen, um die Mitmenschen zu ermahnen, Christi Kreuz zu tragen [93]. Die Erfahrung des eigenen Leidens wird für Franziskus zur Tat und zum Engagement, ein Dienst an den anderen. Er sehnt sich danach, zu dem demütigen Leben der ersten Jahre zurückzukehren, von neuem den Aussätzigen zu dienen und den durch viele Mühsale entkräfteten Leib zur alten Dienstbarkeit zu zwingen [94].

Die Einheit von Heiligkeit und Sendung nimmt im Leben der *Kleinen Thérèse* eine ganz besondere Gestalt an. Im Karmel wird sie erwählt, der Welt den Weg des Kindseins vor Gott aufzuzeigen, und dieser Sendung bleibt sie bis zum Ende der Zeiten treu: Ich fühle, daß meine Sendung bald beginnen wird - meine Sendung, den lieben Gott so lieben zu lehren wie ich ihn liebe, meinen ‘kleinen Weg’ den Seelen zu geben. Wenn meine Wünsche in Erfüllung gehen, so wird mein Himmel auf Erden verbracht werden bis ans Ende der Welt. [95] Thérèse weiß, daß ihre Sendung nach dem Tod weitergeht; vom Himmel aus setzt sie sich in äußerster Aktivität und Solidarität für die Menschen ein. Damit wird der Himmel nicht allein zum Ort der Belohnung und Erfüllung in seliger Gottesschau, sondern auch zum Ort der liebenden Sorge um die Menschen, zu denen der Heilige gesandt ist.

Was die Heiligen für sich in Anspruch nehmen, ist im Glauben der Kirche auf vielfältige Weise bezeugt. Die Hoffnung des Glaubenden umfaßt die gesamte Schöpfung und das Heil aller Menschen, und nur

---

[93] Bonaventura, Legenda major S. Francisci XIV,1.

[94] Ebd. XIV, 2.

[95] Thérèse von Lisieux, Novissima Verba. Derniers entretiens de Sainte Thérèse de l'Enfant-Jésus. Lisieux 1926, 81.

insofern der einzelne zu ihnen gehört, gelten ihm Heil und Hoffnung für alle Ewigkeit.[96] Diesen Gedanken greift *Origenes* auf, wenn er betont, daß die Gemeinschaft des Glaubens erst dann ihren vollen Ausdruck findet, wenn sie alle umfaßt: Abraham, Isaak, Jakob und alle Propheten warten auf uns und empfangen die volle Freude der Gottesnähe erst, wenn wir bei ihnen sind: Noch haben auch die Apostel selbst ihre Freude nicht erhalten, sondern auch die Apostel warten, daß ich ihrer Freude teilhaft werde. Denn auch die von hinnen scheidenden Heiligen erhalten nicht sogleich den vollen Lohn ihrer Verdienste, sondern sie warten auf uns, auch wenn wir verzögern, auch wenn wir träge bleiben. Origenes zögert nicht zu betonen, daß auch Jesus Christus wartet und sich ohne uns nicht freuen kann: Er wartet also, daß wir uns bekehren, daß wir seinem Beispiel folgen, daß wir in seine Fußstapfen treten und er sich 'mit uns' freue und 'mit uns den Wein trinke im Reiche seines Vaters'. [97]

Das Wissen um die Gemeinschaft im Glauben führt im Alltag christlicher Nachfolge zu der weiteren Weisung: *Werde nicht müde, mitten in die Welt zu treten, und erkenne die Menschen und die Arbeit, die dir zugeteilt sind, als deinen Auftrag an; bleibe ihnen ein Leben lang treu.*

---

[96] Vgl. J. Danielou, Essai sur le mystère de l'histoire. Paris 1953, 340.

[97] Origenes, 7. Homilie über Leviticus, Nr. 2 (ed. Baehrens 374-380); vgl. H. de Lubac, Glauben aus der Liebe. Einsiedeln 1970, 368-373.

VII. VERSUCHUNGEN

Das fünfte Evangelium der Heiligen ist ermutigend in seiner Vielfalt, eindeutig in der Radikalität und herausfordernd durch die Fragen, die die Heiligen aufwerfen; sie geben keine Patentrezepte und generellen Lösungen für Lebensfragen, doch sie verweisen im Lebensalltag ihrer Nachfolge auf die Mitte christlichen Glaubens. Wer den Überlegungen zum Lebenszeugnis der Heiligen bis hierher gefolgt ist, stellt erstaunt fest, daß die Heiligen eigentlich nichts Außergewöhnliches einfordern. Sie tun das Gewöhnliche außergewöhnlich.

Was sie als Grundmodell christlichen Lebens vorleben, führt in den Alltag, den jeder gleichermaßen zu bewältigen hat. Den Heiligen geht es nicht um Absonderlichkeiten; aber ihre Treue zum Herrn ist so außergewöhnlich und radikal, daß sie in ihrer Eindeutigkeit zur Herausforderung wird: Hier erweisen sich die Heiligen wirklich als die Vollkommenen. Dies zeigt sich in der Beharrlichkeit ihres Lebens, in der Festigkeit ihres Glaubens und in der unbeirrten und treuen Liebe zur Kirche.

Das Alte Testament enthüllt schonungslos die Fehler der großen Gestalten des Glaubens, besonders bei Mose und David. Nicht anders im Neuen Bund. Alle Jünger gehen den Weg der Reifung und Läuterung, darin aber auch der Erwählung: Petrus erfährt den Fluch (Mt 16,23: Weiche von mir, Satan!) und die Erwählung (Mt 16,18: Du bist Petrus, der Fels!), er verleugnet: Ich kenne diesen Menschen nicht! (Mt 26,74), und er bekennt geisterfüllt: Man muß Gott mehr gehorchen als den Menschen! (Apg 5,29).

Die Heiligen werden nicht als Heilige geboren, sondern durchleben Zeiten des Suchens und Ringens, die sie mit ihrer ganzen Unzulänglichkeit und Schwachheit konfrontieren, vor allem in der Stunde der Versuchung. Die Heiligen haben die Wirklichkeit des Bösen in ihrem Leben oft vehement erfahren; sie wissen: Wir haben nicht mit Fleisch und Blut zu kämpfen, sondern mit Fürsten und Gewalten, nämlich mit den Herren der Welt, die in der Finsternis dieser Welt herrschen, mit den bösen Geistern unter dem Himmel (Eph 6,12). Die teuflischen Mächte, die die Heiligen immer wieder bedrängt haben, zeichnen

Bosch und Breughel in ihren Bildern mit kräftigen Farben und erschreckenden Motiven.

Auch die Heiligen haben mit den Versuchungen und Leidenschaften des Leibes zu kämpfen gehabt, daraus aber tiefe Einsichten im Umgang mit ihnen gefunden. Sehr kenntnisreich und ausführlich heißt es bei *Johannes vom Kreuz* im 4. Kapitel des ersten Buches seiner Dunklen Nacht : Es gibt also bei vielen hinsichtlich der Unzucht viele Unvollkommenheiten; man könnte sie geistliche Unzucht nennen, aber nicht weil sie geistlich ist, sondern weil sie von geistlichen Dingen herrührt. Ohne daß sie dies selbst in der Hand haben, widerfährt es ihnen sogar bei den geistlichen Übungen, daß in ihrer Sinnenwelt sexuelle Regungen und Handlungen aufsteigen oder geschehen. Ja, manchmal widerfährt ihnen dies sogar, wenn sie im Geist tief im Gebet sind oder die Sakramente der Buße und der Eucharistie empfangen. Sie haben das, wie gesagt, nicht in der Hand, sondern es kommt aus einem der folgenden drei Gründe:

Erstens gehen diese Regungen oft aus dem Geschmack hervor, den die Natur an geistlichen Dingen findet. Da nämlich Geist und Sinnenbereich diese schmecken, wird jeder der beiden Bereiche im Menschen durch diese Belebung angeregt und in Wonne versetzt, und zwar gemäß dem Anteil und den Eigenschaften, die dieser Bereich hat. Der Geist - das ist der obere Bereich - wird dazu angeregt, Gott als belebend zu empfinden und Geschmack an ihm zu finden; die Sinnenwelt - das ist der untere Bereich - wird zu sinnenhaftem Geschmack und sinnenhafter Wonne angeregt, denn er vermag keinen anderen Geschmack zu haben oder aufzunehmen. So nimmt er das auf, was am engsten mit ihm selbst verknüpft ist, eben das Sexuell-Sinnliche. Daher kommt es, daß der Mensch mit seinem Geist tief bei Gott im Gebet ist; daß er andererseits aber im Reich der Sinne, ohne es zu wollen, sinnliches Aufbegehren, sinnliche Regungen und Vorgänge spürt, nicht ohne große Unlustgefühle, oft sogar bei der Kommunion. Da sich der Mensch bei diesem Erleben der Liebe froh und wohl fühlt - das bewirkt ja der Herr, denn dazu gibt er sich hin -, nimmt sich auch die Sinnenwelt das ihrige, wie wir gesagt haben, und zwar auf ihre Weise. Weil nun beide Bereiche letztlich eine Einheit bilden, haben für gewöhnlich beide, jeder auf seine Weise, Anteil an dem, was einer der beiden empfängt. Wie nämlich der Philosoph sagt, befindet sich jedes empfangene Ding im Empfänger auf eine solche Weise, wie es dem jeweiligen Empfänger entspricht. Da die Sinnenwelt am Anfang und auch dann noch, wenn der Mensch schon fortgeschritten ist, unvollkommen ist, empfängt er den Geist Gottes oft mit der gleichen Unvollkommenheit. Wenn nun dieser sinnenhafte Bereich durch die Läuterung der dunklen Nacht, von der wir noch sprechen werden, bereits umgeformt ist, hat er diese Schwachpunkte nicht mehr. Dann ist es nämlich nicht mehr der Sinnenbereich, der empfängt, vielmehr wird er selbst im Geist empfangen. Er hat dann alles entsprechend der Weise des Geistes.

Die zweite Ursache, von der dieses Aufbegehren manchmal kommt, ist der Böse. Um den Menschen beim Beten oder bei der Vorbereitung auf das Beten zu verstören und zu verwirren, bemüht dieser sich, in ihm sexuelle Regungen aufsteigen zu lassen. Wenn der Mensch sich etwas daraus macht, wird er dadurch sehr beeinträchtigt. Aus Furcht vor solchen Regungen werden diese Menschen nämlich nicht nur nachlässig im Gebet - das ist ja die Absicht des Bösen, wenn er sich aufmacht, sie zu bekämpfen -, sondern manche von ihnen lassen sogar ganz vom Gebet ab. Sie meinen nämlich, daß ihnen solche Dinge häufiger bei dieser Übung zustoßen als außerhalb von ihr, was ja auch wahr ist. Der Böse verlegt so etwas häufiger ins Gebet als in anderes, damit die Menschen die geistliche Übung aufgeben. Und nicht nur dies; er geht sogar so weit, ihnen auf lebhafte Weise ganz häßliche und sexuelle Bilder vorzugaukeln, manchmal in ganz engem Zusammenhang mit irgendwelchen geistlichen Dingen und Personen, die ihrer Seele Nutzen bringen. Damit möchte er sie umwerfen und kleinmütig machen, so daß einer, der darauf etwas gibt, nichts mehr anzuschauen oder zu betrachten wagt, weil er gleich darüber stolpert.

Bei schwermütigen Menschen gelingt ihm das so gut und so häufig, daß es einem um sie sehr leid tun muß, denn sie erleiden ein trauriges Los. Manchen Menschen setzt das, wenn sie in dieser schlechten Gemütsverfassung sind, so sehr zu, daß sie deutlich zu spüren meinen, der Böse hätte Zutritt zu ihnen, ohne daß sie frei wären, dies vermeiden zu können. Andere wiederum können allerdings einen solchen Zutritt des

Bösen unter großem Kraftaufwand und großer Anstrengung vermeiden. Wenn diese sexuellen Dinge bei solchen Menschen aufgrund von Schwermut vorkommen, werden sie für gewöhnlich nicht davon befreit, solange sie nicht von dieser Gemütsverfassung geheilt sind. Das aber geschieht nicht, es sei denn, der Mensch tritt in die dunkle Nacht ein, die ihm allmählich alles entzieht.

Die dritte Ursache, von der diese sexuellen Regungen für gewöhnlich kommen und Krieg gegen den Menschen führen, ist für gewöhnlich die Furcht, von der solche Menschen bei diesen sexuellen Regungen und Vorstellungen ergriffen sind. Bei allem, was sie sehen, denken oder tun, denken sie spontan wieder daran und bekommen Furcht, und diese Furcht läßt sie ohne eigene Schuld unter solchen Handlungen leiden.

Es gibt auch manche Menschen, die von Natur aus so zart und empfindlich sind, daß der Geist der Unzucht schon dann bei ihnen ist, wenn ihnen vom Geist oder vom Beten her nur irgend etwas an Geschmack zuteil wird. Dieser berauscht und verwöhnt ihre Sinnenwelt so sehr, daß sie im Saft und Geschmack dieser Fehlhaltung wie versunken sind. Und so lange wie das eine dauert auch das andere, ohne daß sie es wollen. Manchmal nehmen sie sogar wahr, daß einige sexuelle und aufbegehrende Handlungen erfolgt sind. Das hat folgende Ursache: Da diese Naturen, wie gesagt, empfindlich und zart sind, werden ihre Körpersäfte und ihr Blut von jeder Veränderung in Bewegung gesetzt, so daß sich diese Regungen einstellen. Solchen Menschen stößt das gleiche zu, wenn sie in Zorn entbrennen und aufgewühlt sind oder wenn ihnen etwas wehtut.

Wenn solche geistlich strebenden Menschen über geistliche Dinge sprechen oder geistliche Werke vollbringen, regen sich bei ihnen mit Blick auf die Menschen, die sie vor sich haben, manchmal auch Übermut und Prahlerei, und sie behandeln jene ein Stück weit von oben herab. Auch dies entstammt der geistlichen Unzucht, wie wir sie hier verstehen, und geht im Normalfall mit Selbstgefälligkeit im Empfindungsvermögen einher.

Manche dieser Menschen fassen auf geistlichem Weg zu anderen Personen Zuneigungen, die oft aus der Unzucht und nicht aus dem Geist kommen. Diesen Umstand erkennt man daran, daß mit dem Denken an

diese Zuneigung nicht das Denken an Gott und die Liebe zu ihm zunehmen, sondern Gewissensbisse. Wenn nämlich die Zuneigung eindeutig geistlich ist, wächst mit ihr auch die Zuneigung zu Gott, und je mehr man an diese Zuneigung erinnert wird, desto mehr wird man auch an Gott erinnert und bekommt Lust an Gott; das heißt: Wenn man im einen wächst, wächst man auch im andern; denn es ist Gottes Geist zu eigen, daß sich Gutes durch Gutes vermehrt, sofern es zwischen beiden Ähnlichkeit und Übereinstimmung gibt. Wenn eine solche Liebe aber von der erwähnten sinnlichen Fehlhaltung kommt, zeitigt sie die entgegengesetzten Früchte; denn je mehr das eine wächst, desto mehr nimmt dann das andere ab und zugleich auch das Denken daran. Wenn aber diese Liebe wächst, wird man bald sehen, daß man durch das Denken an sie und wegen der Gewissensbisse in der Liebe zu Gott erkaltet und ihn vergißt. Wenn dagegen die Liebe zu Gott im Menschen wächst, erkaltet er in der anderen und vergißt sie. Da sich beide Formen der Liebe widersprechen, ist die eine nicht nur keine Hilfe für die andere, sondern, wie die Philosophen sagen, löscht die dominierende die andere sogar noch aus und verwirrt sie, während sie selbst erstarkt. Darum hat unser Retter im Evangelium gesagt, daß, was aus Fleisch geboren wird, Fleisch ist, und was aus dem Geist geboren wird, Geist ist (Joh 3,6). Das heißt: Liebe, die aus Sinnenhaftigkeit geboren wird, endet im Sinnenhaften; Liebe, die aus dem Geist geboren wird, endet im Geist Gottes und läßt ihn wachsen. Dies ist der Unterschied, der zwischen beiden Arten von Liebe ist, woran man sie erkennt.
Sobald der Mensch in die dunkle Nacht eintritt, werden von ihr all diese Arten von Liebe zur Vernunft gebracht. Die gottgemäße Liebe macht sie stark und läutert sie, die andere entfernt und beendet sie. Am Anfang aber läßt diese Nacht beide Arten von Liebe aus dem Blick verschwinden, wie wir später noch sehen werden. [98]
Der Mensch ist, wie Johannes vom Kreuz betont, ganzheitlich zu sehen, da die Freude nicht nur im Geist, sondern auch in der Seele und im Leib empfunden wird. Es kommt zu einem Teufelskreis, wenn sich der

---

[98] Johannes vom Kreuz, Die Dunkle Nacht. Vollständige Neuübersetzung, Freiburg-Basel-Wien 1995, 43-47.

Mensch in Angst vor der Sinnlichkeit immer wieder mit ihr beschäftigt, bis diese ihn von selbst überrollt. Aus Erwartungsangst kommen zwanghaft die entsprechenden Gefühle und Handlungen. Die Erfahrung der Sinnlichkeit ist abhängig von der Naturanlage des einzelnen, so daß leicht Erregbare eher sexuellen Gefühlen und Regungen ausgeliefert sind. Schon die Neigung zum Zorn kann schließlich zu einer sexuellen Versuchung führen.

Augustinus kämpft mit der Erfahrung, daß er immer wieder von seinem eigenen Gewicht hinabgerissen wird. Er hat die Irrfahrten des Aeneas im Gedächtnis, kann aber kaum seine eigene Odyssee verstehen. Von der Irrfahrt seiner Jugendzeit bekennt er, nicht ohne ein Schmunzeln zu verbergen: Du, o Gott, hattest mir allenthalben gezeigt, daß das wahr ist, was du sagst. Ich war von deiner Wahrheit überwältigt. Aber ich wußte dir nichts zu erwidern als müde, schlaftrunkene Worte: 'Ich eile, sicherlich, ich eile. Warte nur noch ein wenig!' Aber mit dem 'Ich eile' hatte es noch gute Weile, und das 'Warte noch ein wenig' blieb beim 'Zuwarten'. [99] Als junger Mann bittet er Gott um die Gabe der Keuschheit, doch er spricht diese seine Bitte nur zögernd aus: Herr, verleih mir Keuschheit und Enthaltsamkeit. Doch übereile es nicht. Ich hatte Angst, du könntest mich sogleich erhören ... [100]

Zu Beginn seines Wirkens kam Vater *Seraphim von Sarow* nach der Darbringung der Gaben zum Altar und sagte zu Vater Jesaias, dem Superior des Sarower Klosters: Vater, Herr Superior, segne mich, damit Frauen keinen Zutritt zu dem Berg haben, auf dem ich wohne. Dieser war ärgerlich wegen der Unschicklichkeit, daß er gerade in diesem Augenblick sein Anliegen vorbringe, aber Seraphim erwiderte: Eben jetzt komme ich, und segne mich jetzt, Vater. Da segnete ihn Vater Jesaias mit der Ikone der Gottesmutter und sprach dabei die Worte: Ich segne dich, damit Frauen keinen Zugang zu deinem Berg ha-

---

99 Augustinus, Conf. 8,5.

100 Ebd., 8,7.

ben, und du sollst ihn gut verteidigen. So erlangte er die vollkommene Keuschheit.
Bevor er an Vater Jesaias herantrat, hatte er gebetet, der Herr solle durch das Neigen der Äste ihm seinen Willen kundtun, daß keine Frauen zu ihm kommen möchten. Am nächsten Tag neigten sich tatsächlich die dichten Fichten und Kiefern bis zur Erde und versperrten den engen Pfad, der ins Kloster führte.[101]

Die frühen *Mönchsväter,* wie sie uns die Apophthegmata [102] vorstellen, enthalten ein ganzes Kompendium für den Umgang mit Versuchungen gegen die Reinheit. Zunächst betonen sie, daß die Reinheit des Leibes und des Herzens erst nach langer Zeit erworben wird, so daß viel Geduld und Nachsicht vonnöten sind: Den zweiten Kampf haben wir nach der Überlieferung der Väter gegen den Geist der sexuellen Zügellosigkeit zu bestehen. Dieser Kampf dauert länger als die übrigen Kämpfe, entbrennt täglich von neuem und wird nur von wenigen gewonnen. Es ist ein überaus harter Kampf von der ersten Zeit der Pubertät an, der nicht eher aufhört, als bis die übrigen Laster überwunden sind. [103]
Joseph der Seher zeigt, daß es auch eine innere Verbindung und Ursächlichkeit zwischen dem ersten Eifer eines Anfängers und seiner Versuchbarkeit gibt: Der erste Eifer, der trübe und wirr ist, ist nämlich mit der Leidenschaft der Unzucht verbunden. Wie das? Es ist notwendig, dies darzulegen. Wenn (dieser) Zustand des Eifers bei einem Gottesfürchtigen eintritt (und) wenn er (dann) keinen verständigen (geistlichen) Führer hat und (wenn der Zustand) lange Zeit bei ihm andauert und (der Mönch) Gedanken des eitlen Ruhmes annimmt und das Unterscheidungsvermögen des Intellektes geblendet worden ist, dann verwandelt sich dieser Eifer der Liebe zu den Tugenden in den Eifer des Begehrens der Unzucht. Und hinfort brennt das Herz des Gottesfürch-

---

[101] D. Mereschkowski u.a., Der letzte Heilige, 92f.

[102] B. Miller, Weisung der Väter. Apophthegmata Patrum, auch Gerontikon oder Alphabeticum genannt. Übers. von B. Miller, Freiburg 1965 (künftig: WdV).

[103] Johannes Cassian, Inst. VI,l.

tigen wie mit Feuer. Und da die Leidenschaft der Unzucht sich selbst unter einem (falschen) Anschein verbirgt, zeigt sie sich nicht offen, weil Begehren mit Begehren vermischt ist, und Eifer mit Eifer und Liebe mit Liebe, und der Gottesfürchtige nicht weiß, zwischen dem Eifer für die Mühen und diesem anderen Eifer, der sich unter dem Anschein der Tugend verbirgt, zu unterscheiden. Und die Seele wird in ein Ungewitter der Verwirrung geworfen und sie ist nicht in der Lage, (den falschen Eifer) zu unterscheiden. Darum wird dieser erste Eifer 'trübe' und 'wirr' genannt. [104]

Es bedarf eines längeren Weges, auf dem Ausdauer und Geduld die wichtigsten Tugenden sind: Ein keusches Leben, das wir ersehnen, ist anders nicht zu erlangen: es wird uns zuteil als göttliches (unverdienbares) Gnadengeschenk und nicht durch Vertrauen auf die eigene Tüchtigkeit. Aber wir müssen ein keusches Leben wirklich *ersehnen.* Ja, wir müssen nach Keuschheit geradezu in Sehnsucht und Liebe entflammt sein, wie ein Geizkragen nach Geld und ein Ehrsüchtiger nach Ruhm oder wie ein von unerträglicher Liebe zu einer schönen Frau Hingerissener, der alles daransetzt, sie zu besitzen. [105]

Wie es um einen steht, erkennt man schließlich in den nächtlichen Träumen und Phantasmata; sie zeigen an, wie weit einer auf dem Weg der Reinheit vorangeschritten ist: Die Traumphantasien werden nicht in der Stunde der Nacht geboren: was in den innersten Falten der Seele verborgen ist, das wird in der Ruhe des Schlafes an die Oberfläche gebracht. [...] Ein evidentes Indiz vollendeter Keuschheit ist: Auch im Traum treten uns keine sexuellen Trugbilder mehr vor die Seele (auch wenn natürlich solches Traumgeschehen keine Sünde ist). [106]

Zuweilen sind die Mönchsväter recht optimistisch, was das Erreichen der Reinheit in einem bestimmten Zeitraum angeht. Doch *Abbas Chaeremon* gibt zu bedenken: Es wäre leichtfertig, bei der großen Verschiedenheit der Leidenschaften und Kräfte für Menschen ein bestimm-

---

[104] Rabban Jausep Hazzaya, Briefe über das geistliche Leben und verwandte Schriften. Ostsyrische Mystik des 8. Jahrhunderts, Trier 1982, 107.

[105] Johannes Cassian, Coll. XII,5.

[106] Johannes Cassian, Inst. VI,11.10.

tes Zeitmaß zur Erreichung der Keuschheit festlegen zu wollen, was ja auch schon für das Erlernen von irgendwelchen materiellen Kunstfertigkeiten und greifbaren Disziplinen schwer zu bestimmen ist. Es kommt auf die Spannkraft der Seele und die jeweilige Begabung an, ob man schnell oder langsam lernt. [...] Wichtig ist, daß man nicht glaubt, man könne sich Keuschheit verdienen durch Enthaltsamkeit und Askese. Ein keusches Leben kann man nur führen durch Gottes Erbarmen. Ohne diesen Glauben ist alle menschliche Anstrengung eitel. Es ist übrigens ein deutliches Zeichen, daß einer der Reinheit nahe ist, wenn er weiß, daß er sie mit eigenem Tun und Mühen nicht herbeizwingen kann. Wie der Psalmist sagt: 'Wenn nicht der Herr das Haus erbaut, arbeiten die Bauleute vergebens' (Ps 126,1). Diese Einsicht beseelt den, der die Keuschheit nicht für ein Ergebnis des menschlichen Eifers hält, der sie vielmehr von Gottes Barmherzigkeit zu erlangen hofft. Und da ihm bewußt ist, daß menschliche Kraft nichts vermag, wenn nicht göttliche Kraft sie trägt, wird er auch gegen andere nicht mit mitleidlosem Rigorismus eifern. [107]

Wie sehr Geduld, Tapferkeit und Nachsicht die Grundtugenden im Mühen um die Reinheit sind, zeigt sich in der Barmherzigkeit, die man dem anderen in seiner Schwachheit entgegenbringt: Der Altvater Ammonas kam einmal irgendwohin, um zu essen. Dort befand sich einer, der einen schlechten Ruf hatte. Es begab sich, daß ein Weib daherkam und in das Kellion des Bruders mit dem üblen Rufe ging. Als die Bewohner des Ortes das erfuhren, gerieten sie in Aufregung und taten sich zusammen, um ihn aus seinem Kellion zu vertreiben. Als sie erfuhren, daß der Bischof Ammonas am Orte sei, gingen sie zu ihm und forderten ihn auf, mit ihnen zu kommen. Als der Bruder das merkte, nahm er das Weib und verbarg es in einem großen Faß. Wie nun die Menge eintraf, wußte der Altvater Ammonas bereits, was vorgefallen war, doch um Gottes willen verdeckte er die Sache. Er trat ein, setzte sich auf das Faß und ordnete eine Durchsuchung des Kellions an. Aber, obwohl sie sorglich suchten, fanden sie das Weib nicht. Da sagte der Altvater Ammonas: 'Was ist das? Gott soll euch vergeben!' (daß ihr den Bruder

---

[107] Johannes Cassian, Coll. XII,15.

verleumdet habt!) Er ließ ein Gebet verrichten und hieß alle hinausgehen. Dann nahm er den Bruder bei der Hand und ermahnte ihn: 'Gib auf dich acht, Bruder!' Nach diesen Worten ging er weg. [108]
Es gibt sogar eine Gemeinsamkeit im Mühen um die Reinheit, in dem der eine vom anderen getragen, gestützt und geschützt wird: Zwei Brüder kamen in eine Stadt, um ihre Handarbeiten zu verkaufen. Als sie getrennt voneinander in der Stadt herumgingen, fiel einer von den beiden in Unzucht. Als nachher sein Bruder kam und sagte: 'Wir wollen in unser Kellion zurückkehren, Bruder!', antwortete jener: 'Ich komme nicht mit.' Der andere fragte ihn: 'Warum, Bruder?', und jener sagte: 'Weil ich nach dem Weggang von dir in eine Versuchung fiel und Unzucht trieb.' Jener aber wollte ihn gewinnen und begann zu sagen: 'Auch mir stieß dies zu! Als ich von dir mich getrennt hatte, fiel auch ich in Unzucht. Aber komm, laß uns gehen, und wir wollen zugleich mitsammen mit allem Ernst Buße tun, und Gott wird uns unsere Sünden verzeihen.' Als sie in ihre Kellien zurückkehrten, bekannten sie den Greisen, was ihnen zugestoßen war, und diese gaben ihnen Anweisung, wie sie Buße leisten könnten. Jener eine Bruder jedoch übernahm die Buße nicht für sich, sondern für seinen Bruder, gleich als hätte er selbst auch gesündigt. Gott aber sah seine Mühe und seine Liebe und offenbarte nach wenigen Tagen einem der Altväter, daß er um der großen Liebe jenes Bruders willen, der nicht gesündigt hatte, dem verziehen hatte, der Unzucht getrieben hatte. Wirklich, das heißt, sein Leben einzusetzen für seinen Bruder! [109]

Nicht nur gegen die Versuchungen des Fleisches und der *Leidenschaften* haben die Heiligen zu kämpfen. *Seraphim von Sarow* warnte vor den Gefahren des Einsiedlertums, da es, wie er aus eigener Erfahrung sagen konnte, mit besonderen und ganz heftigen Versuchungen und Anschlägen des Teufels verbunden ist, und sprach wie zur Warnung: Im Kloster gleichen die gegnerischen Mächte, mit denen die Mönche

---

[108] WdV 122.

[109] WdV 1215.

ringen, Tauben. In der Einsamkeit sind sie wie Löwen oder Leoparden.[110]

Die Wirklichkeit des Bösen kann sich in einen Engel des Lichtes verwandeln oder in das Gewand eines Edelmanns[111] und den Menschen so bedrängen, daß er meint, an sich und den eigenen Kräften verzweifeln zu müssen. Das ist eine Erfahrung, die besonders den *Pfarrer von Ars* bedrängt hat. Graf Prosper des Garets hält die Versuchung zur Verzweiflung für die schwerste aller Versuchungen, die Abbé Vianney durchmachen mußte, so daß er von sich sagte: Wie sollte ich mich zum Stolz versucht fühlen? Ach nein, meine Versuchung ist die Verzweiflung.

Außer den Versuchungen zur Entmutigung oder sogar der Verzweiflung werden den Heiligen zuweilen ganz alltägliche Erfahrungen zur Glaubensprobe, so die Erfahrung des eigenen Gewordenseins, der Gesundheit und der Grenzen in den Kräften. Was von Blaise Pascal in das prägnante und provozierende Wort gefaßt wurde: Keiner ist so glücklich wie ein wahrer Christ , läßt Paul Tillich, einen der großen evangelischen Theologen unserer Tage, zu der Aussage kommen: Glaube ist der Mut, sich zu bejahen als (von Gott) bejaht . Menschen, die diesen Mut des Glaubens aufbrachten, fanden durch Gottes bedingungsloses Ja zum Frieden mit sich und mit dem eigenen Leben. Als *Frère Roger Schutz*, der verstorbene Prior von Taizé, gefragt wurde, was sein Leben zu einem unaufhörlichen Fest mache, antwortete er: Vor allem die ungebrochene Annahme durch Gott.

Das Wissen, von Gott in und mit allem geliebt zu sein, kann im Alltag seine eigenen Formen annehmen: *Franz von Sales*, der zu seinem Bedauern eine große Glatze hatte, resümiert: Dann muß ich meinen Schöpfer halt mit meiner großen Glatze loben! , und *Charles de Foucauld*, dessen Zähne kreuz und quer gewachsen waren, sagt vom Stil seiner Bekehrungsarbeit unter den Tuaregs: Meine Missionsarbeit be-

---

[110] D. Mereschkowski u.a., Der letzte Heilige, 143.

[111] Vgl. R. Durrer, Bruder Klaus. Ehrli-Sarnen 1917/21, 546.

steht darin, daß ich die Menschen anlache und ihnen meine schrecklichen Hauer zeige! , und Sören Kierkegaard schreibt nicht ohne ein Schmunzeln: Ein vollkommener Mensch zu sein, das ist das Höchste im Leben. Nun habe ich aber Hühneraugen, das bringt mich meinem Gott schon näher. Mose hatte eine schwere Zunge, Elia war häßlich, der Prophet Jeremia wurde von schrecklichen Ängsten gepeinigt, und der Apostel Paulus spricht vom Stachel im Fleisch (vgl. 2 Kor 12,7-10).

Gesundheitliche Grenzen können zu einer wichtigen Erfahrung werden, wenn es gilt, sie im Glauben und in Gelassenheit anzunehmen. *Augustinus* spürt immer wieder, wie er sich übernimmt und klagt, daß ich endlich einmal aufhöre, mehr zu wollen, als ich kann [112]; häufig ist er ans Bett gefesselt. Als Bischof kann er nicht die Seereisen unternehmen, die von Amts wegen nötig wären und die seine Mitbrüder im Amt durchführen. Jede Kälte ist ihm unerträglich, und beim Sprechen befällt ihn oft Müdigkeit oder Heiserkeit, so daß ihm das Predigen zur Last wird.

Es fehlt nicht an Zeugnissen, die ein sehr menschliches Bild vom Heiligen vor Augen führen, so menschlich, daß es gar nicht mit der gängigen Vorstellung von einem heiligen Menschen übereinzustimmen scheint. Die heilige *Monika*, die Mutter des heiligen Augustinus, hatte sich durch Nascherei eine Liebe zum Alkohol angewöhnt, bis sie mit der Zeit begierig trinkt und von einer Magd einmal eine Trunkenboldin genannt wird.

Die Heiligen sind an den Grenzen ihrer menschlichen Natur gereift und haben ihre Erfahrungen für andere fruchtbar werden lassen. Der *Pfarrer von Ars* ist von Haus sehr schüchtern und menschenscheu; sein Gesicht scheint maßlos traurig zu sein, ohne jede Würde. Er, der Zeit seines Lebens unsicher und teils verzagt blieb, gibt anderen in ihren eigenen

---

112 Augustinus, Ep. 10,1 (PL 33,74).

Nöten seinen treffsicheren Rat und wird für Tausende zu einem engagierten Seelsorger und gesuchten Beichtvater.

Nicht anders bei dem Kapuzinerpater *Leopold Mandic* (1866-1942), der 1983 von Papst Johannes Paul II. heiliggesprochen wurde. Klein und krüppelhaft von Gestalt, ständig an Magenbeschwerden leidend, wird ihm von seinem Orden die Orient-Mission verboten, aber auch das Predigen, weil er einen Sprachfehler hat. Er taugt zu nichts anderem als zum Beichtehören. 33 Jahre lang sitzt er täglich 10-15 Stunden in einem Beichtstuhl von Padua und wird von zahlreichen Gläubigen, unter ihnen Bischöfe, Priester, Professoren, Gelehrte und Politiker, aufgesucht und um einen Zuspruch gebeten. Der Beichtstuhl befand sich in einem engen Raum mit einem Sessel, einem Betstuhl und einem Ofen, der erst gegen Ende seines Lebens wegen der feuchten Kälte des Raumes aufgestellt wurde, und einem kleinen vergitterten Fenster, das auf eine gegenüberliegende Mauer schauen läßt.
Leopold Mandic hatte einen starken, zum Zorn neigenden Willen, und er mußte sich Gewalt antun, damit es nicht zum Ausbruch kam. Zuckte bei der Unterhaltung sein Gesicht vor Anstrengung, änderte er gewöhnlich das Gespräch mit den Worten: Wissen Sie, das Blut ist nicht Wasser. Ich habe dalmatinisches Blut. Entschuldigen Sie!
Verletztes Selbstgefühl gehört mit zu den Lebensschwierigkeiten dieses Priesters. Er ist nur 1,45 Meter groß, so daß er unter den Witzeleien der anderen zu leiden hat. In jungen Jahren braust er jedesmal auf, später lächelt er nachsichtig. Besonders bitter empfindet er seinen Sprachfehler. Man hat wirklich Mühe, ihm zuzuhören; trotzdem stehen die Menschen Schlange, um bei ihm zu beichten und von ihm Worte des Trostes zu hören. Andere lachen über seinen Sprachfehler; weshalb er sich auch für ihn bei den Ministranten nach der Heiligen Messe entschuldigt. Seinetwegen pilgert er 1934 nach Lourdes, um eine Heilung zu erbitten.

Auch der *Pfarrer von Ars* hatte beim Predigen mit dem Sprechen zu kämpfen: Er trug seine Predigten, die er tags zuvor auswendig gelernt hatte, mit Kraft und Überzeugung vor. In den ersten Jahren lächelte man im Dorf oder war auch gereizt über diesen Eifer. Er sprach zu laut und in einem etwas scharfen und unangenehmen Ton, er hatte Gedächtnislücken und mußte schon mal die Kanzel verlassen, ohne seine Ansprache zu Ende gebracht zu haben. Übrigens dauerte diese etwa eine Stunde. Als die Gräfin von Ars ihn einmal fragte, warum er so laut schreie bei der Predigt, antwortete er: 'Wenn ich predige, habe ich es mit Leuten zu tun, die taub sind oder schlafen, aber wenn ich bete, habe ich es mit dem lieben Gott zu tun, und der liebe Gott ist nicht taub.' In seinen Predigten findet man farbige, realistische Beschreibungen seiner Zuhörer. 'Ihr seht sie den Kopf von einer Seite zur anderen drehen. Sie fragen ihren Nachbarn, wie spät es ist. Andere gähnen und räkeln sich, sie blättern in ihrem Buch, als wenn sie feststellen wollten, ob der Buchbinder irgendeinen Fehler gemacht hätte. Andere seht ihr schlafen wie in einem weichen Bett, und schließlich andere, denen das Wort Gottes, das so viele Sünder bekehrt hat, Beklemmung verursacht; sie müssen hinausgehen, sagen sie, um frische Luft zu schöpfen.' [113]

Die Kirchenlehrerin *Katherina von Siena* bezeugt, warum und wie die Heiligen ihre Schwachheiten und Fehler zu tragen verstehen, indem sie ganz offen vor Gott bekennt: 'O herzensgute Liebe', gesteht sie im Gebet ein Jahr vor ihrem Tod, 'in meiner ganzen Lebenszeit habe ich Dich nie geliebt!' Und es ist sehr ernst gemeint, wenn sie andere Personen ermahnt und dabei häufig die Formel '*wir* Sünder' gebraucht. Sie macht jemanden auf einen Fehler aufmerksam und setzt gleich behutsam dazu 'wie ich'. Statt jemandem so einen Fehler persönlich vorzuhalten, sei es besser, ganz allgemein und taktvoll darüber zu sprechen. Und überhaupt solle man sich hüten, sich zum Richter über das Seelenleben der Mitmenschen aufzuschwingen oder sich selbst zum Maßstab zu machen und anderen vorzuwerfen, daß sie ihren eigenen Weg gingen. Menschen, die ihre Eigenliebe bezwungen haben, 'freuen sich im Gegenteil über jeden Menschentyp, dem sie begegnen', sagt Caterina. 'Die Vielfalt gefällt ihnen besser als die Gleichförmigkeit sol-

---

[113] G. Rossé, Der Pfarrer von Ars an seine Gemeinde. Ausgewählte Gedanken und Predigten, München 1980, 44f.

cher Menschen, die alle denselben Weg gehen würden. So wird Gottes Größe auch viel besser sichtbar!' [114]

Die Treue zur eigenen Berufung fängt nicht in großen Werken und erstaunlichen Leistungen an, sondern in dem, was jeder in sich und in seinem Leben vorfindet. Die Annahme des eigenen Lebens, das Ringen mit den eigenen Schwächen und der Mut, die eigenen Grenzen anzunehmen, gehören zur Herausforderung, die der Glaubende auf seinem Weg der Nachfolge zu leben hat.

[114] C. Feldmann, Gottes sanfte Rebellen. Große Heilige der Christenheit, Freiburg-Basel-Wien 1984, 61f.

VIII. KONFLIKTE UND KRISEN

Im Laufe der Kirchengeschichte kommt es des öfteren dazu, daß ein Heiliger in Konflikt mit der offiziellen Amtskirche gerät. Auch diese Erfahrung wird für manchen zu einer großen Glaubensprobe, geht es doch in einer solchen Zeit der Bedrängnis nicht nur um eine verstandesmäßige Übereinstimmung mit der Lehre und Weisung der Kirche, sondern um eine innere Übereinstimmung, also um ein inneres Fühlen mit der Kirche, selbst dann, wenn die Dinge im einzelnen noch nicht klar zu erkennen sind und Gottes Wille nicht deutlich ist.

Das Lebensbeispiel des Poverello aus Assisi ist ein lebendiger Kommentar für diese Treue zur Kirche. *Franziskus* erneuert die Kirche seiner Zeit, indem er das, was in etwas anderer Weise Petrus Waldes (Waldenser) vorschwebt und was dieser nur außerhalb der Kirche verwirklichen zu können glaubt, innerhalb der konkreten Kirche zu realisieren versucht, gemäß seinem Leitsatz: Leben wie ein Ketzer und lehren wie die Kirche! [115]

Um die Treue zur Kirche im Orden fest verankert zu wissen, verspricht Franziskus in seiner Regel dem Papst den schuldigen Gehorsam, indem er einen Kardinalprotektor einsetzt. Gegen Ende seines Lebens bezeugt Franziskus seine Liebe zur Amtskirche und ihren Priestern mit folgenden Worten: Danach gab und gibt mir der Herr einen so großen Glauben zu den Priestern, die nach der Vorschrift der Heiligen Römischen Kirche leben, wegen ihrer Weihe, daß ich, selbst wenn sie mich verfolgen würden, bei ihnen Zuflucht suchen will. Und wenn ich so große Weisheit hätte, wie Salomon sie gehabt hat, und ich fände armselige (sündige) Priester in dieser Welt - in den Pfarreien, wo sie weilen -, will ich nicht gegen ihren Willen predigen. Und diese und alle anderen will ich fürchten, lieben und ehren wie meine Herren. Und ich will in ihnen die Sünde nicht sehen, weil ich den Sohn Gottes in ihnen erblicke und sie meine Herren sind. Und deswegen tue ich das, weil ich leiblicherweise von ihm, dem höchsten Sohn Gottes, in dieser Welt nichts sehe

---

115 E. Iserloh, Gott finden in allen Dingen . Die Botschaft des heiligen Ignatius von Loyola an unsere Zeit, in: TThZ 66 (1957) 65-79, hier 65.

als seinen heiligsten Leib und sein heiligstes Blut, das sie selbst empfangen und sie allein den anderen darreichen. [116]

Der Heilige aus Assisi tritt nicht auf die Marktplätze und prangert den Reichtum und die Habgier kirchlicher Würdenträger an, sondern ruft durch sein eigenes Lebensbeispiel die ganze Kirche zu ihrer Sache zurück, nämlich daß sie die Kirche eines armen und wehrlosen Herrn zu sein hat. Franziskus proklamiert nicht: Wir müssen etwas für die Aussätzigen tun! , er geht vielmehr selbst zu den Aussätzigen hin. Durch das Wagnis der eigenen Wehrlosigkeit und Liebe führt Franziskus die Kirche zum Evangelium zurück. Für ihren Herrn erneuert er sie nicht von außen, sondern von innen im Blick auf das Geheimnis, das die Kirche ist.

Die Begründung für dieses Verhalten gibt Franziskus mit den Worten: Gott selbst steigt hinab in die Verlorenheit der Menschen, in das Armsein und die Konkretheit und Materialität des Heils - bis in das Brot der Eucharistie. Deshalb sollen die Brüder des Franziskus diese Liebe zur Konkretheit des Herrn in seiner Kirche bewahren. Mit dem gleichen Anliegen gibt Franziskus den Brüdern sein Testament , auf daß sie die Regel besser katholisch beobachten . Den Fußspuren Christi folgen heißt für Franziskus immer den ehrwürdigen Fußspuren der Mutter Kirche folgen [117].

Anfangs hofft Franziskus, durch das Erleiden des Martyriums am Ende seines Lebens mit dem Herrn gänzlich verbunden zu werden[118], aber das Leben in Armut und Wehrlosigkeit wie auch der Auftrag zur Erneuerung der Kirche führen ihn in ein anderes und neues Leiden mit dem Herrn, nämlich in den Empfang der Stigmata.[119] Im Ertragen dieser

---

[116] I Celano 94; vgl. Thomas von Celano, Leben und Wunder des heiligen Franziskus von Assisi. Einführung. Übersetzung und Anmerkungen von E. Grau OFM, Werl [3]1980, 162f.

[117] II Celano 16; vgl. Franziskanische Quellenschriften V, 247-249, hier 248.

[118] Vgl. hierzu W. Nyssen, Franziskus. Lebendige Ikone des Gekreuzigten, in: GuL 49 (1976) 346.

[119] Vgl. E. Benz, Ecclesia Spiritualis. Kirchenidee und Geschichtstheologie der franziskanischen Reformation, Stuttgart 1934 (Nachdruck: Darmstadt 1964), 97f.

Leiden wird er zu einem zweiten Christusbild, das die anderen zur Umkehr und zur Erneuerung mahnt.

Die Liebe zur Kirche und den Amtsträgern führt zuweilen in den Konflikt mit der Obrigkeit. Als Beispiel sei das Leben des *Ignatius von Loyola* angeführt. Schon gleich am Anfang seines seelsorgerlichen Wirkens gerät Ignatius wegen seiner Arbeit und wegen seiner Exerzitien in Konflikt mit der spanischen Inquisition. Nicht anders ergeht es ihm, als er einen neuen Orden gründen will, ohne Klostermauern und ohne jedes gemeinsame feierliche Chorgebet. Die Konflikte, die mit diesen Neuerungen verbunden sind, hindern Ignatius nicht, den Gehorsam gegenüber dem Papst als eigenes Gelübde für seinen Orden aufzunehmen. Mit dem Gelübde der unbedingten Treue zum Papst gerät er eines Tages in Konflikt. In den Konstitutionen seines Ordens hatte Ignatius festlegt, daß seine Jesuiten keine kirchlichen Ämter annehmen dürfen. Der Papst ist anderer Meinung: 1552 will der Papst, einem Vorschlag Kaiser Karls V. folgend, Franz Borja zum Kardinal machen. Ignatius meint nun, dem Anruf des Geistes folgen zu müssen, indem er dies unbedingt verhindert; umgekehrt ist er zugleich der festen Überzeugung, daß derselbe Geist den Papst zu seinem Vorhaben drängt. Beides bildet für Ignatius keinen Widerspruch. Er schreibt am 5. Juni 1552 an Borja: Denn ich kann mir sehr wohl denken, daß derselbe göttliche Geist, der mich aus gewissen Gründen zu dem einen drängt, in andern die gegenteilige Stimmung weckt; und so könnte doch noch der Vorschlag des Kaisers durchdringen. [120] Schließlich läßt der Papst von seinem Vorhaben ab.
Für den Papst wie auch für Ignatius geht es um dieselbe Frage, ob sie nämlich die Anregung des Geistes richtig gedeutet und verstanden haben. Ignatius will den Gehorsam gegenüber dem Papst nicht in Frage stellen; da aber der Entschluß noch nicht endgültig ist, meint er, sich dem Papst widersetzen zu müssen, damit so die Absicht des Geistes ganz deutlich werde.

---

[120] Monumenta Ignatiana 1, IV 284; Ignatius von Loyola, Geistliche Briefe. Hrsg. von H. Rahner, Einsiedeln [2]1942, 185.

Was in diesem Beispiel noch eine gute und friedvolle Lösung gefunden hat, kann konfliktreicher verlaufen, wie es viele Heilige deutlich erlebt haben. Von kirchlicher Seite her erleidet *Teresa von Avila* bei ihren Klostergründungen Mißgunst und Verfolgung. *Johannes vom Kreuz*, der mit Teresa das Reformwerk im Orden durchführt, zieht sich den Haß seiner Mitbrüder zu und wird von ihnen für Monate in einem Gefängnis festgehalten. Kardinal *Robert Bellarmins* Werke werden auf den Index gesetzt, weil sie Papst Sixtus V. nicht päpstlich genug erscheinen, bis er rehabilitiert wird. Lange müssen sich die Vertreter der Herz-Jesu-Andacht der Ablehnung durch den heiligen Stuhl widersetzen, bis dieser sich die Herz-Jesu-Frömmigkeit zu eigen macht. *Jeanne d'Arc* stirbt auf dem Scheiterhaufen, und *Maria Ward* wird lange Zeit von der Inquisition in Gewahrsam genommen.
Die Echtheit eines Charismas erweist sich darin, daß der Gesendete die Unvermeidlichkeit des Leidens in und an der Kirche geduldig erträgt und bereit ist, in ihr weiter nach dem Gebot der Stunde zu suchen. Christus ist die Wahrheit und nicht die Gewohnheit[121]. Die Ausführungen zeigen, daß das Leben des Glaubens eine ständige Krisis mit sich bringt, besonders wenn der Glaubende unbeirrt an dem festhalten muß, was er als eigene Berufung erkannt hat, und in der Liebe treu sein möchte, die er im Gehorsam zur Kirche aufbringen will. Die Außergewöhnlichkeit der Heiligen besteht auch hier in der Treue, mit der sie das Gewöhnliche außergewöhnlich tun.

---

[121] Tertullian, De virg. vel. 1,2: Christus veritatem se, non consuetudinem cognominavit.

IX. GEISTLICHE FREUNDSCHAFT

Ein Lobpreis auf Liebe und Zuneigung findet sich nicht selten. Nicht zuletzt in den Medien; sie werden nicht müde, auf die Bedeutung von Intimität und Sexualität hinzuweisen und mehr oder weniger gelungene Modelle menschlicher Begegnung vorzustellen. Ganz anders scheint es sich mit der Freundschaft zu verhalten. In der Antike gilt die Freundschaft als die Krone des Lebens und der Tugenden, heute hingegen scheint der euphorische Lobpreis auf diese Erfahrung des Lebens endgültig verebbt zu sein. Gewiß, jeder braucht Freunde , aber nur wenigen scheint es vergönnt zu sein, in ihrem Leben eine wirkliche Freundschaft zu erfahren. Man kann ganz gut ohne Freunde leben, sie sind nicht so unbedingt notwendig wie Zuneigung, Eros und Ehe. Schließlich kann eine feste und ernsthafte Freundschaft bei den anderen schnell in Verdacht geraten, erst recht, wenn sie unter Gleichgeschlechtlichen besteht.

Bedenken melden sich auch in der geistlichen Tradition der Kirche. Meist kommen die warnenden Worte von Menschen, die ein verantwortliches Amt bekleiden und um die Einheit und das Fortbestehen einer Gruppe besorgt sind. Es ist die Warnung vor Partikularfreundschaften . Grundsätzliche Bedenken gegen die Freundschaft finden sich z.B. bei der heiligen *Angela von Foligno*, die schreibt: Freunde sind allzusehr dazu geneigt, einander zu behagen. Die Folge ist, daß alles, was dem anderen gefällt, auch ihm gefällt, und alles, was dem anderen nicht gefällt, auch ihm mißfällt [122]. Das Einssein von Menschen verläuft in der Sackgasse des je eigenen Glücks und Wohlseins, man ist nicht mehr offen für die anderen oder verliert sich in den Zeichen der Freundschaftserweise.

Ein schroffer Ton gegen die Freundschaft findet sich in der *Nachfolge Christi* : Hoffe auch nicht, daß jemand oft mit Liebe an dich denke, und werde auch du selbst nicht von der Liebe für jemand anderes in Beschlag genommen, aber Jesus sei in dir und in allen guten Men-

122 Vgl. hierzu ausführlich P. Mommaers, Was ist Mystik? Frankfurt/M. 1979, 106-114.

schen. [123] Freundschaft ist die angenehmste und zugleich schwierigste Erfahrung unseres Lebens. Die angenehmste: Philosophen, Dichter und Mystiker haben zu allen Zeiten den Wert der Freundschaft herausgestellt. Die schwierigste: dauerhafte Freundschaft scheint in der Geschichte der Menschheit sehr selten zu sein, vielleicht wurde sie deshalb um so mehr gepriesen.

Viele reden von Freunden, meinen aber, wenn man genauer hinsieht, eine Beziehung nach Art einer Kameradschaft . Freundschaft hingegen steht unter dem Zeichen des Besonderen. Dies zeigt sich schon in dem Unterschied der Freundschaft zu den übrigen Beziehungen der Zuneigung, daß nämlich Freunde kaum über ihre Freundschaft miteinander sprechen. Vielleicht gehört es gerade zum Wesenskern der Freundschaft, daß die gegenseitige Verbundenheit nie in Frage gestellt wird; das gibt aber auch eine innere Sicherheit und eine innere Freiheit im Umgang miteinander.

Freunde kennen etwas Gemeinsames, was anderen nichts bedeutet. Bis zur Stunde ihrer Begegnung glaubte jeder, er sei allein mit diesem Gut oder mit dieser Last, nun aber sagen sie einander: Du auch? Ich glaubte, ich sei der einzige! Freunde stehen Seite an Seite, mit einem gemeinsamen Anliegen. Deshalb werden viele keinen Freund finden, weil sie nur Zuneigung wollen. Einen Freund hat nur, wer noch etwas mehr als einen Freund haben will, nämlich einen Inhalt, den man in der Freundschaft einander mitteilen möchte.

Freunde haben eine verwandte Seele, sie teilen miteinander ihre Vision, vielleicht halb ausgesprochen und nur unter Mühen eingestanden, und doch wissend, daß die von anderen kaum bedachte Frage für sie bedeutsam ist. Kameraden tun etwas gemeinsam (Studieren, Spielen, Trainieren), auch Freunde tun etwas miteinander, aber ihr gemeinsames Handeln ist mehr nach innen gerichtet und nicht so schnell offenkun-

---

[123] Thomas a Kempis, Nachfolge Christi, Buch II, Kap. 8,26. - Vgl. zu den Ausführungen: Ä. Van Broeckhoven, Freundschaft in Gott. Ein Tagebuch. Ausgewählt und eingeleitet von Georges Neefs SJ. Aus dem Flämischen übertragen von B. Bultmann und C. Capol, Einsiedeln ^{2}1974; W. Nyssen, Irdisch hab' ich dich gewollt (= Occidens 6). Trier 1982, 217-233, 287-290; M. Schneider, Das neue Leben. Geistliche Erfahrungen und Wegweisung, Freiburg-Basel-Wien ^{4}2004, 140-162.

dig. Freunde haben etwas gemeinsam, das anderen nicht gleich einsichtig erscheint, ja, vielleicht wundern sie sich darüber, daß den Freunden gerade dieser Inhalt ihres Lebens so wichtig ist.

Menschliche Beziehungen entstehen meist wegen des Nutzens, der mit ihnen verbunden ist, wie Wärme und Zuneigung. Auch in der Ehe ist es oft so, daß die Familie für die Organisation von Beziehung und Nachkommenschaft nahe lag, und so stolpern viele durch Zufall in eine eheliche Beziehung und in andere Arten von freundschaftlichen Verhältnissen hinein. Ganz anders aber die Freundschaft, sie ist nicht notwendig, wie auch Philosophie und Kunst nicht notwendig sind. Freund ist nämlich kein Titel, keine Funktion, vielmehr kommt die Freundschaft ganz aus der Freiheit und steht für die Freiheit eines Menschen. Keiner kann zu einer Freundschaft gezwungen werden, eine solche Beziehung wäre nicht von Dauer. Freundschaft ist der konkrete Begriff der Freiheit (G.W.F. Hegel), denn in der Freundschaft erfährt sich jeder so, wie er ist, geachtet und in aller Freiheit angenommen.

Die Notwendigkeit der Freiheit ergibt sich aus der Erfahrung des Geheimnisses, das mit jeder Freundschaft verbunden ist. Wie groß das Geheimnis eines Menschen ist, merkt man, sobald man beginnt, den Weg zur Freundschaft zu begehen. Der Mensch wünscht nichts so sehr, wie sich dem anderen zu offenbaren, aber gleichzeitig wird er davor zurückgehalten. Sich einem anderen Menschen anzubieten, ist riskant. Vor allem muß die eigene Integrität gewahrt bleiben: Nur der wird in der Freundschaft stark, der bereits stark ist. Ohne das Wissen um den eigenen Wert und ohne Selbstachtung wird der Mensch sich in der Suche nach Freundschaft nur verlieren: Nur wer glaubt, wirklich etwas zu besitzen, was wert ist, einem Freund anzuvertrauen, wird schließlich durch die Freundschaft bereichert.

Aufmerksamkeit, Ehrfurcht und Geduld befähigen den einzelnen, in der Freundschaft zunehmend das zu werden, was der Liebende in ihm sieht. Wenn Freunde den inneren Abstand der Ehrfurcht und Liebe überschreiten, mögen sie vielleicht noch zusammenbleiben, aber das Band ihrer inneren Einheit ist zerbrochen. Die Ehrfurcht meint aber kein passives Warten. Freundschaft ist einem Spiel zu vergleichen, in dem beide wechselseitig die Führung übernehmen. Eine Freundschaft kann

nicht von Dauer sein, wenn der eine alles gibt, der andere alles nimmt bzw. alles bloß auf einer funktionierenden Arbeitsteilung beruht.
Auch in der geistlichen Tradition wird der Freundschaft eine besondere Bedeutung zugesprochen, und zwar der geistlichen Freundschaft . Wesentlich für eine geistliche Freundschaft ist, daß man die Freundschaft nicht als etwas erfährt, das von Gott entfernt, sondern gerade in die Unmittelbarkeit zu Gott führt. Eine Freundschaft wird in dem Augenblick zu einer geistlichen Freundschaft, wenn sie auf Gott hin ausgerichtet ist: Christus erweist sich als die Mitte und das Ziel, in dem sich die Freunde treffen und auf das sie hingehen. Eine geistliche Freundschaft bleibt offen, denn sie hat noch nicht, was sie erwartet: Die endgültige Erfüllung steht noch aus. Zugleich läßt die geistliche Freundschaft ahnen, woraufhin man unterwegs ist und was als tiefste Sehnsucht des eigenen Herzens erwartet wird. Geistliche Freundschaft ist also eine Freundschaft auf dem Wege , denn sie gibt dem Menschen keine endgültige Heimat und Geborgenheit, sondern bedeutet für ihn gerade den Ansporn, wieder neu aufzubrechen.

1. Ein Blick in die Geschichte

Geistliche Freundschaft hat je andere Entfaltungsmöglichkeiten. Dies zeigt ein Blick in die Spiritualitätsgeschichte: Franz und Klara, Jordan von Sachsen und Diana von Andaló, Heinrich von Nördlingen und Margarete Ebner, Abaelard und Heloise, Heinrich Seuse und Elisabeth Stagl, Franz von Sales und Johanna Franziska von Chantal, Charles de Foucauld und Madame de Bondy, Pierre Teilhard de Chardin und Marguerite Teilhard-Chambon; die Zisterzienserbriefe des Mittelalters zeigen vor allem Freundschaften zwischen Männern, und Thérèse von Lisieux steht in Freundschaft zu ihrer Schwester Céline.

Antike

In der Antike stellt die Freundschaft die Grundbedingung für jedwede Form menschlichen Zusammenlebens dar. Sie kann gar nicht hoch genug eingeschätzt werden, denn ohne sie gibt es kein Leben, was *Cicero* zu dem emphatischen Satz hinreißt: Wahrhaftig, diejenigen scheinen die Sonne aus der Welt zu entfernen, welche die Freundschaft aus dem Leben nehmen wollen, das kostbarste und lieblichste Geschenk, das wir von den unsterblichen Göttern erhalten haben.

Gerade die Erfahrungen in der Freundschaft helfen uns dabei, daß wir uns unserer selbst sicher und vertraut werden: Wer nämlich einen wahren Freund anschaut, der sieht ein Abbild seiner eigenen Person . Cicero singt das Loblied auf die Freundschaft: Deswegen sind Freunde stets bei uns, auch wenn sie sich in weiter Ferne aufhalten, Arme sind reich, Gebrechliche stark und - was sich noch seltsamer anhört - Tote erwachen wieder zum Leben. So groß sind die Ehrungen, das Gedenken und die Sehnsucht der Freunde, die bei ihnen bleiben. [...] Würde man das Band liebender Zuneigung aus der natürlichen Ordnung des Weltgeschehens wegnehmen, dann könnte kein Haus und keine Stadt, ja nicht einmal der Ackerbau weiterbestehen.

Was Cicero hier niederschreibt, ist eine Zusammenfassung der antiken - griechischen wie römischen - Gedanken über die Freundschaft von *Platos* Lysis , des Aristoteles und seiner Ausführung, daß den guten Gesetzgebern die Freundschaft mehr am Herzen gelegen hat als die Gerechtigkeit, über die Lehre des Empedokles, daß die Freundschaft das Band des Universums sei, bis hin zu Montaignes Essays.

David und Jonathan

Während die Antike die Freundschaft als ein seliges Sich-Genügen im Einswerden von zwei Menschen sah, sprengt das Alte Testament gerade diese Erfahrung und öffnet sie für Gott. Die Freundschaft ist hier mit keinem Ideal verbunden, sie ist auch kein Auskosten beseligender Tiefen des Geistes; vielmehr stellt das Zugehen Gottes auf den Menschen und seine Geschichte die Erfahrung der Freundschaft in ein neues Licht. Die Freundschaft ist nunmehr nur sie selbst, wenn sie sich auf den Dritten, auf den Bundesgott selbst, ausrichtet.

Das klassische Freundespaar im Alten Bund, Jonathan, der Sohn König Sauls, und David, der letzte Sohn Isais, den Jahwe von den Herden fort zum König erwählte, weist auf das Geheimnis der Freundschaft unter Glaubenden. Jonathan hat seine eigenen Königsrechte als Sohn Sauls wahrzunehmen, doch gegen seinen Vater Saul hält er zu seinem Freund David und rettet ihn aus den Nachstellungen seines eigenen Vaters, weil er durch Gottes Wort die Berufung Davids erkennt, der gegenüber er zugunsten Davids verzichten muß. Im Verzicht wird er offen für den Willen Jahwes und erneuert in ihm seine Freundschaft zu David, deren Innigkeit gewiß alle antiken Beispiele überragt: Und es geschah, als er die Unterredung mit Saul beendet hatte, verband sich die Seele Jonathans innig mit der Seele Davids, und Jonathan gewann ihn lieb wie sein Leben. Und Saul nahm ihn an jenem Tag zu sich und gestattete ihm nicht mehr, in das Haus seines Vaters zurückzukehren. David aber und Jonathan schlossen einen Bund; denn er liebte ihn wie sein Leben. Und Jonathan zog sein Obergewand aus, mit welchem er bekleidet war, und gab es David, dazu seine übrigen Kleider, sogar sein Schwert, seinen Bogen und seinen Gürtel (1 Sam 18,1-4).
Die Zuneigung von Jonathan und David ist nicht derart, daß sich hier zwei Menschen gerne haben, sondern ihre Innigkeit wird erst verständlich aus ihrer Offenheit für den von beiden erkannten Willen Jahwes: Da machte sich Jonathan, der Sohn Sauls, auf und ging zu David in den Wald und stärkte dessen Hand durch Gott und sprach zu ihm: Fürchte dich nicht; denn die Hand meines Vaters Saul wird dich nicht finden, und du wirst König werden über Israel, und ich werde der zweite nach dir sein; aber auch mein Vater Saul weiß dies. So schlossen denn beide einen Bund vor dem Herrn (vgl. 1 Sam 23,16-18).
Das Schließen eines Bundes vor dem Herrn ist der Ursprung für eine neue Freundschaft, die in den göttlichen Plan hineingenommen ist. Sie bleibt stärker als der Tod, wie es in der Totenklage Davids um den erschlagenen Freund und seinen königlichen Vater heißt, die als Responsorium in das Stundengebet der Kirche aufgenommen wurde: Saul und Jonathan, liebenswürdig und stattlich in ihrem Leben, sind auch im Tode nicht getrennt (2 Sam 1,23).

Jesus Christus

Jesus wird nur zweimal im Neuen Testament als Freund bezeichnet. Der Menschensohn ist gekommen, ißt und trinkt; so sagt ihr: Siehe, der Mensch ist ein Fresser und Weinsäufer, der Freund von Zöllnern und Sündern (Lk 7,34 par.). Jesus verhält sich hier anders als Johannes der Täufer, nicht aus Mitleid, sondern aus Freude am messianischen Fest, das er allen Menschen zukommen läßt.

Der Evangelist Johannes weist Jesus als den Freund seiner Jünger aus: Es gibt keine größere Liebe, als wenn einer sein Leben für seine Freunde hingibt. Ihr seid meine Freunde, wenn ihr tut, was ich euch auftrage (Joh 15,13f.). Der Tod des Freundes läßt die Jünger für immer seine Freunde werden. Der Ursprung dieser Freundschaft ist die Freude: Solches rede ich zu euch, auf daß meine Freude in euch bleibe und eure Freude vollkommen werde (Joh 15,11).

Für *Plato* und *Aristoteles* ist die Freundschaft mit der Gleichheit der Partner verbunden; eine Freundschaft mit Zeus ist ausgeschlossen. Der Christ hingegen darf von einer Freundschaft mit Jesus Christus sprechen. Seit der Frühzeit des Christentums wird der neue befreiende Sinn von menschlicher Innigkeit nicht darin gesehen, daß Jesus eine neue Lehre über das Zueinander der Menschen bringt, sondern daß eine ganz neue Beziehung zwischen Mensch und Menschensohn aufgerichtet ist, noch vor jedem Gedanken an Freundschaft. Der neue Sinn der Freundschaft ist verbunden mit dem neuen Sinn des Menschen.

Ein schönes Zeugnis über dieses neue Verständnis zeigt sich in einer frühen Ikone, einer enkaustischen Malerei aus Bawit aus dem 6. Jahrhundert. Hier sind zwei frontal aufgerichtete Gestalten nebeneinander abgebildet, Christus und der *Abt Menas*, der beliebteste Heilige der frühen koptischen Kirche Ägyptens († 295), denn er ist der Heilige der Sehnsucht nach gänzlicher Christusförmigkeit. Die aufgerichtete frontal abgebildete Gestalt hat in Mönchsgewand und Mantel eine unerschütterliche Festigkeit des Stehens. Mächtiger noch wirkt an seiner Seite der etwas größer und breiter dargestellte Christus. Menas ist das Zeichen des Weges, Christus das Zeichen des Zieles, seine Rechte ruht auf Menas' Schulter. Der Herr legt den Arm der Freundschaft auf die Schulter des sich sehnenden Menschen, den er jetzt schon auf seinem

Weg beglückt und beflügelt. In diesem vertrauten Zueinander von Christus und Menas zeigt sich die Grunderfahrung christlicher Freundschaft, nämlich das Bleiben in Christus .

Augustinus

Der heilige Augustinus war ein Genie der Freundschaft (van der Meer).[124] Die Wege und Stadien seines Lebens zeigen ihn immer wieder in der Gesellschaft von Freunden und Gefährten, welche alle Kehrtwendungen mitmachen. Freundschaft ist für Augustinus eine Grundbedingung dafür, daß er zufrieden und glücklich in dieser Welt leben kann: So ist in allen menschlichen Dingen dem Menschen nichts freundlich ohne einen Freund. [125] Im Jahr 389 schreibt er seinem Freund Nebridius: Ich habe Deinen Brief nach dem Abendessen beim Lampenlicht gelesen. Es war schon fast Schlafenszeit, aber ich war noch nicht zu Bett gegangen. So saß ich eine Zeit lang auf meinem Bett, und Augustinus hielt gleichsam Zwiesprache mit Augustinus. Ist es wahr, was Nebridius sagt, daß wir nicht glücklich sind? [126]

Augustinus betont besonders die gefühlsmäßige Seite der Freundschaft. Wenn auch nicht ohne Tadel, schreibt er über den Reiz freundschaftlicher Beziehungen: Miteinander plaudern und lachen, sich gegenseitig Gefälligkeiten erweisen, gemeinsam schöne Bücher lesen, einander bald neckend, bald Achtung bezeugend, gelegentlich auch Meinungsverschiedenheiten austragen, aber ohne Haß, wie man ja auch wohl mit sich selbst uneins ist, durch den nur selten vorkommenden Streit die sonst meist bestehende Übereinstimmung würzen, einander belehren und voneinander lernen, die Abwesenden schmerzlich vermissen, die Rückkehrenden freundlich begrüßen, durch solche und ähnliche Zeichen, wie sie in Liebe und Gegenliebe, durch Kuß, Rede, Blicke und

---

124 Vgl. zum folgenden auch W. Geerlings, Das Freundschaftsideal Augustins, in: ThQ 161 (1981) 265-274; V. Nolte, Augustins Freundschaftsideal in seinen Briefen. Würzburg 1939; E. Sauser, Priesterliche Freundschaft bei Augustinus, in: TrThZ 92 (1983) 177-183.

125 Augustinus, Ep. 130,13 (CSEL 44,54f.).

126 Augustinus, Ep. 3 (CSEL 34,6).

tausend freundliche Gebärden sich kundtun, die Herzen in Glut versetzen und die vielen zur Einheit verschmelzen. Das ist es, was man an Freunden liebt. [127]

Gefühle und Reize der Freundschaft sind bei Augustinus nicht oberflächlich, sondern von einer tiefen Diskretion getragen: Alltägliches mag ich nicht, Neues kann ich dir nicht schreiben; denn jenes genügt dir nicht, wie ich sehe, zu diesem aber fehlt mir die Zeit. [128] Bei aller Fähigkeit, sich mitzuteilen, und bei allem Offenlegen seiner Empfindungen, will Augustinus die ihn persönlich tief betreffenden Ereignisse und Erfahrungen nicht vorschnell der Neugier anderer preisgeben.

Zunächst finden sich bei Augustinus auch Gedanken des antiken Freundschaftsideals. Auf Horaz zurückgreifend, schreibt er in seinen Bekenntnissen : Zutreffend hat jemand von seinem Freund gesagt: die Hälfte meiner Seele. [129] Seiner Meinung nach besteht das tiefste Gesetz der Freundschaft darin, daß jemand den Freund nicht weniger und auch nicht mehr liebt als sich selbst [130]. Doch er setzt sich zugleich von der heidnischen Antike ab. Die schola illa des Mailänder Schulbetriebs trennt er von der schola nostra seines Freundeskreises in Cassiciacum, denn die christliche Liebe bezieht den Freund auf Gott: Man liebt wahrhaftig seinen Freund, wenn man Gott in ihm liebt, entweder weil Gott schon in ihm ist oder daß Gott schon in ihm sein möge. [131]

Das Freundschaftsideal wandelt sich bei Augustinus im Lauf seines Lebens. In den Jahren nach seiner Bekehrung glaubte er, die beata vita zusammen mit gleichgesinnten Freunden anfanghaft erreichen und verwirklichen zu können. Doch in seinen späteren Jahren ist für Augustinus die Erfahrung bestimmend, daß in diesem Leben keiner die Seligkeit noch die Sicherheit findet. Der Tod des Jugendfreundes, den er

---

[127] Augustinus, Conf. IV,8,13 (CSEL 33,74f.).

[128] Augustinus, Ep. 13 (CSEL 34,30).

[129] Augustinus, Conf. IV,6,13 (CSEL 33,72f.).

[130] Augustinus, Solil. I,3,8 (PL 32,873).

[131] Augustinus, Serm. 361,7 (PL 39,1615).

im vierten Kapitel seiner Confessiones beschreibt, mag bei dieser Entwicklung bestimmend gewesen sein: Da bin ich mir selbst zur Frage geworden!

Sucht Augustinus in seiner frühen Zeit die Gemeinschaft weniger Freunde, so fordert er später auf, nicht nur mit einigen wenigen Freundschaft zu schließen. Wo Freundschaften zerbrechen, wie Augustinus bei Hieronymus und Rufinus beobachten konnte, ist Gottes Hilfe und Trost genug Sicherheit und Nähe. Seine Freundschaft ist die einzig sichere, sie allein ist von Bestand.

Aelred von Rievaulx

Nach seiner Bekehrung tritt der heilige *Bernhard von Clairvaux* in das strengste Kloster ein, das das 12. Jahrhundert aufweisen konnte. Auf alles wollte er verzichten, nur auf die Freundschaft nicht. Er konnte sich doch nicht zweiteilen lassen , wie sein Bruder André es formulierte. Als Bernhards intimster Bruder Gérard starb, war der Heilige so entsetzt, daß er sich gezwungen sah, eine Vortragsreihe über das Hohe Lied zu unterbrechen, um dem Verstorbenen ein ausführliches und bewegtes In memoriam zu widmen.

Gleichfalls im 12. Jahrhundert lebt im Norden Englands der Abt Aelred von Rievaulx, ein Ordensgenosse und Freund Bernhards. Nach dem Ordenseintritt liest er Ciceros Werk De amicitia , doch er konnte es nicht mehr wie früher genießen.[132] Für ihn führt jetzt die innigste Vereinigung mit einem Menschen zugleich in das größere Geheimnis des Dritten, auf den beide ausgerichtet sind. Hier sind wir beide, ich und du, und ich hoffe, als dritter ist Christus bei uns. Mit diesen Worten eröffnet Aelred in seinem Werk Über die geistliche Freundschaft das Gespräch mit seinem Freund Ivo. Das antike Verständnis der Liebe als Herzensneigung und Wohlwollen genügt Ivo nicht, ihm ist die Definition zu heidnisch: Ich bin überzeugt, die wahre Freundschaft unter Menschen ohne Christus ist ein Ding der Unmöglichkeit. Die

[132] Vgl. Aelred von Rievaulx, De spirituali amicitia - Über die geistliche Freundschaft. Lateinisch-Deutsch. Ins Deutsche übertragen von Rhaban Haacke und eingeleitet von Wilhelm Nyssen, Trier 1978.

Freundschaft ist der beste Weg zur Vollkommenheit, sie führt zur Liebe und Erkenntnis Gottes. Der Freund ist für Aelred ein Ruhebett für meinen Geist und Vorgeschmack der Seligkeit: Auf jener Treppe der Liebe kannst du ja doch sowohl zur Umarmung von Christus selbst hinauf- als zur Liebe zu deinem Bruder hinabsteigen und das im stillen Glück genießen.
Freundes- und Christusliebe sind für Aelred eins, die Liebe zum Freund vertieft die zu Christus und lebt aus dem Gebet füreinander: Hinzu kommt dann noch das Gebet füreinander, ein sehr fruchtbares Gebet. Ja, je mehr wir mit unserem ganzen Herzen für einen Freund zu Gott beten, unter aus Angst vergossenen, aus warmer Ergebenheit aufquellenden oder aus tiefem Schmerz hervorgehenden Tränen, um so kräftiger wird die Auswirkung unseres Gebets sein. Wer für einen Freund so zu Christus betet und nur seines Freundes wegen von Christus erhört werden möchte, wendet sich eigentlich in innigem Verlangen zu Christus selbst; so geht unsere Zuneigung unerwartet und ohne daß wir es merken von der einen auf die andere Person über. Wir berühren gleichsam ganz aus der Nähe die Güte von Christus selbst und fangen an zu schmecken, wie sanftmütig, zu erfahren, wie liebenswürdig Er ist. So steigen wir denn von der bereits an und für sich heiligen Liebe, mit der wir einen Freund umarmen, zu der Liebe, mit der wir Christus umarmen.

Johannes vom Kreuz

Johannes ist den Weg der radikalen Entäußerung gegangen. Doch lebt er nicht nur in Freundschaft mit Gott, sondern auch mit den Menschen.[133] So schreibt er an Juana de Pedraza, ein junges Mädchen: Jesus in Ihrer Seele! Und ihm sei Dank, daß Sie mir von ihm gegeben sind... Wenn Sie schreiben, ich vergäße Sie gleich einem Schatten, dann müßte ich heftig zürnen, falls Sie es wirklich meinen. Sie zu vergessen, recht übel wäre das von mir, nach allem, was Sie mir erwiesen, auch dann, wenn ich es am wenigsten verdiene. Das fehlte noch, daß

---

[133] Vgl. zum folgenden: E. Lorenz, Ins Dunkel geschrieben. Johannes vom Kreuz - Briefe geistlicher Führung, Freiburg-Basel-Wien 1987.

ich Sie vergäße. Sehen Sie doch ein, wie kann etwas vergessen werden, was der Seele so tief eingeprägt ist, wie Sie es sind.
Zwei Menschen gilt die Liebe des Johannes vom Kreuz in besonderem Maße. Es ist zunächst sein Bruder Francisco de Yepes, den Johannes zärtlich liebte; er nennt ihn das Liebste auf der Welt. Was Teresa von Avila betrifft, so liebt er sie mehr, als er sich das sonst einem Menschen gegenüber erlaubt. Johannes' Liebe zu Teresa zeigt sich zunächst in seiner Strenge ihr gegenüber. Als ihr Beichtvater gibt er ihr sogar den Befehl, nach der Heiligen Messe lange Stunden in der Kapelle zu knien: Sie soll dort die allzu großen Wonnen bereuen, die ihr die Liebe des Herrn bereitete. Dem kleinen Seneca , wie Teresa ihn nennt, sind die Gefühle und Visionen der Madre zu sinnenhaft. Johannes gibt Maria den Vorzug gegenüber Martha. Lieben heißt für Teresa: handeln, für Johannes hingegen: völlig in die Kontemplation eingehen.
Teresa bewundert vor allem den überirdischen Wert dieser Seele , sie nennt ihn den Vater meiner Seele . Aber auch Johannes weiß um den Wert der heiligen Teresa, er liebt sie mit einem menschlichen Herzen. Einem Mitbruder sagte er eines Tages, es gebe noch ein irdisches Gut, an dem er hänge. Er zieht einen Sack heraus mit Papieren, die eine zugleich feste und anmutige Handschrift bedeckt, und wirft ihn ins Feuer. Es sind die Briefe Teresas.

Teresa von Avila

Teresa von Avila war eine große Liebende, und darin menschlich heilig .[134] Vielen ist sie freundschaftlich verbunden. Gegenüber Johannes vom Kreuz ist Teresa die zupackendere und weltoffenere. Johannes entzog sich gerne den lästigen Gründungen, die soviel Verhandlungskunst und diplomatisches Geschick erforderten; erst später fand er sich damit ab. Überdies konnte ihn Teresa von Avila nicht so verwenden, wie es ihr beliebte.

---

[134] Vgl. zum folgenden: E. Lorenz (Hg.), Teresa von Avila. Ich bin ein Weib - und obendrein kein gutes , Freiburg-Basel-Wien 1982; dies., Nicht alle Nonnen dürfen das . Teresa von Avila und Pater Gracián - die Geschichte einer großen Begegnung, Freiburg-Basel-Wien 1983.

Teresas Verhältnis zu Pater *Jerónimo Gracián* ist ganz anders als das zu Johannes vom Kreuz. Deswegen zensierten die Glaubenswächter recht viel in ihren Briefen. 97 Briefe Teresas an Jerónimo Gracián sind erhalten, während wir von Jerónimo Gracián heute keine Briefe an Teresa mehr vorliegen haben. Teresa schrieb manchmal sogar täglich an den Pater.

Die Freundschaft zwischen Teresa von Avila und Jerónimo Gracián vollzieht sich in den Jahren 1575 bis 1582, als Teresa härtesten Kämpfen mit den Beschuhten des traditionellen Karmels ausgesetzt war. Jerónimo war dreißig Jahre jünger als Teresa. Teresa bevorzugte ihn schon vom Noviziat an, was ihm in der Folgezeit viele Schwierigkeiten und Leiden im Orden einbrachte. Die Freundschaft mit Jerónimo Gracián erfährt Teresa als große Bereicherung und Vertiefung ihres Lebens. Auch behindert die Freundschaft nicht das Leben für Gott, sie gibt vielmehr Liebe zu Gott und zu den Menschen. Teresas Liebe ist gleichgerichtet mit Gottes Liebe, die den jungen Pater Gracián erwählt hat, was aber eine große geistliche Reife und geläuterte Motivation voraussetzt. Für Teresa findet die Wesensverwandtschaft, so wichtig sie auch zwischen Menschen ist, ihr Korrektiv in der Liebe zu Gott, die geistlicher Art ist. Aber Teresa von Avila lehnt eine zu geistige und vergeistigte Sicht der Freundschaft ab. Jedes kontemplative Leben hat realistische Voraussetzungen, denn Gott engt den Menschen nicht ein, sondern ermöglicht ihm, zur vollen Entfaltung seiner Fähigkeiten, auch seines Menschseins, zu kommen.

Franz von Sales

1604 begegnete der 37jährige Franz von Sales der Baronin Johanna Franziska von Chantal, einer Witwe mit vier Kindern. In den Jahren 1610 bis 1615 verfaßt Franz sein großes mystisches Werk Le Traité de l'Amour de Dieu - für Franziska von Chantal! In ihrer Freundschaft ist es unmöglich, das Mein und Dein zu trennen in dem, was uns betrifft .[135] Franz liest keine Heilige Messe, ohne an Johanna zu denken,

[135] Vgl. hierzu die Darstellung: P. Mommaers, Was ist Mystik?, 102-106.

denn Gott selbst hat sie ihm als Wegbegleiterin gegeben: Gott, so will es mir scheinen, hat mich Ihnen geschenkt. Jede Stunde habe ich darüber eine größere Gewißheit. [...] Für meine Seele war es ein großes Gut, immer mehr Liebe für Sie zu haben. Das hat mich dazu geführt, Ihnen zu schreiben, daß Gott mich Ihnen geschenkt hat. Denn ich hielt es ja nicht für möglich, daß der Zuneigung, die ich in meinem Geiste, vor allem als ich für Sie betete, empfand, noch etwas hinzugefügt werden konnte.

Unter dem Eindruck der Schriften der Teresa von Avila, die Johanna Franziska von Chantal ihm gegeben hatte, übt das Ideal des völligen Verzichtes auf alles, was nicht Gott ist, gegen Lebensende eine immer mächtigere Anziehungskraft auf Franz von Sales aus. So verlangt er von Johanna die Lösung ihrer Freundschaft, was ihr kaum möglich war und ihr das Äußerste abverlangte. Johanna sträubt sich gegen die erbarmungslose Abtötung. Franz antwortet nur mit Schärfe. In den letzten sechs Lebensjahren löst Franz immer mehr die Bande zu Johanna, so sehr, daß sie nicht mehr miteinander reden oder sich Briefe schreiben, wenigstens nicht mehr über ihre ganz persönlichen Angelegenheiten. Als Franz von Sales im Jahr 1616 ernsthaft erkrankt, ist Johanna Franziska von Chantal während ihrer alljährlichen Exerzitien ganz zerstreut und unruhig. Franz verlangt von Johanna, immer wieder folgendes Gebet zu sprechen: Ich will es, mein Herr und Gott, zieh es weg, zieh mit Kraft all das, was mein Herz bedeckt, weg. Mein Herr, nein! Für nichts mache ich eine Ausnahme, zieh mich von mir selbst los. Oh! mein Selbst, ich verlasse dich für immer.

Thérèse von Lisieux

Der geistliche Weg der Kleinen Thérèse ist nicht zu trennen von ihrer Freundschaft zu ihrer leiblichen Schwester *Céline*. Über ihre Beziehung finden sich zahlreiche Hinweise, zunächst in dem erhaltenen Briefwechsel, der aber im September 1894 mit Célines Eintritt in den Karmel abbricht.[136]

---

[136] Histoire d'une âme, Ecrits par elle-même. Lisieux o. J. (1924). Manuscrits autobiographiques. Paris 1972. - Novissima verba. Derniers entretiens de Sainte Thérèse

Ganz entscheidend für Thérèse ist ihre Schwester Céline, die bei Thérèses Geburt vier Jahre alt war. Von Natur aus vital und lebhaft, ist sie an allem interessiert.[137] Céline wird zur Lieblingsschwester Thérèses: Beim Lesen schien es mir, als ob die gleiche Seele uns belebte. Es gibt zwischen unseren Seelen etwas so Fühlendes, das sich so sehr ähnlich ist! Immer waren wir zusammen. Unsere Freuden, unsere Leiden, alles war gemeinsam. Ah! Ich fühle, es geht im Karmel weiter. Niemals, nein, niemals werden wir getrennt sein. [138] Nicht anders heißt es ein Jahr nach dem Eintritt: Céline! [...] Dieser geliebte Name klingt so süß im Grund meines Herzens. [...] Stehen unsere beiden Herzen nicht restlos miteinander im Einklang? [139] Thérèse bringt den Einklang ihrer Seelen noch deutlicher zur Sprache: Wie gut ich mit Dir sprechen kann [...] Es ist, als spräche ich zu meiner Seele ... Céline, es scheint mir, daß ich Dir alles sagen kann [140]. Gemeinsam sind wir herangewachsen, gemeinsam hat uns Jesus in seine Geheimnisse eingeführt, in jene erhabenen Geheimnisse, die er den Mächtigen verbirgt und den Kleinen offenbart; gemeinsam haben wir auch in Rom gelitten, unsere

---

de l'Enfant-Jésus. Lisieux 1926, in: Sainte Thérèse de l'Enfant-Jésus et de la Sainte Face. Derniers entretiens, Bd. II. Paris 1972. - Derniers entretiens avec ses soeurs, t. I-II. Paris 1971-1972 [zit. als D I-II]. - Lettres de Sainte Thérèse de l'Enfant-Jésus. Ed. A. Combes. Lisieux 1948 [zit. als L]. - Correspondance générale, vol. I: 1877-1890; vol. II: 1890-1897. Paris 1972-1974 [zit. als C]. - Die Geschichte einer Seele. Trier 1953. - Selbstbiographie. Authentischer Text, nach der von P.François de Sainte-Marie OCD besorgten und kommentierten Auflage, ins Deutsche übertr. v. O. Iserland u. C. Capol (= Lectio Spiritualis I), Einsiedeln 1958 (= [7]1974) [zit. als SS]. - Briefe. Deutsche authentische Ausgabe. Übersetzt v. I. Kretz, Leutesdorf/Rh. 1976 [zit. als Br]. - Die letzten Worte der Theresia Martin. Aufgezeichnet von Mutter Agnes von Jesus; übersetzt v. J.J. Zimmer, Trier [2]1963. - Ich gehe ins Leben ein. Letzte Gespräche der Heiligen. Deutsche authentische Ausgabe, Leutesdorf/Rh. 1976 [zit. als Ich gehe]; - Martin, Céline, Meine Schwester Therese. Übersetzt v. M. Schmitz, Wien-München 1961.

137 Als im Oktober 1870 die erste Thérèse stirbt, wird sie von ihrer Schwester Céline überall gesucht.

138 Thérèse von Lisieux, Brief Nr. 57 vom 23. Juli 1888 (Br 68; L 67f.; C 385).

139 Thérèse von Lisieux, Brief Nr. 85 vom 12. März 1889 (Br 109; L 114; C 467).

140 Thérèse von Lisieux, Brief Nr. 96 vom 15. Oktober 1889 (Br 127; L 135f.; C 504).

Herzen waren dort so eng vereint. Und das Leben auf der Erde wäre das Ideal des Glückes gewesen, hätte Jesus unsere Bande nicht noch enger geknüpft. Ja, indem er uns trennte, vereinigte er uns in einer meiner Seele bis dahin unbekannten Weise. Denn von diesem Augenblick an kann ich nichts mehr für mich allein wünschen, sondern nur für uns beide. [141]

Doch ihre Zuneigung steht in einer geistlichen Dimension: In der gegenwärtigen Prüfung läutert der liebe Gott das, was an unserer Zuneigung noch zu sinnenhaft ist. Aber der Urgrund dieser Liebe ist zu rein, als daß er ihn zerbrechen würde. [...] Höre gut zu, was ich Dir sage. Niemals, niemals wird Jesus uns trennen [142]; und noch deutlicher: Je länger wir leben, um so mehr lieben wir Jesus, und da wir uns in Ihm lieben, wird unsere Zuneigung so stark, daß es weit mehr Einheit ist als Vereinigung, die zwischen unseren beiden Seelen besteht. [143] Sie beschreibt ihre Liebe zu Céline im Bild einer Blume mit zwei Stengeln[144], von gleichen Säften genährt, und spricht schließlich von einer einzigen Sendung [145].

Es fällt auf, daß Thérèse die um Jahre ältere Schwester führt und mitzieht, auch wenn im Laufe der Jahre der Ton der Briefe immer objektiver wird; außerdem ist nicht zu übersehen, daß die Briefe an Céline besonders häufig von Tod und Vergänglichkeit sprechen. Während Thérèses letzter Krankheit ist Céline ihre Krankenschwester. Nicht nur der Konvent versteht Thérèse mit zunehmender Krankheit immer weniger, auch Céline ändert ihre Haltung. In ihrem Verhalten gegenüber Thérèse wird sie unwirsch und vernachlässigt ihre Betreuung.[146] Aber

---

141 Thérèse von Lisieux, Brief Nr. 127 vom 26. April 1891 (Br 169; L 187; C 636).

142 Thérèse von Lisieux, Brief Nr. 167 vom 18. Juli 1894 (Br. 246; L 276; C 776).

143 Thérèse von Lisieux, Brief Nr. 132 vom 20. Oktober 1891 (Br 177; L 196; C 652).

144 Thérèse von Lisieux, Brief Nr. 134 vom 26. April 1892 (Br 180f.; L 201f.; C 659).

145 Ebd. (Br 182; L 203; C 660).

146 Sie reinigt sie nicht und scheut nicht einmal vor einem Wortspiel wie diesem zurück: Hier riecht es nicht gerade nach Rosen (J.-F. SIX, Theresia von Lisieux. Ihr Leben wie es wirklich war, Freiburg-Basel-Wien 1976, 312). Da Thérèse vor ihr in den Karmel eingetreten ist, die größere geistliche Erfahrung hat und schon als Heilige aus-

Thérèse bleibt ihr bis zum Ende zugeneigt[147], und einer ihrer letzten Blicke auf dem Totenbett richtet sich auf Céline.

2. Kriterien

In seiner Predigt beim Gottesdienst mit Seminaristen, Diakonen und Priestern im Dom zu Fulda sagte Papst Johannes Paul II. am 17. November 1980: Ich weiß, daß Stunden der Bedrängnis, der Erschöpfung und der Ratlosigkeit, der Überforderung und der Enttäuschung [...] zum heutigen Leben der Priester gehören. [...] Welche Arznei kann ich euch in dieser Lage anbieten? Nicht äußere Vermehrung von Aktivitäten, nicht krampfhafte Anstrengung, sondern eine tiefere Einkehr in die Mitte eurer Berufung, eben zu jener Freundschaft mit Christus und zur Freundschaft miteinander. Durch sie will Christus selber als der Freund aller in eurer Mitte und in der Mitte eurer Gemeinden sichtbar werden: Nicht Knechte nenne ich euch, sondern Freunde! (vgl. Joh 15,15). Die Freundschaft mit Jesus hat als Frucht und Konsequenz die Freundschaft miteinander. Die vorangegangenen Beispiele aus dem Leben von Heiligen haben das gezeigt. So läßt sich fragen, was die Erfahrung der Freundschaft für ein christliches Leben bedeutet und von welchen Kriterien die geistliche Freundschaft unter Christen näher bestimmt ist.

Aufmerksamkeit

Wird ein Mensch von einem anderen angezogen, verliert das nüchterne Erwägen, das den objektiven Wert des anderen bestimmen möchte, seine Macht. Im anderen wird etwas gespürt, das sehr gut ist, so gut, daß man zusammensein möchte. *Simone Weil* schreibt hierüber (und legt eine Analogie zur Situation der Ureltern vor Gott nahe): Die Freundschaft ist das Wunder, durch das ein Mensch bereit ist, selbst

---

gegeben wird, reagiert Céline mit heftiger Eifersucht.

147 Im August 1894 erkennt Thérèse, daß Céline ihr nicht ganz vertraut, denn sie verheimlicht ihre Pläne, zu P. Pichon nach Kanada zu gehen.

denjenigen Menschen, den er wie eine Nahrung braucht, aus der Ferne und ohne sich ihm zu nähern, zu betrachten. Diese Seelenkraft hatte Eva nicht, und dabei brauchte sie die Frucht doch gar nicht. Wenn sie in dem Augenblick, als sie die Frucht sah, Hunger verspürt und wenn sie trotzdem endlos davor stehengeblieben wäre und sie angesehen hätte, ohne einen Schritt auf sie zuzugehen, dann hätte sie ein ähnliches Wunder vollbracht wie das der vollkommenen Freundschaft.

Universalität

Was Simone Weil als reife Frucht der Liebe beschreibt, findet sich bei *Angela von Foligno*, die über den Zusammenhang von weltlicher und geistlicher Liebe nachdenkt. Sie stellt zunächst die Warnung auf: Es sollte sich niemand an jemand anderes binden, es sei denn, er habe es zuvor gelernt, sich vom anderen zu lösen, wenn es darauf ankommt, sowohl was die Zeit als was den Raum betrifft. Doch in ihrer mystischen Begegnung mit Gott erfährt Angela die Gemeinschaftlichkeit seiner Liebe; in dieser Liebe gesellt sich zur höchsten Intimität zu jedem einzelnen die höchste allgemeine unbeschränkte Zuneigung zu allen. Konzentration und Ausdehnung in einem, wie Ruusbroec sagt: Und in der Einung empfängt ein jeder Gott und alle Liebenden; und er wird zusammen mit Gott von jedem Liebenden empfangen. Und so wohnen wir alle in Gott, und Gott in uns allein, und ein jeder mit Gott in den anderen.

In einem italienischen Lied auf die Freundschaft von *Franziskus* und Klara heißt es:

Weinend sagte Franziskus eines Tages
zum Herrn:
Ich liebe die Sonne und die Sterne
Ich liebe Klara und die Schwestern
Ich liebe das Herz der Menschen
und alle schönen Dinge
Herr
Du mußt mir verzeihen
Denn nur dich sollte ich lieben.

Lächelnd
antwortete der Herr:
Ich liebe die Sonne und die Sterne
Ich liebe Klara und die Schwestern
Ich liebe das Herz der Menschen
und alle schönen Dinge.
Mein Franziskus
Du mußt nicht weinen
Denn das alles liebe auch ich.[148]

Das Zueinander von persönlicher und universaler Liebe zeigt sich im Leben Jesu auf besondere Weise. Er hatte eine persönliche Vorliebe für Johannes und eine spezielle Beziehung zu Lazarus, Maria und Martha; mit den Jüngern wünschte er sich Gemeinschaft und Freundschaft. Und doch fand er in dieser freundschaftlichen Liebe auch die Liebe zu allen anderen, die zu ihm kamen (vgl. Mk 1,32-39; Joh 17,9-19 und 20-26).

In Christus

Abt *Aelred von Rievaulx* in Schottland schreibt in seinem Werk über die geistliche Freundschaft gleich nach der Einleitung: Siehe, du und ich, und ich hoffe, daß der Dritte unter uns Christus ist. Seit der Frühzeit des Christentums wird der neue befreiende Sinn von menschlicher Innigkeit nicht darin gesehen, daß Jesus eine neue Lehre über das Zueinander der Menschen bringt, sondern daß eine ganz neue Beziehung zwischen Mensch und Menschensohn aufgerichtet ist, noch vor jedem Gedanken an Freundschaft. Der neue Sinn der Freundschaft ist verbunden mit dem neuen Sinn des Menschen.

---

148 Das umbrische Volkslied (Bernardini Greco) ist zitiert nach A. Rotzetter, Klara und Franziskus. Bilder einer Freundschaft, Mainz 1999, 49; vgl. auch E. Hug u. A. Rotzetter, Franziskus und Klara. Bilder einer Freundschaft, in: Christliche Innerlichkeit 3-4 (1989) 168-178, hier 173.

Mit dem Leib

Die Wesensverwandtschaft, so wichtig sie auch zwischen Menschen ist, findet ihr Korrektiv in der Liebe zu Gott, die spiritueller Art ist. Aber *Teresa von Avila* lehnt eine zu geistige und vergeistigte Sicht der Freundschaft ab. Die Möglichkeit, aus sich herauszugehen, bedeutet für Teresa, Liebe zu geben und zu empfangen, und für sich und ihr Werk wünscht sich Teresa, daß Pater Gracián ihr Hilfe und Schutz gebe.

X. GEISTLICHE VATERSCHAFT[149]

Neben der geistlichen Freundschaft gibt es noch ein anderes geistliches Institut, das die hohe menschliche Kompetenz der Heiligen im Alltag zeigt, nämlich die geistliche Vaterschaft . All jene, die durch ihre geistliche Weisung andere für das Leben mit Gott gezeugt haben, werden in der christlichen Überlieferung von Anfang an als Vater bzw. Mutter bezeichnet. Die geistliche Vaterschaft ist eine ganz besondere und eigene Art von Freundschaft unter Glaubenden. Auch wenn sie nicht unmittelbar eine Freundschaft darstellt, ist sie ihr im Wesen doch sehr verwandt, denn sie beruht auf einer ganz innigen und einzigartigen Begegnung von Glaubenden.

Die Bezeichnung Vater und Sohn ist nicht abhängig vom Alter der Betreffenden, sondern will die *Beziehung* der beiden Menschen zueinander ausdrücken; deshalb gibt es auch geistliche Mütter und Töchter . Wie Christus uns für das göttliche Leben gezeugt hat, so gibt der geistliche Vater seinem Sohn das geistliche Leben weiter, auf daß er in das Heilswerk Christi eintritt. Durch sein eigenes Leben im Glauben verkörpert der geistliche Vater sichtbar und erfahrbar, was der ihm Anvertraute werden will, und führt ihn so in die Begegnung mit Gott, dem einzig wahren Abba, Vater . So wird auf dem Weg der geistlichen Vaterschaft die Vaterschaft Gottes erfahrbar. Da der geistlichen Vaterschaft als einer Weise, sogar als der Grundform geistlicher Führung im Glauben eine einzigartige Bedeutung für den Alltag des Glaubens nicht nur im Leben der Heiligen zukommt, sei ihr eigens nachgegangen.

---

149 B. Bauer, Geistliche Vaterschaft - Konturen einer Konzeption geistlicher Begleitung, Würzburg 1999; G. Bunge, Geistliche Vaterschaft. Christliche Gnosis bei Evagrios Pontikos (= Studia Patristica et liturgica, Beih. 23), Regensburg 1988; G. Racle, A Propos du Christ-Père, in: RSR 50 (1962) 400-408; B. Steidle, Heilige Vaterschaft, in: BM 14 (1932) 217ff; ders., Abba-Vater, ebd. 16 (1934) 89-101.

1. Ein charismatischer Dienst

Die Bezeichnungen Kirchenvater, Altvater, Wüstenvater, Mönchsvater sind nicht naheliegend. Im Neuen Testament wird das Wort Abba ausschließlich in der Anrede Gottes gebraucht, nie aber für einen Menschen: Der Glaubende soll keinen anderen als seinen Vater bezeichnen, wohl aber in der Kraft des Geistes, der die Gabe der Kindschaft schenkt, Gott selbst als seinen Vater anrufen. In Mt 23,8f. heißt es sogar: Ihr sollt euch nicht Meister nennen lassen, denn nur einer ist euer Meister: Christus, ihr alle aber seid Brüder. Laßt euch nicht Vater nennen, denn einer ist euer Vater, der im Himmel. Nicht anders erklärt es Irenäus von Lyon: Der Vater des Menschengeschlechts ist das Wort Gottes. [150]

Das ursprüngliche Verständnis der Vaterschaft, die allein in Gott ruht, wandelt sich bei *Basilius von Caesarea*, für den all jene als Väter zu betrachten sind, die jemanden durch das Evangelium gezeugt haben, und diese sind als Brüder zu bezeichnen, die den gleichen Geist, der zu Söhnen macht , empfangen haben[151]. In den ägyptischen Klöstern wird es früh Brauch, *Pachomius* unseren heiligen Vater zu nennen: Wie der Bischof nach einem Wort des Ignatius von Antiochien als Abbild des allherrschenden und gütigen Gottes seiner Gemeinde vorsteht, so gilt nun der Mönchsvater, der Abbas , als ein Abbild Gottes, denn er nimmt in der menschlichen bzw. christlichen Gemeinschaft den Ort Gottes ein.

Das neue Verständnis der geistlichen Vaterschaft entspricht insofern dem biblischen, als es um eine Vaterschaft *im Glauben* geht. Aufgrund der Zeugung in Jesus Christus durch das Evangelium versteht sich der Apostel Paulus als der Vater (1 Kor 4,15) seiner geliebten Kinder (1 Kor 4, 14), er erleidet Geburtsschmerzen für seine Kinder, bis Christus in ihnen Gestalt gewinnt (Gal 4,19). *Timotheus* und *Titus* sind für ihn nicht nur Mitarbeiter, sondern echte Söhne im Glauben (1 Tim

---

150 Irenäus von Lyon, Adv. haer. 4,52,5.

151 Vgl. Röm 8,15; Gal 4,6.

1,2.18; 2 Tim 2,1; 1 Kor 4,17; Tit 1,4). Deshalb läßt sich sagen: Die Frohbotschaft Christi verkündigen, d.h. Leben mitteilen. Das ist aber gleichbedeutend mit Vater sein. [152] Der Sinn geistlicher Vaterschaft ist also die Zeugung im Glauben wie auch die Weitergabe des neuen und wahren Lebens im Glauben. Der geistliche Vater führt den ihm anvertrauten Menschen zur Vollgestalt seines Lebens, das nur in Gott zu finden ist.

Jede Vaterschaft im Glauben leitet sich ab von der Vaterschaft Gottes. Gott allein ist Vater , nämlich seines geliebten Sohnes. Wie Gott nicht erst Vater geworden ist, sondern es schon von Anfang an ist, so auch der Sohn, der einziggeborene. Der Menschensohn darf selbst insofern als Vater bezeichnet werden, als er uns in der Taufe zum neuen Leben gezeugt hat. Wer beansprucht, im Leben des Glaubens Vater eines anderen zu sein, ist es einzig als Sohn im Sohne , der der einzig wahre Vater ist, denn dieser hat den geistlichen Vater für das neue Leben in Gott gezeugt.

Der geistliche Vater steht nicht für sich, sondern dient der Berufung der anderen. In diesem Dienst erweist er sich als Sohn des Vaters Christus, der in seiner Menschwerdung zum Bruder und Vater aller Menschen geworden ist. So begegnet der Glaubende in der konkreten Gestalt des geistlichen Vaters auch Christus, und die Liebe zu Christus findet ihren konkreten Ausdruck in der Liebe zum geistlichen Vater, vor allem aber in der Offenheit gegenüber dem geistlichen Vater.

Der geistliche Vater muß nicht zugleich der Beichtvater sein, wohl aber muß er aus dem Heiligen Geist leben. Denn erst in der eigenen inneren Begegnung mit Gott wird man zu einem geistlichen Vater. Darin liegt die unersetzliche Bedeutung der geistlichen Vaterschaft, denn die Kirche kann auf dieses Zeugnis eines Lebens aus dem Heiligen Geist nie verzichten; sie würde in Routine erstarren, sobald sie nicht mehr unter der Führung des Heiligen Geistes steht. So bedarf es des geistlichen Vaters, damit das geistliche Leben in der Kirche lebendig bleibt.

Die geistliche Vaterschaft ist kein institutionelles Amt, sondern gründet in einem Charisma. Diese Geistesgabe ist an kein Geschlecht und auch

---

[152] B. Steidle, Heilige Vaterschaft, in: BM 14 (1932) 221.

nicht an ein bestimmtes Lebensalter gebunden. Die Autorität des geistlichen Vaters liegt nicht in einer äußeren Kompetenz oder Fertigkeit, sondern darin, daß ein Mensch sich als *Vater* im Glauben erweist, weil er andere für das Leben in Gott zeugt . Dies geschieht nicht mit äußeren Gaben und erworbenen Fähigkeiten (im Rahmen einer Institution oder Beauftragung), vielmehr gründet die Kompetenz des geistlichen Vaters einzig darin, daß er sich von innen her täglich dem Herrn angleicht und in ihm lebt.

Aufgrund dieser Kompetenz erweist sich der geistliche Vater schließlich als ein *Arzt*. In diesem Dienst nimmt er die Stellung ein, welche die Tradition den Schutzengeln zuspricht. Ausgeübt wird dieser Dienst in Ehrfurcht vor Gott und dem Nächsten, voller Achtung vor der Erfahrung und dem Erfassen des Nächsten, vor allem vor seinem eigenen Weg des Reifens und Wachsens vor Gott. Die wichtigste Tugend des geistlichen Vaters ist die Geduld und Sanftmut, denn voller Liebe läßt er dem anderen Raum, er selbst zu werden. Ohne ihn zu überfordern, darf dieser er selbst sein - mit seinen eigenen Wünschen, Vorstellungen und Sehnsüchten, aber auch mit seinen Grenzen und Schwachheiten; er darf sich sehen und zeigen, wie er ist, und erfährt sich gerade darin angenommen.

Die Tugend der Sanftmut veranschaulicht Evagrios an der Gestalt des Mose, von dem er sagt: Sage mir doch, warum hat die Schrift, als sie Moses preisen wollte, alle Wunderzeichen beiseite gelassen und einzig der Sanftmut gedacht? Denn sie sagt nicht, daß Moses Ägypten mit den zwölf Plagen züchtigte und das werte Volk aus ihm herausführte. Und sie sagt nicht, daß Moses als erster von Gott das Gesetz empfing und daß er die Einsichten der vergangenen Welten erlangte. Und sie sagt nicht, daß er mit dem Stab das Schilfmeer teilte und dem dürstenden Volk aus dem Felsen Wasser hervorquellen ließ. Sondern sie sagt, daß er ganz allein in der Wüste im Angesichte Gottes stand, als dieser Israel vernichten wollte, und bat, mit den Söhnen seines Volkes ausgelöscht zu werden. Menschenliebe und Verbrechen stellte er vor Gott hin, indem er sprach: ‘Vergib ihnen, oder streiche mich aus dem Buch, das du geschrieben hast.’ Dies sprach der Sanftmütige! Gott aber zog es vor, denen zu vergeben, die gesündigt hatten, anstatt dem Moses ein Un-

recht zu tun. [153] Von der Tugend der Sanftmut spricht auch Jesus, indem er von sich selbst sagt: Lernt von mir, denn ich bin sanftmütig und demütig von Herzen (Mt 11,29).
Der geistliche Vater setzt sich von den ihm anvertrauten Menschen nicht ab, sondern sieht sich in ihren Dienst genommen; er mag nicht über sie urteilen, vielmehr wünscht er, mit allen gerettet zu werden. Symeon der Neue Theologe erzählt hierzu: Ich sah einen, der sich so eifrig um das Heil seiner Brüder kümmerte und dieses wünschte, daß er sehr oft unter Tränen aus seiner ganzen Seele zu dem menschenfreundlichen Gott betete, entweder er möge auch sie retten oder auch ihn mit ihnen verurteilen. Das tat er, weil er in seiner Einstellung der Nachfolge Gottes gar nicht wollte, daß er gerettet werde, wenn er dort von ihnen getrennt wäre. [154]

2. Die Mönchsväter

Seelsorge gilt von jeher als die Kunst aller Künste im Alltag des Glaubens. Alle Heilige haben diese Kunst ausgeübt, und zwar aus der Kraft ihres persönlichen Charismas. Das Institut der Seelenführung, wie der klassische Terminus lautet, läßt sich seit der Wende zum 4. Jahrhundert vor allem im östlichen Mönchtum genauer nachweisen und belegen. Hier läßt sich erkennen, wie sehr die Ausübung der geistlichen Begleitung auf dem Weg des Glaubens unmittelbar mit der Person und dem Leben des Begleiters zusammenhängt. Denn in der geistlichen Begleitung geht es um kein äußeres Amt und auch keine offizielle kirchliche Institution, sondern um ein charismatisches Zeugnis im Glauben.

---

[153] Symeon der Neue Theologe, Ep 56,3ff; zit. nach G. Bunge, Evagrios Pontikos. Briefe aus der Wüste (= Sophia 24), Trier 1986.

[154] Symeon der Neue Theologe, Katechesen 8,56-64 (=Sources Chrétiennes 104, 90).

Der Abbas

Die Bezeichnung *Mönchs-Väter*, wie sie spätestens seit Beginn des 5. Jahrhunderts genannt werden, bringt konkret zum Ausdruck, daß sie gleich einem Vater andere im Glauben durch das Evangelium gezeugt haben. Die Wüstenväter, wie sie auch genannt werden, weil sie sich meistens in den Wüsten des Orients aufhalten, stehen in einer großen Mönchsbewegung, die sich damals über den ganzen Orient wie eine Massenbewegung ausbreitet und alle Länder, Bevölkerungsschichten und Stände erfaßt. Schon ab dem Ende des 3. Jahrhunderts gehen einige, bald aber schon viele Tausende in die Wüsten Ägyptens und Vorderasiens. In Ägypten gibt es zu Beginn des 5. Jahrhunderts etwa 5000-7000 Pachomianer. Hieronymus nennt sogar die Zahl von 50.000 Pachomianern, die sich jedes Jahr zu den Kapiteln treffen.

Die Mönche verstehen ihr Leben als Martyrion, also als Zeugnis wahren und authentischen Christseins. Dazu nehmen sie den geistlichen Kampf mit den Dämonen auf sich. In diesem Kampf geht es nicht um rein psychisch oder psychologisch erklärbare Kräfte im Menschen, sondern um den Kampf zwischen Himmel und Hölle, Engel und Dämonen, Macht der Gnade und Macht des Bösen. Im Kampf mit den Dämonen zeigt sich, was im Herzen des Menschen verborgen liegt und was sein Herz ist: der Kampfplatz, auf dem sich das Drama der Heilsgeschichte abspielt, bis sich die neue Schöpfung erhebt. Der Mensch besteht diesen Kampf, wenn er sich an Jesus Christus hält. Aufgabe des Seelenführers ist, den einzelnen Mönch auf dem Weg des Glaubens zu begleiten und zu führen.

Geistliche Väter

Schon die antiken Philosophen kennen das Institut der Seelenführung, doch es handelt sich dabei mehr um eine moralische Begleitung, durch die der Mensch zu einem hochstehenden Leben angeleitet wird. Die Rolle des Aufsehers besteht darin, auf die sittliche Vervollkommnung seines Schülers zu achten. Hilfen auf diesem Weg sind Zurückgezogenheit, Anleitung zur Meditation und Bekenntnis der Fehler. Die griechischen Philosophen vertreten die Meinung, daß der Schüler nur dann von seinem Lehrer lernen kann, wenn er ihm in Freundschaft und voller Begeisterung zugetan ist.[155]

Ganz anders die Schule der Mönchsväter. Sie sprechen gerade nicht von geistlicher Begleitung, sondern von geistlicher Vaterschaft . Auch wollen sie ihr Amt nicht als Freund, sondern eben als Abbas oder Amma ausüben. Denn nicht aufgrund von Zuneigung, sondern durch das Wort, das sie ergehen lassen, werden sie zu einem solchen Altvater. Jenes Wort, das den Altvater ergreift und das er weitergibt, zeichnet ihn aus; es wird für den Ratsuchenden zum entscheidenden Impuls auf seinem geistlichen Weg. Das Charisma des Wortes gilt als unmittelbar von Gott selbst kommend, deshalb sind die Ratschläge, welche die Altväter erteilen, Worte Gottes .

Die Nähe zum Wort des Herrn ist es, die den Altvater in den Augen seiner Mitmenschen zum Pneumatophoros , zu einem Geistträger macht. Aber nicht allein die geistliche Weisung legitimiert den Altvater als Pneumatophoros, vielmehr muß noch etwas hinzukommen, das in gleichem Maße seinen Geistbesitz bezeugt, nämlich seine Lebensweise. Wort und Leben, Lehre und Lebenszeugnis gehören zusammen und erhellen sich gegenseitig, wie folgendes Apophthegma des Abbas Poimen zeigt: Ein Mensch, der lehrt, aber nicht tut, was er lehrt, gleicht einer Quelle: alles bewässert und reinigt sie, nur sich selbst vermag sie nicht zu reinigen. [156]

Zu dem Wort, das der Altvater ausspricht, gehört das Zeugnis seines Lebens. Leben entzündet sich am Leben. So gehen damals viele tausend Menschen in die Wüste, um durch die Begegnung mit einem Altvater die ersehnte Hilfe und den entscheidenden Trost auf ihrem geistlichen Weg zu empfangen. Die Mönchsväter geben hierzu den Rat: Wie man ein helles Fenster aufsucht, wenn man eine Schrift mit feinen Buchstaben entziffern will, so suche den Umgang mit heiligen Männern und Frauen, damit du an solchem Maßstab dein eigenes Herz er-

---

[155] Hier wird man an die Beziehung des Platon zu seinem vierzig Jahre älteren Lehrer Sokrates erinnert. Vgl. Platon, Das Gastmahl oder von der Liebe. Übers. von A. Hübscher, München 1987, 65ff.

[156] WdV, Nr. 599.

gründest und es erkennst, wenn du leichtsinnig und sorglos werden solltest. [157]

Die Wüstenväter vermitteln keine abstrakte Lebensweisheit, sondern ihr Leben. Dieses gehört mit hinein in ihre Lehre . Nicht die Person kommentiert die Sache, sondern die Sache selber ist an der Person zu ersehen. So impliziert die Weisung des Altvaters immer die Gestalt seines Lebens - wie auch umgekehrt sein Leben den besten Kommentar zu seiner Lehre darstellt. Von Abbas Poimen heißt es hierzu: Ein Bruder fragte den Abbas Poimen: 'Es leben Brüder mit; willst du, daß ich ihnen befehle?' Da sagte der Altvater zu ihm: 'Nein, sondern tue zuerst das Werk, und wenn sie lebendig sein wollen, werden sie schon selbst sehen. [...] Werde für sie ein Vorbild, kein Gesetzgeber! [158] Leben und Lehre der Väter gelten als ein lebendiger Kommentar zum Evangelium. So finden die Menschen bei den Vätern etwas von dem verwirklicht, was jedes christliche Leben bestimmt.

Die Vorrangstellung und Vorbild-Funktion des Altvaters gründet in seiner Geistbegabtheit, nicht jedoch in seinem Alter oder einer über viele Jahre hin gewonnenen Lebenserfahrung. Von Abbas Zacharias wird berichtet, daß er vom Lebensalter her noch ein Kind ist, aber früh vollendet, gerade weil er Kind ist; und von dem griechischen Isaak Syrus heißt es, daß seine Schüler ihn leiteten wie einen Säugling in ihrer Gemeinschaft, denn er war für die Welt ein Unmündiger, seelisch aber vor Gott ein Vollendeter [159].

Oft werden lange Reisen unternommen, um zu einem solchen Mönchsvater zu gelangen. Weil es schon genügt, ihn zu sehen, geben einige Apophthegmata nur Auskunft über das Aussehen und die Lebensweise des betreffenden Altvaters. Sein Aussehen ist selber ein Stück Lehre und gehört zu ihr wie der ihm entsprechende Lebenswandel.

Der geistliche Vater ist vertraut mit dem Geheimnis Gottes, aber auch mit den Regungen des menschlichen Herzens (Kardiognosis). Die Her-

---

[157] Palladius, Leben der heiligen Väter (Historia Lausiaca). Kempten 1912, 10.

[158] WdV, Nr. 748.

[159] WdV, Nr. 440.441.

zenskenntnis erhält der Vater aus dem Gebet wie auch durch seine eigene Beobachtung: Schon am äußeren Verhalten (Stimme, Bewegung) erkennt er den inneren Zustand eines Menschen. Erst wenn der Mönchsvater selber die Apatheia, also die Freiheit von Leidenschaften und von ungeordneten Regungen und Stimmungen, erworben hat, kann er andere geistlich begleiten und den Dienst der Unterscheidung der Geister ausüben, durch die der einzelne seinen persönlichen Weg zu Christus findet.

Die Mönchsväter wissen, wie entscheidend ihr Dienst für das eigene geistliche Leben ist. Wer die Menschen um Gottes willen heilt, bringt schweigend seiner eigenen Seele Heilung. Der geistliche Vater wird durch das Raten keineswegs gestreßt, vielmehr wächst er daran. Als Abbas Paision gefragt wird: Was soll ich mit meiner Seele tun: Sie ist gefühllos und fürchtet Gott nicht , antwortet er: Geh und schließe dich einem gottesfürchtigen Menschen an. Indem du dich ihm nahst, lehrt er auch dich, Gott zu fürchten. [160] Daraus wird klar ersichtlich, daß die Mönchsväter in der Wüste nicht der Welt und den Menschen entfliehen wollen, sondern sich gerade in einen wesentlichen Dienst gestellt sehen: Der Altvater Antonios sagte: Vom Nächsten her kommen uns Leben und Tod. Gewinnen wir nämlich den Bruder, so gewinnen wir Gott. Geben wir hingegen dem Bruder Ärgernis, so sündigen wir gegen Christus. [161]

Die geistliche Weisung

Die Mönchsväter erteilen den Ratsuchenden ein Wort des Heiles . Ein solches Apophthegma ist ein geistgewirkter Spruch, der im Schüler neues Leben weckt.[162] Es handelt sich um keinen allgemeinen Ratschlag noch um eine Unterweisung in einer besonderen Spiritualität

---

160 WdV, Nr. 639.

161 WdV, Nr. 9.

162 Ursprünglich wurden die Worte der Väter mündlich überliefert. Ohne schriftliche Ausgestaltung stammen diese Sprüche aus der Zeit des 4. Jahrhunderts. Als schriftliche Sammlung liegen sie uns heute vor in den Apophthegmata Patrum , die in das 5. Jahrhundert zu datieren sind.

oder Frömmigkeitspraxis. Das Wort kommt unmittelbar aus der Begegnung mit dem Altvater und nimmt dadurch eine ganz konkrete, nicht austauschbare Gestalt an. Der Altvater verkündet ja keine Lehren, sondern Erfahrung. Auch gibt er sein Wort nur, wenn das Wort sich in ihm einstellt; er kann es selber nicht ergreifen und darüber verfügen. Unaufgefordert sprechen die Väter nicht. Ist das Rhema aber einmal gegeben, so bestimmt es die Lebensform des Hilfesuchenden für die nächste Zeit oder sogar ein Leben lang. Die Bindung zum Altvater, die durch ein solches Wort gegeben ist, bleibt frei und kann jederzeit wieder gelöst werden.

Entscheidend für die geistliche Unterweisung der Mönchsväter bleibt, daß im Alltag getan wird, wozu sie raten. Abbas Jakob sagt hierzu: Man braucht nicht nur Reden. Denn es gibt viele Reden unter den Menschen in dieser Zeit. Was not tut, ist die Tat. Das wird gesucht, und nicht Reden, die keine Frucht bringen. [163] Es geht in der geistlichen Unterweisung der Mönchsväter immer um eine praktische Weisung, die für das Alltagsleben des Ratsuchenden von zentraler Bedeutung ist. Nach Auffassung der Mönchsväter erschließt sich auch der Sinn der Heiligen Schrift erst in der konkreten Umsetzung des Wortes.

Hält der Ratsuchende die vom Altvater aufgetragene geistliche Übung treu ein, führt sie ihn zu der entscheidenden Wende im Leben. Poimen gibt hier zu bedenken: Was nützt es, wenn einer sich einer Kunst nur nähert und sie nicht erlernt. [164] Meist ist die Weisung sehr konkret und praktisch, zuweilen nur eine einzige Praktik, wie das Beispiel des Abbas Dioscorus bezeugt: Er hielt sich jedes Jahr an *eine* Praktik, indem er sich zum Beispiel vornahm: Dieses Jahr werde ich niemanden besuchen; oder ich werde keine Früchte oder kein Gemüse essen. [165] Manche Mönche halten diese eine Praktik ein Leben lang ein. Es mag vielleicht überraschen, was hier den Ratsuchenden in aller Einfachheit vorgeschrieben wird. Aber eine einzige Übung genügt - wenn

---

[163] WdV, Nr. 398.

[164] WdV, Nr. 194.

[165] Dioscorus 1 (PG 65,160C).

es sich um eine grundlegende geistliche Praktik handelt, die auf dem Weg zu Gott vorankommen läßt.
Der Ratschlag des Altvaters ist immer konkret und aktuell in die jeweilige Alltagssituation eines einzelnen Menschen hineingesprochen. Für den Kandidaten des Mönchslebens bleibt dieses Wort fast von gleicher Bedeutung wie die Kenntnis der Heiligen Schrift, zumindest bewirkt es die entscheidende Wende. Die Treue zur Weisung des Altvaters reicht aus, um den Beginn eines Lebens als Mönch zu motivieren. Selbst wenn es kein außergewöhnliches Wort ist, wird es von dem Kandidaten wie von Gott herkommend angenommen.
Auch ist die Weisung des Mönchsvaters immer so, daß sie den anderen nicht überfordert. Kein Altvater läßt einen Fragenden traurig fortgehen. Es genügt nicht, den anderen mit seiner Lebenswahrheit zu konfrontieren, vielmehr bedarf es dabei der Aufmunterung, sich ihr zu stellen. Der Ratsuchende muß das Gefühl haben, nicht abgeschrieben zu sein, sondern zu neuem Leben erweckt zu werden.
Weil es zuweilen zu einer starken Idealisierung des Begleiters kommen kann, so daß sich der Begleitete schämt, seine Sündhaftigkeit und Schwachheit dem Begleiter zu offenbaren, lehrt Abbas Theodor von Pherme einen seiner Schüler: Wirklich, ich zähle siebzig Jahre in diesem Kleid, und keinen Tag habe ich Ruhe gefunden - und du mit deinen acht verlangst, Ruhe zu haben? [166]
Ein sehr markantes Beispiel ist folgendes: Ein Bruder kam zum Altvater Ammoes, um von ihm ein Wort zu erbitten. Er blieb bei ihm sieben Tage, aber der Greis gab ihm keine Antwort. Als er ihn fortschickte, sagte er zu ihm: Geh und habe selber auf dich acht. Denn zur Zeit sind meine Sünden eine finstere Wand zwischen mir und Gott. [167]
Das Wissen um die menschliche Schwachheit läßt die Mönchsväter in ihrem Rat klug und besonnen vorgehen. Als einer wegen einer Versuchung recht verwirrt ist, erwidert ihm der Altvater: Einmal wurde einer wegen seines Ackers, der von Disteln und Dornen übersät war, mutlos;

---

[166] WdV, Nr. 269.

[167] WdV, Nr. 133.

sein Vater entgegnete ihm: Mein Sohn, arbeite täglich nur soviel, als dein Körper, wenn du liegst, Raum einnimmt, und so wird deine Arbeit allmählich voranschreiten, und du wirst dabei nicht verzagt sein. Als der junge Mann das gehört hatte, handelte er danach, und in kurzem war der Acker gereinigt und urbar gemacht. - Mache auch du, Bruder, es so, arbeite nach und nach, so wirst du den Mut nicht verlieren, und Gott wird dich wieder in deine frühere Ordnung einsetzen durch seine Gnade. [168]

Die geistliche Kompetenz

Ein Mensch, der nach den Grundkriterien der Psychologie und Psychotherapie vielleicht als psychisch gesund bezeichnet werden darf, kann nach den Maßstäben der Mönchsväter dennoch eine kranke Seele haben. Hier sehen die Mönchsväter ihre Aufgabe darin, den Menschen in einen Trauerprozeß zu führen, damit er sein Leben aufrichtig beweint. Ohne sich in unnützen Schuldgefühlen und Selbstvorwürfen zu ergehen, soll der einzelne eine gründliche Trauerarbeit leisten, um des eigenen Lebens wieder froh zu werden.

Aus der geistlichen Kenntnis des Menschen erwächst dem Altvater die Fähigkeit zur Diakrisis, die zu seiner Grundgabe in der Seelenführung gehört. Wie man sie erlangt, darüber sagt Antonios, daß sie der normale Lohn der eigenen inneren Lauterkeit ist. Ich für meine Person glaube , sagt er, daß eine allseitig geläuterte und nach der Ordnung der Natur gefestigte Seele, da sie zu durchschauen fähig geworden ist, höher und weiter blicken kann als die Dämonen. [169]

Aus dem angegebenen Grund legen die alten Mönche einen wahren Wetteifer an den Tag, um sich als unwissende, ungebildete Menschen zu erweisen. Das eigene Wissen stellt, wenn es nicht unmittelbar vom Heiligen Geist als Lohn eines asketischen Lebens eingegossen ist, keine Empfehlung für einen geistig-geistlichen Menschen dar.[170] Viele

---

168 WdV, Nr. 151.

169 Vita Antonii 34 (PG 26,893).

170 I. Hausherr, Direction spirituelle en Orient autrefois. Rom 1955, 89ff.

Altväter sind vom Verlangen, aller menschlichen Weisheit zu entfliehen, so erfüllt, daß sie lieber Torheit vortäuschen.
Schließlich ist der Altvater dem, der sich ihm anvertraut, im Gebet verbunden, und diese Verbundenheit geht über den Tod hinaus. Arsenios sagt hierzu dem Mönchsvater Daniel: Schaffe deinem Vater Erquikkung, damit er, wenn er zum Herrn gekommen ist, für dich bittet und es dir wohl ergeht. [171] Auch nach seinem Tod tritt der geistliche Vater für seinen Schüler bei Gott ein.

3. Der Starez

Die Einrichtung der geistlichen Führung im Alltag des Glaubens, die im Amt des Abbas heute noch fortlebt, reicht bis in die Neuzeit und ist besonders im russischen Starzentum gegenwärtig. Dieses entwickelt sich, vom Athos her kommend, im 14. und besonders im 19. Jahrhundert zu hoher Blüte. In der Kirche des Ostens wird als Alter (griechisch Gerontas , russisch: Starez) der Abt oder überhaupt der geistliche Vater bezeichnet. In Rußland leben die meisten Starzen im Kloster, einige in Pfarren oder in einer Einsiedelei. Das Zentrum der Starzenbewegung in Rußland ist das Kloster Optina. Wichtige Gestalten, die als Starzen bezeichnet werden, sind Ambrosi von Optina, Seraphim von Sarow, Feofan der Klausner. Archimandrit Paisi Veli kovski[172] († 1794) hat mittels seiner Durchsicht und Übertragung asketisch-mystischer Schriften aus den großen Zeiten der byzantinischen Literatur wesentlich zur Erneuerung des Starzentums beigetragen, nicht zuletzt durch seine eigenen Schüler. Die Starzen, auch wenn sie in einem Kloster leben, erhalten ihre Bedeutung im Osten gerade dadurch, daß sie mit ihrer Weisung für viele im Alltag des Glaubens eine große Hilfe werden, auch für die Heiligen.
Häufig besuchte *Seraphim von Sarow* als Jugendlicher einen solchen

---

[171] WdV, Nr. 73.

[172] Vgl. sein Werk: Lilien des Feldes. Über die Gebote Gottes und die heiligen Tugenden. Übersetzt von B. Tittel, Wien 1977.

Starzen, der zugleich Gottesnarr war, und unterhielt sich mit ihm. Daraufhin entschließt er sich selber, ins Kloster zu gehen, um der ganzen Radikalität des Evangeliums nachzukommen. Feierlich nimmt er von seinem Elternhaus Abschied: Alle sitzen einige Minuten schweigend, bis er sich vor der Mutter bis zur Erde verneigt. Dieses Schweigen ist dem Brauch nach von großer Bedeutung. In dieser Verneigung kommen Abschied und Dankbarkeit zum Ausdruck, aber auch die Bitte um den Segen. Die Mutter läßt ihn die Christus-Ikone und diejenige der Muttergottes küssen, segnet ihn und legt ihm dabei ein großes kupfernes Kreuz um den Hals, das er Zeit seines Lebens bei sich trägt. Daraufhin bricht er nach Kiew auf.
Seit *Starez Leonid* (1768-1841) leben die Starzen auch außerhalb der Klostermauern; nun können die Pilger ungehindert zu ihnen vordringen. Die Starzen sind nun nicht mehr den strengen Klosterregeln unterworfen, was zuweilen zu heftigen Konflikten im Kloster führen kann. Der Starez gehört dem ganzen Volk, nicht mehr nur einzelnen Schülern und Novizen, wie es teils bei den Mönchsvätern der Fall ist. Die Auszeichnung als Starez erhält einer nicht durch ein besonderes Amt, sondern durch seine innere Größe und vor allem durch seine geistliche Erfahrung.[173]
Der Weg zu dieser inneren Reifung dauert oft sehr lange. *Seraphim von Sarow* tritt erst nach über 15 Jahren am 25. November 1825 aus seiner Einsiedelei, um in die Gemeinschaft der Mönche zurückzukehren. Nun setzt ein so gewaltiger Besucherstrom ein, daß aus dem Mönch Seraphim schon bald der Starez Seraphim wird. Nach Jahrzehnten der Einsamkeit wirkt er acht Jahre als Starez.
Über die Starzen ist nur wenig überliefert, zumal sie selber nur selten ein literarisches Werk hinterlassen haben. Dennoch wurden sie von führenden Männern Rußlands aufgesucht: Kirejewski, Rosanow, Solojew. In seinem sechsten Buch der Brüder Karamasow beschreibt Dostojewski im Starez Sosima den *Starez Ambrosi* (1812-1891). Viele andere große russische Schriftsteller und Denker wie Tolstoi, Gogol,

---

173 Vgl. I. Kologriwow, Das andere Rußland - Versuch einer Darstellung des Wesens und der Eigenart russischer Heiligkeit. München 1958.

Leontiev, die sich in Deutschland mit der Philosophie (Hegel, Schelling) auseinandergesetzt haben, brechen schließlich gleich Dostojewski in die Wälder Rußlands auf, um zu den Starzen zu gelangen und mit ihnen zu sprechen.

Die Starzen lehren, daß jeder darum Sorge tragen muß, einem Menschen zu begegnen, der den Geist Christi in sich trägt und der die Schriften kennt.[174] Tausende pilgern einmal oder mehrmals im Jahr zu den Starzen, um in ihren Klöstern und vor ihren Ikonen zu beten, die heiligen Menschen aufzusuchen, bei ihnen zu beichten und ihren Segen zu empfangen oder sie wenigstens zu sehen.

Ein sehr schönes und beeindruckendes Zeugnis dafür, wie ein Schüler von seinem Meister in den Dienst genommen wird, findet sich bei dem schon erwähnten Altvater Porphyrios von Kavsokalyvia. Er berichtet folgende Begebenheit: Die überströmende Gnade kam auch zu mir Armseligem, als ich jenen Greis, Gero Dimás, in der Hauptkirche sah, wie er seine Metanien machte und bei seinem Gebet in Tränen ausbrach. Während seiner Metanien überschattete ihn die Gnade so sehr, daß sie auch auf mich überstrahlte. Die Überfülle der Gnade ergoß sich auch auf mich. Das heißt, sie war schon vorher da, wegen der Liebe, die ich für meinen Geronta hatte. Doch damals spürte auch ich die Gnade überaus stark in mir. Ich will euch erzählen, wie mir das geschah.

Eines Morgens gegen halb vier ging ich zum Gottesdienst in die Hauptkirche, in die Kirche der Heiligen Dreiheit. Es war noch früh. Das Simandron hatte noch nicht geschlagen. Niemand war in der Kirche. Ich setzte mich in den Vorraum, unter eine Treppe. Niemand konnte mich dort sehen, und ich betete. Nach einer Weile geht die Tür auf, und herein kommt ein hochgewachsener, alter Mönch. Es war Gero Dimás. Kaum war er eingetreten, blickte er um sich, er sah niemanden. Da begann er, eine lange Gebetsschnur in der Hand, große Metanien zu ma-

---

[174] Der Religionsphilosoph Iwan Kirejewsji († 1865) schreibt: Wesentlicher als alle Bücher und jegliches Denken ist es, einen heiligen orthodoxen Starez zu finden, der dein Führer sein kann, dem du jeden Gedanken mitteilen darfst und von dem du nicht seine eigene mehr oder weniger vernünftige Meinung hören mußt, sondern das Urteil heiliger Väter (zit. nach W. Lindenberg, Der unversiegbare Strom. Geschichten und Legenden aus dem heiligen Rußland, Freiburg-Basel-Wien 1982, 31).

chen, viele und schnelle, und dabei sagte er unaufhörlich 'Herr Jesus Christus, erbarme Dich über mich ... Allheilige Gottesmutter, rette uns.' Binnen kurzem fiel er in Ekstase. Ich bin außerstande, euch zu sagen... Ich finde keine Worte, um euch sein Gebaren vor Gott zu beschreiben. Es waren Gebärden der Liebe und Anbetung, Gebärden des göttlichen Eros, der Gottesliebe und Hingabe an Gott. Ich sah ihn, wie er dastand, die Arme öffnete und erhob, in Form des Kreuzes, so wie Mose es tat am Meer, und dabei gab er einen Ton von sich. [...] Er war im Zustand der Gnade. Er strahlte inmitten des Lichts. Das war es! Und sogleich übertrug sich das Gebet auf mich. Sogleich trat ich ein in seine Atmosphäre. Er hatte mich nicht gesehen. Hört mir zu. Ich war ergriffen und begann zu weinen. Zu mir Armseligem, zu mir Unwürdigem kam die Gnade Gottes. Wie soll ich es euch sagen? Die Gnade übertrug sich auf mich. Das heißt, die Gnade, die jener Heilige hatte, strahlte auch in meine Seele hinein. Er übertrug seine geistigen Charismen auch auf mich. [...] Gero Dimás übertrug auf mich das Charisma des Gebets und der Hellsichtigkeit, zu der Stunde, da er im Narthex der Kirche der Heiligen Dreiheit, dem Katholikón von Kavsokalyvia, betete. Was mir damals geschah, war mir weder je in den Sinn gekommen, noch hatte ich es je begehrt, noch hatte ich es erwartet. Die Altväter hatten mir nie etwas gesagt von solchen Gnadengaben. [175]

Voraussetzung für den Dienst, den ein Starez ausübt, ist, daß er selber den Weg des Heils gegangen ist. So sind die Starzen am Anfang ihres Weges im Gespräch mit einem geistlichen Vater, der sie vor allem in das Jesus-Gebet einführt. Bei ihm lernen sie beten, bis sie selbst in ein Gebet verwandelt werden. Eine solche Ausbildung im Gebet gilt jedoch nicht als Kriterium dafür, daß man sich als ein Starez bezeichnen darf, vielmehr wird man vom Volk in dieses Amt eingesetzt. Wohl kann es sein, daß ein Starez auf einen zukommt und sagt, er solle zu ihm kommen und ihn als Begleiter in seinem Leben des Glaubens nehmen.

Ansonsten sprechen die Starzen nur, wenn sie gefragt werden, auch sagen sie nichts Überflüssiges. Sie überreden nicht, weil ihre Autorität von selber, aus sich heraus wirkt und zwar mit letzter Verbindlichkeit.

---

[175] Altvater Porphyrios von Kavsokalyvia, 56-58.

Die Starzen stellen ihre Weisung nicht zur Verfügung, erst recht diskutieren sie nicht darüber. Doch sie drängen sich auch nicht auf, sondern sind einfach da, wenn man sie braucht. Dabei haben sie nichts Angelerntes, sie leben einfach, ohne Furcht und manchmal sogar recht verwegen.
Rat und Hilfe der Starzen sind auf die konkrete Situation des jeweiligen Menschen ausgerichtet. Deshalb verfassen die Starzen keine Bücher, wohl aber Briefe an einzelne mit konkreten Anliegen. Die Starzen schreiben gerade deshalb keine Bücher, weil sie so großartige Pädagogen sind. Ihre Antwort ist stets die einzig mögliche, die absolut genaue und notwendige. [...] Die Starzen sind Pädagogen, mehr noch: sie wissen, daß jeder Mensch zur Vergöttlichung aufgerufen ist. [176]
Die Starzen gehen in ihrem geistlichen Dienst nach keiner Methode vor, denn Gott hat mit jedem einen besonderen Plan. Meist erkennt man erst im nachhinein, was der eigentliche Sinn des Ratschlags des Starzen gewesen ist. Manchmal geben die Starzen eine geistliche Übung auf, die man über längere Zeit hin im Alltag verrichten muß; meist ist es ein Gebet, das mit einer tiefen Verbeugung bis zur Erde gesprochen wird. Ein neues Gespräch mit dem Starzen findet erst statt, wenn die Ratschläge im Glaubensalltag ausgeführt sind; ansonsten würde Seelenführung beliebig bleiben, bloß eine interessante Unterhaltung.
Was die Starzen auszeichnet, ist die Haltung des Allverzeihens . Deshalb tadelt sich *Ambrosi*, weil er am Anfang seines Lebens viel zu streng war; er muß einen langen Weg zurücklegen, bis er milde und sanftmütig wird. Doch in Milde und Sanftmut vermag er dann auch jeden willkommen zu heißen; so begrüßt *Seraphim von Sarow* alle Menschen mit den Worten: Du meine Freude .
Der Rat der Starzen enthält eine große Verbindlichkeit. Er benennt die Sünden und Fehler eines Menschen immer unmittelbar und konkret, ohne aber den anderen zu verurteilen und zu richten. Auch wenn die Starzen zuweilen recht streng sind, geht keiner verzweifelt oder traurig von ihnen fort. Nach dem Gespräch mit dem Starez kann keiner mehr

---

176 T. Goritschewa, Vorwort in Igumen Nikon. Briefe eines russischen Starzen an seine geistlichen Kinder. Freiburg-Basel-Wien 1988, 11.

so leben wie früher, vielmehr führt die Begegnung zu einem Neuaufbruch.

Die Starzen werben mit der Liebe Gottes, auf daß der einzelne seine ursprüngliche Reinheit wiedergewinnt. Wenn Dostojewski seinen Helden sagen läßt: Dieser Mensch kann kein Atheist sein, da er heiter ist [177], meint dies jeden Menschen, der innerlich frei geworden ist, ohne falsche Anhänglichkeiten und Dinge, die ihn fesseln und knechten.

Die Starzen interessieren sich nicht für den äußeren Werdegang eines Menschen, auch nicht für seine äußeren Lebensprobleme, sondern für den inneren Menschen, der meist verborgen bleibt und für den sich nur wenige interessieren. Mit großer Achtung und Ehrfurcht begegnen die Starzen dem Geheimnis eines Menschen, denn es gehört Gott allein. So führen die Starzen den Ratsuchenden zur Ursprünglichkeit seiner Gottesbeziehung zurück und befreien ihn aus einem Gottesverhältnis zweiter Hand , damit er es wieder unmittelbar mit Gott zu tun bekommt. Starez Nikon führt dazu aus: Willst Du Deinen Seelenfrieden finden und den Trost und die sichere Rettung erwerben, unterwirf Dich der kräftigen Rechten Gottes, und er wird Dich erhöhen, das heißt: Nimm alles, was Dir geschieht, als von Gott und nicht als von den Menschen gesandt auf, denn in Wahrheit kann nichts von dem, was uns zustößt, ohne den Willen Gottes geschehen. [178]

Um den Willen Gottes im eigenen Lebensalltag klar zu erkennen, lassen sich die Starzen Zeit. Manchmal beten sie erst einige Tage, bis sie den entsprechenden Rat geben. Das Gespräch mit den Starzen schenkt das Gespür für das rechte und - das heißt für sie: das schöne Maß, das im eigenen Leben unwillkürlich eine bisher nicht gekannte Schönheit ahnen läßt. So bilden die Starzen mit ihrer Weisung den einzelnen zu einer Persönlichkeit, das heißt für sie: zu einer vollendeten Ikone. Echte Schönheit ist still, schweigend.

Die Starzen führen den einzelnen in die wesentlichen Erfahrungen des Glaubens ein. Diese Erfahrungen sind ihnen wichtiger als alles Wissen

---

[177] Zit. nach ebd., 16.

[178] Ebd., 150.

über Gott, wie *Igumen Nikon* gegenüber einem Theologiestudenten ausführt: Gelange durch Erfahrung zu den Wahrheiten des Christentums. Das Priesterseminar vermittelt einige theoretische Kenntnisse über das Christentum. Mit diesen Kenntnissen ist es auch einem durchaus verdienten Träger des Doktortitels der Theologie möglich, nicht nur nicht an Christus zu glauben, sondern auch die Existenz Gottes zu leugnen. Einzig die Erfahrung und der tatsächliche Umgang mit Christus verleihen den lebendigen, sehenden Glauben. Erworben werden sie mit viel Leid, Versuchungen, mit Fallen und Wiederaufstehen u.a., was alles zunächst zur Demut hinführt. [179]
Die Starzen erkennen den anderen und seinen Seelenzustand schon an seinem Äußeren. Denn sie haben ein feines Sensorium, besonders für das stille Leid eines Menschen. Manchmal lassen sie die vielen Besucher einfach stehen und widmen sich dem, der augenblicklich am meisten ihres tröstenden Zuspruchs bedarf. Sie können das kleinste Leid registrieren und konkret in sich wahrnehmen.
Manchmal empfangen die Starzen täglich bis zu hundert und mehr Menschen, denen sie ihre volle Aufmerksamkeit bis ins kleinste zuwenden: Was beschäftigt dich? Warum ziehst du dich so an? In welcher Umgebung lebst du? Entscheidend für sie ist einzig, daß der einzelne auf dem Weg bleibt. Die Starzen sagen sogar: Es ist besser zu sündigen, als auf einer Stelle stehen zu bleiben.
Die Starzen nehmen sich der Alltäglichkeiten der Menschen an. Einmal kommt eine Bäuerin unter Tränen zu *Starez Ambrosi* und bittet ihn, er möge ihr sagen, was sie tun solle, damit ihre Truthühner nicht eingehen. Als ein Mitbruder es nicht recht findet, daß der Starez sich mit solchen Banalitäten aufhält, erwidert Ambrosi: Mein Lieber, kannst du nicht verstehen, daß ihr ganzes Leben in diesen Kleinigkeiten versteckt liegt? Ihre Seelenruhe aber hat den gleichen Wert wie die von Leuten mit oft sehr unnötigen Ansprüchen. Bekräftigend fügt er hinzu: Wer weiß, ob die Frage der Truthennenfütterung vor dem Angesicht Gottes nicht viel wichtiger ist als alle unsere philosophischen Plaudereien, die doch gewöhnlich nur ein versteckter Sport sind.

---

[179] Ebd., 115.

Die Starzen erteilen den rechten und zutreffenden Zuspruch, indem sie ihre Zuwendung und Aufmerksamkeit auf den ihnen anvertrauten Menschen in seiner Ganzheit richten, einschließlich seiner Fehler und Sünden. Starez Siluan, der 1938 auf dem Berg Athos stirbt, muß Zeit seines Lebens die Werkstätten beaufsichtigen. Andere Mönche, die ebenfalls Arbeiter in Werkstätten zu beaufsichtigen haben, fragen ihn: Vater Siluan, wie bringen Sie es nur fertig, daß die Leute in Ihren Arbeitsstätten so gut arbeiten, obgleich Sie sie nie kontrollieren? Wir überwachen unsere Leute ständig, und trotzdem betrügen sie uns. Vater Siluan erwidert: Ich weiß auch nicht, warum. Ich kann Ihnen nur sagen, was ich mache. Nie komme ich morgens zu meinen Leuten, ohne vorher für sie gebetet zu haben, und mein Herz schlägt für sie voll Mitgefühl und Liebe. Gehe ich zu ihnen in die Arbeitsräume, dann kommen mir meist Tränen des Mitleids. Ich weise ihnen die Arbeit für den Tag zu, und solange sie arbeiten, bete ich für sie. Ich gehe auf meine Zelle und bete für jeden ganz persönlich. [...] Während ich betete, begann ich die Nähe Gottes zu spüren. Ich konnte nur noch an Gott denken. Jetzt begann ich mit Gottes eigener Liebe für sie zu beten, aber wiederum wurde ich in die Tiefe hineingezogen, wo ich wieder die göttliche Liebe fand. So verbringe ich meine Tage. Ich bete für jeden meiner Leute persönlich. Ist der Tag vorüber, dann spreche ich etwas mit ihnen, bete mit ihnen; danach gehen sie zur Ruhe, und ich wende mich wieder meinen Gebetsübungen zu. [180]

Fünf Tugenden sind für die Begegnung mit einem Starzen erforderlich:

a) das vollkommene und reine Vertrauen in den Starez und darin, daß Christus in ihm ist und man ihm allein gehorcht;

b) Wahrhaftigkeit in Wort und Tat mit der Bereitschaft, die eigenen Gedanken alle dem Vater zu eröffnen. Es gehört zur Grundvoraussetzung für das Gespräch mit dem Starez, daß der Ratsuchende dem Starzen die eigene Seele offen darlegt;

c) Verleugnung des eigenen Willens durch die Bereitschaft zum Gehorsam, denn er ist das beste Heilmittel gegen den Hochmut (manchmal

---

[180] Starez Siluan - Mönch vom Berge Athos. Leben - Lehre - Schriften. Dargestellt und herausgegeben von Archimandrit Sophronius, Düsseldorf 1959.

verbieten die Starzen sogar, das Wort ich zu gebrauchen) und gegen jedes falsche Selbstmitleid;
d) Verzicht auf Widerspruch und Streit, denn diese haben ihren Ursprung im Hochmut. Man soll also demütig, sanftmütig und friedfertig sein. Bei Igumen Nikon heißt es: Sei demütig vor allen, sei nach Kräften allen dienstbar, mache niemandem Vorwürfe, richte nicht, urteile nicht. Versöhne Dich mit allen, vergib allen, sonst wirst auch Du von Gott keine Vergebung erhalten [181];
e) das aufrichtige Bekenntnis der eigenen Sünden, als stünde man vor dem Richterstuhl Christi.

Rückblickend zeigt sich: Viele der Mönchsväter und Starzen werden mit Recht Vater bzw. Mutter im Glauben genannt. Sie erweisen sich als wahrhafte Zeugen der Botschaft Christi, auch wenn sie nicht alle von der Kirche offiziell als Heilige verehrt werden; doch vielen von ihnen wird auch dies zuteil. Der geistliche Rat, den ihre geistliche Vaterschaft auszeichnet und den sie mit dem eigenen Lebenszeugnis besiegeln, ist wirklich ein Rat für den Alltag des Glaubens, und darin werden sie - und durch sie auch viele andere - zu Heiligen des Alltags .

---

[181] Igumen Nikon, Briefe eines russischen Starzen an seine geistlichen Kinder, 50.

XI. GEISTLICHE WEISUNG

Nicht jeder wird die geistliche Vaterschaft im eigentlichen Sinn des Wortes erleben, es ist ein Geschenk, wenn sie einem zuteil wird. Gleichfalls darf keiner sich selber für einen solchen Vater halten, besonders dann nicht, wenn man mit dem jeweiligen Menschen befreundet ist. Es gibt aber viele Varianten der geistlichen Vaterschaft, weil wir alle auf vielerlei Weise dazu berufen sind, anderen auf ihrem Glaubensweg Vater oder Mutter zu sein.

Das alte Institut der Seelenführung mag als eine aussterbende Sache [182] erscheinen. Denn es ist nicht gleich einsichtig, wie die alte Glaubenstradition mit ihrer Praxis der geistlichen Führung dem heutigen Menschen in der Bewältigung seines Lebens weiterhilft; zu zahlreich und komplex sind beispielsweise die Entscheidungen, die der Mensch gegenwärtig im Warenhaus der Sinnangebote seines Lebens zu treffen hat.

Geistliche Führung haben die Heiligen auf vielfältige Weise mitten im Alltag ausgeübt, sei es in der Erkenntnis und Befolgung des Willens Gottes im eigenen Leben (Maria), selbst in den notvollen und schweren Erfahrungen des Lebens (Paulus), oder sei es in den natürlichen Beziehungen (Eltern), aber auch als Freund (Augustinus) und als Prediger (Tauler). Als wichtige Orte der Seelenführung erweisen sich die Exerzitien (Ignatius), das Unterwegssein (Labre) und die alltäglichen Gegebenheiten (Franz von Sales). Die klassischen Situationen der geistlichen Begleitung sind das geistliche Gespräch (Seraphim von Sarow), die Beichte (Pfarrer von Ars) und der Brief (Abbé Huvelin - Charles de Foucauld).

---

[182] W. Dirks, Die Antwort der Mönche. Frankfurt/M. 1952, 75.

1. Die Weisung der Mutter: Maria

Es mag vielleicht überraschen, die Ausführungen zur geistlichen Begleitung mit Maria als einem Grundmodell geistlicher Weisung im Alltag zu beginnen. Doch schon biographisch ist es ja meist so, daß die erste Einführung und Begleitung im Glaubensalltag von den Eltern gegeben wird. Zudem läßt sich gerade an Maria das innere Wesen der geistlichen Begleitung deutlich machen, denn in ihr geht es letztlich einzig und allein um die Bereitschaft, auf dem eigenen Lebensweg den Willen Gottes zu erfüllen.

Es gibt in der Ostkirche die Ikone der Hodigetria , welche Maria als Wegweiserin zum Herrn darstellt. Von Gott auserwählt, gehört Maria nicht mehr sich selber. Von ihr gilt gleichfalls: Nicht mehr ich, sondern Christus in mir (Gal 2,20). Maria ist insofern das Urbild eines geistlichen Begleiters, als sie zeigt: Christ ist, wer nicht mehr sich selbst angehört (vgl. 1 Kor 6,19), sondern auf sein Wort hin (vgl. Lk 5,5) aufbricht, um den Willen des Herrn zu erfüllen. Damit weist Maria auf das hin, was jedes Leben im Glauben bestimmt: das Hören auf Gottes Wort und die Bereitschaft, in allem seinen Willen zu erfüllen.

Wer Christus nachfolgen möchte, sucht all das, was er vom Wort und Willen des Herrn verstanden hat, in seinem Leben auszubuchstabieren: Wer den Willen Gottes tut, dieser ist mir Bruder und Schwester und Mutter (Mk 3,31-35 und 6,3; par.). Die entscheidende Auszeichnung Marias besteht letztlich weder in ihrer biologischen Mutterschaft noch in ihrer Jungfräulichkeit, sondern darin, daß sie in unbedingtem Glauben tut, was der Herr ihr aufträgt, wodurch sie sich als eine wahre Jüngerin ihres Herrn erweist.

Noch in einem anderen Sinn erweist sich Maria als eine geistliche Wegweiserin. Bevor Maria den Herrn in ihrem Leib trägt, ist er schon in ihrem Herzen geboren: Nichts hätte Maria die Vertrautheit leiblicher Mutterschaft genützt, wenn sie nicht Christus auf glückseligere Weise zuerst mit dem Herzen und dann erst mit dem Leib empfangen

hätte.[183] Schon zur Stunde der Verkündigung wird von Maria der ganze Glaube eingefordert. Die Antwort auf ihre Erwählung: Ich bin die Magd des Herrn , besagt, daß sie das Wort Gottes verstanden hat und über sich verfügen läßt, ohne schon das eigene Leben durchschauen zu können; sie ist bereit, sich von einer Erfahrung in die andere führen und schließlich sogar von sieben Schwertern (vgl. Lk 2,35) im Herzen verwunden zu lassen. Selbst unter dem Kreuz nimmt Maria nicht Anstoß an der Art und Weise, wie Gott mit ihr, seiner Magd, umgeht. In ihrer Treue zum Herrn erfährt sie, daß Gott die Menschen nicht voneinander trennt, sondern sie in den neuen Dienst aneinander und füreinander ruft; so sagt der Gekreuzigte den unter dem Kreuz Stehenden: Siehe deinen Sohn, siehe deine Mutter (vgl. Joh 19,26f.).
Aufgrund dieses ihres Dienstes wird Maria um ihre Fürsprache angerufen. Weil sich an ihr alle Verheißungen erfüllt haben, glaubt die Kirche, daß von ihr das Wort des Apostels Paulus gilt: Die, welche die Fülle der Gnade und der Gerechtigkeit empfangen, werden als Könige herrschen im ewigen Leben, durch den einen, Jesus Christus (Röm 5,17). Je mehr ein Mensch im Glauben für das in Christus der Welt zugesprochene Heil in Dienst genommen wird, desto umfassender wird er in den Dienst für andere genommen. So gilt Maria nicht nur als eine Magd des Herrn , sondern auch als die Mutter aller Glaubenden. Wie Maria helfen uns auch alle anderen Zeugen des Glaubens, immer klarer den Willen Gottes zu erkennen und zu erfüllen.

2. Die Weisung des Seelsorgers: Paulus

Eine Grundgestalt geistlicher Weisung ist der Apostel Paulus. Der Weg der Nachfolge beginnt für ihn mit seiner Bekehrung. Wenn er über das Damaskusereignis schreibt, spricht er nie von einer Bekehrung ; auch das Johannesevangelium benutzt dieses Wort nicht, während es bei den Synoptikern und in der Apostelgeschichte oft vorkommt.

---

[183] Augustinus, De sancta virginitate 3 (PL 40,398A).

Ein wichtiger Text zur Bekehrungserfahrung des Apostels findet sich in Gal 1,15f.: Als aber Gott, der mich schon im Mutterleib auserwählt und durch seine Gnade berufen hat, mir in seiner Güte seinen Sohn offenbarte, damit ich ihn unter den Heiden verkünde, da zog ich keinen Menschen zu Rate. In Damaskus offenbart sich Jesus Christus an (griechisch: in) Paulus. Diese Erkenntnis Jesu übertrifft alles andere (Phil 3,7f.), sie wird zur Quelle seiner Tätigkeit als Seelsorger: Das Wort ist wahr, und es ist wert, daß alle es annehmen: Christus Jesus ist in die Welt gekommen, um die Sünder zu retten. Von ihnen bin ich der erste. Aber ich habe deshalb Erbarmen gefunden, damit Christus Jesus an mir als erstem seine ganze Langmut beweisen konnte, zum Vorbild für alle, die in Zukunft an ihn glauben, um das ewige Leben zu erlangen (1 Tim 1,16).
Das Überwältigende dieser Erfahrung droht in den Nöten seiner Seelsorgsarbeiten immer wieder unterzugehen. Zehn Jahre danach berichtet er von all den Mühseligkeiten in Damaskus, dem Nichtverstandenwerden in Jerusalem und den Zeiten der Einsamkeit und Trostlosigkeit.[184] 19 Jahre nach seiner Bekehrung gibt Paulus in Milet einen kurzen Rechenschaftsbericht über seinen dreijährigen Dienst an denen, die er auf dem Weg des Herrn geführt und begleitet hat: Ihr wißt, wie ich vom ersten Tag an, seit ich die Provinz Asien betreten habe, die ganze Zeit in eurer Mitte war (Apg 20,18f.) Die Menschen sind also mit Paulus bekannt, sie wissen alles von ihm. Doch dann heißt es: Ich habe dem Herrn gedient in aller Demut, in Tränen. In seiner Seelsorgetätigkeit dient Paulus einzig seinem Herrn. Er ist sein Diener, nicht Diener der Gemeinde. Darin liegt auch seine Freiheit gegenüber der Gemeinde. Die Tränen deutet Paulus als das Ergebnis seines apostolischen Lebens mit all seinen Prüfungen und Nachstellungen. Auch sonst ist von diesen Tränen die Rede (Apg 20,31; 2 Kor 2,4). Auf der anderen Seite steht eine tief empfundene Freude (1 Thess 3,9; 2 Kor 7,4). Paulus verrichtet seinen apostolischen Dienst nicht wie ein Funktionär, sondern mit emotionaler Intensität. Er wendet sich jedem mit vollem Herzen zu, sei es in Traurigkeit und unter Tränen oder sei es in Freude.

---

[184] Vgl. hierzu C.M. Martini, Die Bekenntnisse des heiligen Paulus. Zürich 1982.

Paulus hebt sodann hervor, daß er in aller Demut dient. Die Haltung der Demut erwächst aus seiner eigenen Lebenserfahrung (1 Kor 15,8f.). Der demütige Mensch weiß darum: Was hast du, das du nicht empfangen hättest? (1 Kor 4,7). Diese Erfahrung führt er in 1 Thess 2,4-8 weiter aus: Wir predigen, weil Gott uns geprüft und uns das Evangelium anvertraut hat, nicht also, um den Menschen, sondern um Gott zu gefallen, der unsere Herzen prüft. Nie haben wir mit unseren Worten zu schmeicheln versucht, das wißt ihr, und nie haben wir aus versteckter Habgier gehandelt, dafür ist Gott Zeuge. Wir haben auch keine Ehre bei den Menschen gesucht, weder bei euch noch bei anderen, obwohl wir als Apostel Christi unser Ansehen hätten geltend machen können. Im Gegenteil, wir sind euch freundlich begegnet: Wie eine Mutter für ihre Kinder sorgt, so waren wir euch zugetan und wollten euch nicht nur am Evangelium Gottes teilhaben lassen, sondern auch an unserem eigenen Leben; denn ihr wart uns sehr lieb geworden.
Der Apostel weiß sich in seinen alltäglichen Seelsorgsarbeiten zu bescheiden: Wir wollen euch die Not nicht verschweigen, Brüder, die in der Provinz Asien über uns kam und uns über alles Maß bedrückte; unsere Kraft war erschöpft, so sehr, daß wir am Leben verzweifelten. Aber wir haben unser Todesurteil hingenommen, weil wir unser Vertrauen nicht auf uns selbst setzen wollten, sondern auf Gott, der die Toten auferweckt (2 Kor 1,8f.).
Die vielleicht tiefste Erfahrung seiner seelsorgerlichen Tätigkeit beschreibt Paulus mit dem Bild der Wandlung. Der Apostel wandelt sich in das Bild Jesu und nimmt sein Leuchten an: Mit unverhülltem Antlitz spiegeln wir alle die Herrlichkeit des Herrn wider und werden so, weil es die Herrlichkeit des Herrn des Geistes ist, in das gleiche Bild umgewandelt zu immer größerer Herrlichkeit (2 Kor 3,18). Weil sich dies ständig vollzieht, steht das Verb spiegeln im Präsens. Paulus spürt in seinem seelsorgerlichen Wirken Tag für Tag, wie sein Wesen immer durchsichtiger wird. Eine Erfahrung, die als Frucht der vielen Gebete, des unentwegt festgehaltenen Vertrauens und seines langen Leidens gelten darf. So heißt es: Allenthalben bedrängt, sind wir doch nicht erdrückt; ratlos, sind wir doch nicht mutlos; verfolgt, doch nicht verlassen; niedergeworfen, doch nicht verloren; wir tragen allezeit das

Todesleiden Jesu an unserem Leib, damit auch Jesu Leben an unserem Leib sichtbar wird (2 Kor 4,8-10).
Auch wenn Gemeinden voller Streit und eitler Ehrsucht sind (Phil 2,3), kann Paulus durch alles Vordergründige hindurchsehen und mit Freuden Gott danken (Kol 1,12): Wir danken Gott immerfort für euch alle! (1 Thess 1,2). Der gereifte Seelsorger hat die Fähigkeit, das Gute im Innern der anderen zu erkennen und es auch zu benennen. Aus dieser Zuversicht bezeichnet er seine Gemeinde als meine Freude und meine Krone (Phil 4,1). Öfters wird Paulus aus Städten und Gemeinden hinausgeworfen (Apg 14,19-21), immer wieder muß er neu anfangen, und doch: Die Liebe ermüdet niemals (1 Kor 13,7). Die Liebe schenkt in aller Bedrängnis Geduld und Hoffnung (Röm 5,3-5). Dies gibt dem Seelsorger die nötige Freiheit: Wir haben uns keinen Augenblick unterworfen; wir haben ihnen nicht nachgegeben, damit euch die Wahrheit des Evangeliums erhalten bleibe (Gal 2,5).
Am Ende seiner apostolischen Tätigkeit gibt es eine andere Erfahrung seiner Seelsorgsarbeit: Paulus ist physisch erschöpft und verlassen. Aber das Vertrauen auf Gott ist unerschütterlich: Der Herr wird mich allem Bösen entreißen, er wird mich in sein himmlisches Reich führen. Ihm sei die Ehre in alle Ewigkeit. Amen (2 Tim 4,18). Paulus vertraut felsenfest, weil er darum weiß, daß letztlich Gott allein die Gemeinden führt und leitet. Am Ende der ersten Missionsreise ermuntern Paulus und Barnabas die Jünger, sie bestellen Älteste für die Gemeinden und empfahlen sie dem Herrn, zu dem sie sich gläubig bekannt hatten (Apg 14,23). Ein wenig später heißt es: Nun befehle ich euch dem Herrn und dem Wort seiner Gnade. Er hat die Macht, aufzubauen und allen Heiligen ihr Erbe zu geben (Apg 20,32). Wie der Gekreuzigte sein Leben in die Hände des Vaters befiehlt (Lk 23,46), so übergibt der Apostel voll Vertrauen seine Gemeinde dem Herrn. Der Apostel baut auf Gottes Beistand: Wir haben nichts und haben doch alles (2 Kor 6,10). Auch wenn der Apostel nicht mehr länger als Seelsorger bei seiner Gemeinde ist, das Wort der Gnade wird künftig die Gemeinde erneuern, heilen und aufbauen.

3. Die Weisung des Predigers: Johannes Tauler

Johannes Tauler (um 1300-1361) gehört neben Meister Eckhart (um 1260-1327/28) und Heinrich Seuse (um 1295-1366) zu den drei Großen der sogenannten Deutschen Mystik. In seinen Predigten, die in Form, Inhalt und Darlegung von der allegorischen Schriftauslegung bestimmt sind, legt Tauler die Heilsgeschichte so aus, daß er den einzelnen in die Erfahrung des Glaubens mitten im Lebensalltag einführt. Gleich, um welchen Schrifttext oder um welches liturgische Fest es sich handelt, immer steht der Weg des einzelnen im Vordergrund, um dessen geistliche Formung und Begleitung es Johannes Tauler geht. Vor allem läßt sich an seinen Ansprachen[185] ersehen, wie gerade durch die Art und Weise einer Predigt der einzelne auf seinem geistlichen Weg geführt werden kann.

Johannes Tauler ist ein lebmeister , kein lesmeister . Es besteht ein großer Unterschied zwischen denen, die die Schrift leben, und denen, die sie nur lesen. [186] In seinen Predigten macht Tauler seine Erfahrung

---

[185] Taulers Predigten, die er meist vor Schwestern gehalten hat und die uns in einer Sammlung bis heute überliefert sind, enthalten die Zusammenstellung einer geistlichen Unterweisung, wie sie konkreter nicht gedacht werden kann. Vor allem bedenkt er, wie der Glaube vom Lebensweg des einzelnen bestimmt und geprägt wird. Vgl. hierzu die verschiedenen Werkverzeichnisse: Die Predigten Taulers, aus der Engelberger und der Freiburger Handschrift sowie aus Schmidts Abschriften der ehemaligen Straßburger Handschriften. Hrsg. von F. Vetter (= Deutsche Texte des Mittelalters XI), Berlin 1910 [zit. als V]. - L. Naumann (Hg.), Ausgewählte Predigten Johann Taulers (= Lietzmanns Kleine Texte für Vorlesungen und Übungen 127). Berlin 1914 (^{2}1933). - A.L. Corin (Hg.), Sermons de Tauler et autres écrits mystiques, I: Le Codex Vindobonensis 2744; II: Le Codex Vindobonensis 2739 (= Bibliothèque de la Faculté de Philosophie et Lettres de l'université de Liège XXXIII/XLII). Paris 1924/1929 [zit. als C]. - Johannes Tauler, Predigten. Übertr. u. eingel. v. W. Lehmann, Jena 1913 (^{2}1923) [zit. als L]. - Sermons de Tauler, Traduction faite sur les plus anciens manuscrits allemands par Hugueny et Théry et Corin (= Editions de la Vie Spirituelle), 3 vol, Paris 1927-1935. - G. Hofmann (Hg.), Predigten. Vollständige Ausgabe, Freiburg-Basel-Wien 1961; Predigten, Bde. I und II. Vollständige Ausgabe. Übertr. von G. Hofmann. Einf. von A.M. Haas (= Christliche Meister 2-3), Einsiedeln 1979 [zit. als H].

[186] V 78,8-10.

in der Kontemplation für das Seelenheil der anderen wirksam, wie umgekehrt das kontemplative Gebet die Predigt befruchtet. Statt philosophischer und theologischer Gedankenführung bleibt bei Tauler die mystagogische Absicht für Predigt, Traktat, Brief oder Vita leitend. So erweist er sich nicht nur als ein hervorragender Prediger, sondern auch als ein an Erfahrung reicher geistlicher Begleiter seiner Schwestern, die ihm als Seelsorger anvertraut sind.

Erkenne dich selbst!

Der Weg der geistlichen Weisung, den Tauler aufzeigt, beginnt mit der Selbsterkenntnis. Alle Vollzüge des Glaubens, besonders aber Gebet und Schriftbetrachtung[187], führen den Menschen auf den Weg zur Selbsterkenntnis. Jeder muß hier seinen Weg finden, gemäß seiner ursprünglichen Berufung. Zunächst gilt es, die Situation richtig zu erfassen, ohne sie mit seinem Willen zu verzerren oder falsch zu deuten, denn Gott läßt sich für den, der ihn sucht, nicht auf einem einzigen Weg oder in einem einzigen Werk, sondern in allen Dingen finden. Wer den Weg der Selbsterkenntnis wagt, wird die Wahrheit nicht nur begreifen und ergreifen, sondern auch erfahren.

Die Erkenntnis des eigenen Selbst führt zur Wahrheit und zur wahren Demut, durch die der Mensch bis auf den Grund , also zu einer ganzheitlichen Selbstdiagnose vor Gott gelangt. Für Tauler sind es nicht asketische Gründe, die den Menschen in seinen Grund gehen lassen, er soll vielmehr in sein Innerstes eintreten, weil es ihm der Herr aufgetragen hat. Die leidende und innerliche Weise des Suchens besteht darin, daß der Mensch in seinen Grund gehe, in das Innerste, und da den Herrn suche, wie Dieser es uns selbst angewiesen hat, als Er sprach: 'Das Reich Gottes ist in Euch!' Wer dieses Reich finden will - und das ist Gott mit all Seinem Reichtum und Seiner Ihm eigenen Wesenheit und Natur -, der muß es da suchen, wo es sich befindet, nämlich im innersten Grund (der Seele), wo Gott der Seele näher und inwendiger ist,

---

187 V 341,22f.

weit mehr als sie sich selbst.[188] Im Seelengrund, dem letzten Ziel des geistlichen Weges, vollzieht sich die Vereinigung mit Gott. Diesen Weg der Gottesgeburt im eigenen Herzensgrund will Tauler in seinen Predigten den Hörern konkret zum Nachvollzug darlegen.

Erkenne dein Nichts!

Der Weg der Selbsterkenntnis führt über die Sündenerkenntnis schließlich sogar zur Selbstverurteilung (und Selbstvernichtung), die Gott temperieren und mäßigen muß, damit der Mensch sich nicht restlos verurteilt. Der Mensch muß sich sagen: 'Ich bin nicht Gott', und allen selbstherrlichen und eigensinnigen Stolz ablegen. Gott geht es nicht darum, daß der Mensch angesichts seiner Schuld verzagt, er sucht einzig und allein das bekentnisse dines nichtes . Dieses Bekenntnis führt den einzelnen in die unmittelbare Wahrheit seines Lebens und seiner Berufung.

Ein zweites Hindernis auf dem Weg der Selbstvernichtung sind die Abgötter , auf denen die Menschen sitzenbleiben. Es sind die groben unreinen har der groben súnde und die schlechten Gedanken, derer sich der Mensch entledigen muß. Die Strategie des Teufels besteht darin, daß er die Charakterschwächen des Menschen ausnützt und ihn an der schwächsten Seite angreift. Meist sind es Ehrgeiz und Stolz.

Den Menschen kann nun eine so unerträgliche Angst überfallen, daß ihm die Welt darüber zu eng wird. Doch er spürt, daß er der Prüfung nicht ausweichen darf: Der Mensch weiß nicht, woran er ist, so eine seltsame Angst fühlt er. Ich will dir sagen, was du empfindest: deine Entäußerung ist der Grund davon; du willst nicht gerne (des Deinen) absterben. Hier bewahrheitet sich des heiligen Paulus Wort: 'Ihr sollt von seinem Tod künden, bis er kommt.' Diese Verkündigung geschieht nicht mit Worten, nicht mit Gedanken, sondern sterbend, dich ent-

[188] H 273. Es entspricht der mystischen Tradition, den Seelengrund als das Allerheiligste der jüdischen Tempelanlage zu sehen. Die dreigestufte Stiftshütte (Vorhof, Heiligtum, Allerheiligstes) erinnert an die Dreistufung des Menschen; sinnenhafter, vernünftiger, geistiger Mensch. Im Seelengrunde wird das Opfer vollzogen (H 458).

äußernd in der Kraft des Todes. [189] In einem solchen Zustand der Angst darf sich der Mensch nicht nach außen oder gar zu den Lehrmeistern flüchten, er muß ruhig bleiben, nur so wird in ihm das wahre Sein und Leben geboren.

Dieser stets neue Prozeß der Neugeburt wird dadurch ausgelöst, daß es nach Taulers Erfahrung im Laufe des Lebens (z.B. durch Routine etc.) zu einer bekumberung , also einer zunehmenden Verfestigung des Seelengrundes kommt. Deshalb muß der Mensch immer wieder umkehren und sich erneut seinem Seelengrund zuwenden, in dem Gott auf ihn wartet. Beharrt der Mensch auf dem Seinen, behält er einen bloß gedachten und gemachten Gott ; er bildet sich bestimmte Bilder und Wege zu Gott und verwechselt den erdichteten Gott mit dem wahren und wirklichen. Krisen werden den Menschen radikal in Frage stellen. Beichte Gott! [190], fordert Johannes Tauler auf. Die Beichte betrifft keine einzelnen Sünden, vielmehr muß der Mensch alles Falsche und Fadenscheinige vor Gott offen hinlegen und umkehren. Tauler betont also beides: daß man sich durch Einübung in die Einigung mit Gott hineingeben kann, aber auch, daß das alles reine Gnade ist. In der Darstellung der Gottesgeburt, die für Tauler aufs engste mit dem Lebensweg des Menschen verbunden ist, erweist er sich nicht nur als ein großer Prediger, sondern auch seine Kompetenz als geistlicher Begleiter.[191] Indem er den Weg der Neugeburt gerade in seinen Ansprachen darlegt, zeigt er, wie auch die Predigt eine wichtige Hilfe geistlicher Unterweisung und Begleitung sein kann.

---

[189] H 221.

[190] V 284,9.3.

[191] Vgl. hierzu M. Schneider, Krisis. Zur theologischen Deutung von Glaubens- und Lebenskrisen. Ein Beitrag der theologischen Anthropologie, Frankfurt 1993, 60-135.

4. Die Weisung der Exerzitien: Ignatius von Loyola

Jesu Lehre meint mehr als eine theoretische Unterweisung, sie zeichnet einen Weg vor, für den es keine Theorie ohne Praxis gibt. Der Weg zu dieser Praxis bekommt bei Ignatius von Loyola (1491-1556) ein eigenes Gepräge: Für ihn gehören, nicht zuletzt gerade auch auf dem Weg der Exerzitien, der größere Dienst für Gott unseren Herrn und der Nutzen für die Seelen insofern zum Grundinhalt seiner geistlichen Unterweisung, als für ihn der Dienst an Gott untrennbar mit der Hilfe für die Seelen verbunden ist.[192] Im folgenden sollen einige Aspekte dieses doppelten Dienstes bedacht werden.

Den Seelen helfen

Ignatius stellt sich während seines Lebens immer mehr in den Dienst der Seelenführung.[193] Schon in Manresa reift in ihm der Entschluß, den Seelen zu helfen : Außer den sieben Stunden Gebet gab er sich damit ab, einigen Seelen, die ihn aufsuchten, in Fragen des geistlichen Lebens Hilfe zu leisten [194], und nach seiner Pilgerfahrt ins Heilige Land 1523 will Ignatius studieren und Priester werden, um den Seelen besser helfen zu können [195]. Die gleiche Ausrichtung bestimmt den Kreis seiner ersten Gefährten: Damals hatten sie bereits darüber beraten, was sie unternehmen wollten, nämlich nach Venedig und dann nach Jerusalem zu gehen und ihr ganzes Leben dem Heil der Seelen zu widmen. [196] Die Fruchtbarkeit des apostolischen Dienstes gibt den Ausschlag für

---

192 Formula Instituti von 1540/1550, Nr.1; Satzungen der Gesellschaft Jesu. Hrsg. von P. Knauer. Frankfurt/M. ³1980, VII,4, Nr. 1.3.5.8. - Die Werke des hl. Ignatius von Loyola werden, wenn nicht anders angegeben, zitiert nach den Monumenta Ignatiana bzw. Monumenta Historica Societatis Jesu.

193 Ausführlich: F. Wulf, Ignatius als Seelenführer, in: ders. (Hg.), Ignatius von Loyola. Seine geistliche Gestalt und sein Vermächtnis (1556-1956), Würzburg 1956, 15-54.

194 Ignatius von Loyola, Der Bericht des Pilgers. Hrsg. von B. Schneider, Freiburg-Basel-Wien ³1977, Nr. 26.

195 Ebd., Nr. 50.

196 Ebd., Nr. 85.

die Ordensgründung und für den Inhalt des Papstgelübdes: Die ganze Absicht dieses vierten Gelübdes, dem Papst zu gehorchen, war und ist auf die Aussendungen gerichtet. [197]
Hiermit ist ein erstes wichtiges Element geistlicher Weisung genannt. Sie besteht für Ignatius darin, daß jede Begegnung mit Gott nicht nur ein Gott will mich beinhaltet, sondern auch ein Gott will meinen Dienst . Auf dem Weg des Glaubens verbindet sich die jeweilige Gabe Gottes mit einer konkreten Aufgabe, und jede Indienstnahme durch Gott schließt einen Auftrag ein. Die Sendung, in die sich der einzelne in der Begegnung mit Gott gestellt sieht, wird für Ignatius zu einem wichtigen Unterscheidungskriterium für die Echtheit des Erfahrenen. Alles im apostolischen Dienst muß auf Gott hin ausgerichtet bleiben: Man soll nicht minder Andacht finden in den äußeren Werken der Liebe und des Gehorsams, weil wir nur wirken dürfen aus Liebe und wegen des Dienstes Gottes, zu seinem Ruhm und zu seiner Ehre. [198]

Gottes Wille

Der Weg zu Gott ist einmalig, wie der Mensch vor Gott einzigartig ist. Fertige Rezepte oder Standardratschläge werden dem einzelnen und seiner Berufung nicht gerecht. Von daher erklärt sich, daß Ignatius von Loyola vor allem an die konkrete und einmalige Erfahrung des Ratsuchenden appelliert: Wenn Sie aus eigener Erfahrung wissen [199], und dabei auch an das Urteil seines eigenen Gewissens [200] erinnert. Jeder Mensch ist einmalig, und deshalb gibt es keinen allgemeinen Weg zu Gott, wie Ignatius selbst in der Praxis seiner geistlichen Führung immer wieder belegt. Obwohl er die Geistlichen Übungen der Exerzitien als Grundlage und Leitlinie seines Ordens ansieht, kann es passieren, daß einer beim Ordenseintritt noch nicht einmal die großen Exerzitien

---

[197] Satzungen der Gesellschaft Jesu, V,3,3 C, Nr. 529.

[198] MI I,3,502; vgl. Ignatius von Loyola, Gotteserfahrung und Weg in die Welt. Hrsg. von J. Stierli, Olten-Freiburg 1981, 192.

[199] MI I,1,276: Ignatius von Loyola, Briefwechsel mit Frauen. Hrsg. von H. Rahner, Freiburg-Basel-Wien 1956, 393.

[200] Ebd.

machen muß und stattdessen gleich eine Tätigkeit oder Arbeit zu übernehmen hat.[201]

Dieser Diskretion im Vorgehen ist es zuzuschreiben, daß in den ersten dreißig Jahren der Gesellschaft Jesu weder Ignatius noch sonst jemand bestimmte Gebetsmethoden vorschreibt: Echt ignatianisch ist gerade dies, daß er über das 'höhere Gebet' überhaupt keine allgemeine (Gruppen-)Belehrung gibt. [202] Der einzelne muß selber entdecken, wie er Gott und seine Gegenwart in allen Dingen findet: Jeder schreibe sozusagen seine eigenen Geistlichen Übungen! [203]

Der einzige Maßstab, an dem einer seinen Weg zu messen hat, bleibt der Wille Gottes, der in allen Dingen zu erfüllen ist. Hierzu heißt es von Ignatius, er habe die Gnade empfangen, daß er in allen Dingen, Handlungen und Gesprächen Gottes Gegenwart wahrnahm mit einem feinen Gespür für das Geistliche, ja diese Gegenwart schaute und so 'in actione contemplativus' war; er pflegte dies in das Wort zu kleiden: Wir sollen in allen Dingen Gott finden [204]. Ignatius wollte nicht, daß die Mitglieder der Gesellschaft Gott nur im Gebet finden, sondern in allen Arbeiten, weil auch das Arbeiten ein Gebet ist. [205]

Der Wille Gottes wird zum Auswahlkriterium für die zu übernehmenden Arbeiten: Im Blick auf das Ziel, nämlich den Seelen zu helfen auf dem Weg zu ihrem letzten und übernatürlichen Ziel, sind die Mittel, die das Werkzeug mit Gott verbinden und es dafür bereiten, sich gut von seiner göttlichen Hand leiten zu lassen, wirksamer als die Mittel, die es zu den Menschen hin disponieren [206]. Die Übernahme eines Dienstes und Amtes hängt von dem größeren Nutzen für die Seelen ab.

---

201 Vgl. F. Wulf, Ignatius als Seelenführer, 51, bes. Anm. 156.

202 O. Karrer, Der heilige Franz von Borja. General der Gesellschaft Jesu (1510-1572), Freiburg/Br. 1921, 251.

203 P. Begheyn, Gotteswirken und Eigenwirken, in: Or 38 (1974) 28.

204 Mon Nadal IV 651.

205 FN II 419.

206 Satzungen der Gesellschaft Jesu X,2.

Menschlichkeit

Weiterhin ist die geistliche Unterweisung, die der heilige Ignatius vor allem in seinem Exerzitienbüchlein festgehalten hat, von einer inkarnierten Spiritualität geprägt, die den psychologischen Gegebenheiten des Menschen gerecht werden will, insbesondere denen des Leibes. Es ist mehr als eine kuriose Begebenheit, daß Ignatius sogar die Anzahl der Flöhe interessiert, die einen des Nachts gebissen haben.[207] Für Ignatius gilt als oberste Maxime der Seelsorge, man solle den Charakter, die Anlagen, Wünsche und Gewohnheiten des Menschen gut kennenlernen und sich ihnen anpassen, um dem anderen in geistlicher Freundschaft nahezukommen [208]. Diese menschliche Sorgfalt wünscht Ignatius vor allem im Gespräch mit dem Exerzitanten. Hier muß jeder eher bereit sein, die Worte des Nächsten richtig zu deuten und für glaubwürdig zu halten, als sie zu verurteilen (EB 22)[209].

Sachkompetenz

Die Weisung des geistlichen Begleiters und des Exerzitienmeisters soll nicht nur klar und gut überlegt sein, sondern auch fest und sicher: Wer unsicher führt, versteht wenig und hilft noch weniger. [210] Damit der Ratsuchende nicht seinen eigenen Ideen und Idealen nachläuft, bedarf er der Korrektur durch den geistlichen Begleiter: Es ist in geistlichen Dingen eine schwere Gefahr, ohne Zügel klugen Rates und weiser Unterscheidung voranzulaufen. [211] Neben der Korrektur bedarf der Ratsuchende zugleich der Inspiration: Der geistliche Begleiter soll den einzelnen in seinem Leben auf den Willen Gottes aufmerksam machen und ihn zu neuen Wegen, Diensten und Aufgaben anregen.

---

[207] L. Gonçalves da Câmara, Memoriale Nr. 87 (FN I, 580; MI IV I 491).

[208] MI I,12,243: Ignatius von Loyola, Geistliche Briefe. Hrsg. von O. Karrer - H. Rahner, Einsiedeln 1942, 193.

[209] Das Exerzitienbuch (= EB) ist zitiert nach Ignatius von Loyola, Geistliche Übungen. Übertragung und Erklärung von A. Haas, Freiburg-Basel-Wien 1966.

[210] MI I,1,108: Geistliche Briefe, 89.

[211] MI I,4,676: Geistliche Briefe, 250.

Beharrlichkeit

Auf dem Weg des geistlichen Lebens gibt es Zeiten der Gottesferne und des Mißtrostes, über die Ignatius in seinen Weisungen zu den Exerzitien sagt: Zur Zeit der Trostlosigkeit soll man niemals eine Änderung treffen, sondern fest und beharrlich zu den Vorsätzen und den Entscheidungen stehen, zu denen man am Tag vor dieser Trostlosigkeit stand, oder zu der Entscheidung, zu der man im vorausgehenden Trost stand (EB 318). Die hier geforderte Treue kommt aus keinem asketischen Prinzip, sondern aus der Beharrlichkeit des Glaubens an den Gott, der als Deus semper maior immer auch der Deus semper minor ist.

Freiheit

Der Weg des Glaubens führt zu mehr Leben in Fülle und zur größeren Freiheit vor Gott und den Menschen, denn mit jedem Ruf Gottes sind positive Lebensmöglichkeiten verbunden. Gottes Ruf wird von der ihm auf dem Fuß folgenden Freiheit bestätigt[212], die den Menschen alle Scheinfreiheiten ablegen läßt.

Für den geistlichen Dienst in den Exerzitien bedeutet dies, daß er sich als Befreiung zum Leben [213] versteht. Damit der einzelne den konkreten Ruf Gottes erkennt und auf den ihm eigenen Weg der Nachfolge gelangt, muß sich der Exerzitienleiter zwar engagieren, er darf sich aber nicht in das Gespräch des einzelnen mit seinem Schöpfer einmischen: Es ist viel besser, daß der Schöpfer und Herr selbst sich seiner frommen Seele mitteilt. Der die Übungen gibt, soll sich weder zu der Seite wenden oder hinneigen noch zu der anderen, sondern in der Mitte stehend wie eine Waage unmittelbar den Schöpfer mit dem Geschöpf wirken lassen und das Geschöpf mit seinem Schöpfer und Herrn (EB 15).

Ignatius mahnt den geistlichen Begleiter bzw. Exerzitienmeister zur Zurückhaltung, indem er ihn darauf hinweist, sich nicht in die Rolle des

---

212 K. Barth, Gesamtausgabe I: Predigten. Zürich 1979, 266.

213 L. Boros, Befreiung zum Leben. Die Exerzitien des Ignatius von Loyola als Wegweisung für heute, Freiburg-Basel-Wien 1977.

Beichtvaters hineinzubegeben und zu versuchen, die persönlichen Gedanken und Sünden dessen, der die Übungen macht, auszuforschen und kennenzulernen (EB 17). Die Hauptaufgabe des Begleiters (besonders in den Exerzitien) besteht vielmehr darin, die richtige Weise aufzuzeigen, wie der einzelne sich besinnen und seinen Schöpfer betrachten kann; hierbei sollen jene geistlichen Übungen vorgeschlagen werden, die der Not einer so bewegten Seele angepaßt und zugemessen sind (EB 17) und die es ermöglichen, daß Gott und Mensch einander begegnen.

In der geistlichen Begleitung, wie sie gerade im Prozeß der Exerzitien vonnöten ist, geht es um das Gespür für das, was im anderen möglich ist, was sein Licht ist und wie er nach seinem Maß und seiner Berufung wachsen kann. Deshalb dürfen dem einzelnen keine Dinge (als Stoff) vorgelegt werden, die er nicht ohne Ermüdung aufnehmen und aus denen er keinen Nutzen zu ziehen vermag , vielmehr soll ihm in den Exerzitien all das vorgelegt werden, was ihm mehr Hilfe und Fortschritt geben kann (EB 18).

5. Die Weisung der Straße: Benedikt Labre

Das Geheimnis dieses Pilgers (1748-1783) auf den Straßen Europas kann keiner so schnell öffnen, denn er selbst hütet es: Benedikt Labre war für seine Zeit ein Rebus und ist es im Grunde heute noch. Niemals darf man sich einbilden, ihn gelöst zu haben, was auf eine naive Selbsttäuschung hinauslaufen würde. Man weiß höchstens, in welcher Richtung die Lösung des Rätsels zu suchen ist, aber nicht mehr. [214] Das Leben dieses Mannes erschließt sich nur dem, der beim Herrn seines Glaubens den Schlüssel zu diesem Geheimnis sucht.

---

[214] W. Nigg, Des Pilgers Wiederkehr. Drei Variationen über ein Thema, Frankfurt-Hamburg 1958, 90.- Vgl. auch L. Aubineau, Das wunderbare Leben des seligen Bettlers und Pilgers Benedikt Joseph Labre. Mainz 1872; A. de la Gorce, Un pauvre qui trouva la joi. Saint Benoit Labre, Paris 1933; H. Claude, Art. Benedetto Giuseppe Labre, in: Bibliotheca Sanctorum II (1962) 1218-20; M. Mazzei, La lunga eco dei Santi. San Benedetto Giuseppe Labre, Rom 1981.

Geboren am 26. März 1748 in Amette als erstes Kind seiner Eltern, nimmt er schon früh bei seinem Onkel, der Priester war, Lateinunterricht. Er stürzt sich auf die Bücher und liest und liest. Doch auf einmal bekommt er eine Abneigung gegen alles Studieren und Lernen, er bricht die Vorbereitung auf das Priesterseminar ab. Es melden sich Angstzustände, in die Hölle zu kommen. Als er im Alter von 19 Jahren von einem Trappistenkloster hört, macht er sich auf zur Kartause Val-Sainte-Aldegonde; dort aber kann man aus finanziellen Gründen keine neuen Postulanten aufnehmen. Er geht weiter zur Kartause von Neuville; für diese ist er zu jung; bei der zweiten Nachfrage nimmt man ihn auf. Aber er findet nicht die ersehnte Verbundenheit mit Gott, Angst und unheimliche Dunkelheit legen sich auf ihn. Der Prior läßt ihn nach sechs Wochen wissen, daß er keine Berufung zur Kartause habe. Auch der Versuch eines Eintritts in das Kloster La Trappe scheitert, und zwar mit der Begründung, er sei für ein solch strenges Leben viel zu jung und von zu schwacher Konstitution. Schließlich nimmt ihn die Zisterzienserabtei Septfonds auf. Er befolgt nun die Regeln des Ordens so genau und bis ins Übermaß, daß er wiederum nach wenigen Monaten wegen seiner schwachen Gesundheit entlassen wird. Seine Antwort ist: Der Wille Gottes geschehe.

Er erkennt nun, daß er zu einem Leben im Kloster nicht berufen ist. Statt nach Hause zurückzukehren, verläßt er Frankreich und bricht nach Italien auf. Unterwegs schreibt er am 31. August 1770 seinen Eltern einen Abschiedsbrief; seither hat er nie mehr einen Brief geschrieben. Der weitere Weg durch Italien bringt in Benedikts Leben die entscheidende Wende. War er bisher bei seiner Suche eher verbohrt, erkennt er auf einmal in großem Frieden den ihm von Gott zugesprochenen Weg. Was in ihm vorgegangen ist, vertraut Benedikt nur seinem Beichtvater an. Wenn auch nur wenige Worte von Benedikt überliefert sind, so kehrt doch eines immer wieder: Der Wille Gottes geschehe. Ihm kann er nun entsprechen, und bei allen Einwänden, die ihm nun bezüglich seiner Lebensweise begegnen, sagte er immer nur das eine: Gott hat es gewollt.

Der Wille Gottes besteht darin, daß er nach dem Beispiel des heiligen Alexius sein Vaterhaus und seine Heimat verlassen muß, nicht um in ein Kloster einzutreten, sondern um mitten in der Welt zu leben, indem er die berühmtesten heiligen Orte als frommer Pilger, soweit es ihm möglich ist, besucht. Reinhold Schneider legt in seiner Erzählung Labre die Worte in den Mund: Ich wäre so gern nicht ganz allein gewesen; ich hätte so gern gewußt, daß mein Gebet von andern, stärkeren Gebeten mit emporgetragen würde. Aber nun lernte ich, daß ich ganz allein versuchen sollte, mich zu reinigen und mein Leben zu heiligen nach dem Vorbild des Herrn. Das war mein Weg, das sollte er sein; ich sollte in der Welt leben, mitten unter den Menschen, und in der Welt mich opfern. [215] Er geht auf die Straße, einzig ausgerüstet mit dem Neuen Testament und dem Brevier. Er selber nennt sich nicht Pilger, sondern Vagabund. Er pilgert zu Fuß von einer Wallfahrtsstätte zur anderen: Assisi, Monte Cassino, Einsiedeln und viele andere Orte, speziell in Deutschland und Spanien.

Wenige Worte sind von Benedikt Labre überliefert, aber eines spricht von den drei Herzen, die ein Mensch haben muß, um Gott lieben zu können: Das erste, ganz von Feuer für Gott, sollte uns fortwährend an Gott denken, immer von Gott reden, beständig für Gott handeln lassen und uns vor allem besagen, während unseres ganzen Lebens mit Geduld die Schmerzen und Prüfungen zu ertragen, die Gott uns sendet. Das zweite Herz, ganz von Fleisch für den Nächsten, sollte uns drängen, ihm in seinen zeitlichen Bedürfnissen durch das Almosen und noch mehr in seinen geistlichen Nöten zu helfen und beizustehen durch Unterweisung, den guten Rat, das Beispiel und die Fürbitte. Dieses zweite Herz soll vor allem voller Zärtlichkeit für die Sünder sein und ohne Aufhören Gott bitten, sie zu erleuchten und zur Buße zu führen; auch soll es voll Mitleid für die Seelen des Fegefeuers sein. Aber das dritte Herz müsse von Erz sein gegen uns selbst, müsse jede Art von Sinnlichkeit verabscheuen, ohne Nachgiebigkeit der Eigenliebe widerstehen. [216]

---

[215] R. Schneider, Die dunkle Nacht. Erzählungen, Freiburg-Basel-Wien 1960, 118.

[216] Zit. nach W. Nigg, Des Pilgers Wiederkehr, 110f.

Benedikt besitzt die Kenntnis der Herzen und kann die Gedanken der Menschen lesen. Aber er verzichtet auf das Wort und die Unterweisung, meist schweigt er. Er will durch sein Leben zu den anderen sprechen und ihnen damit eine geistliche Unterweisung geben. Dazu übt er sich in das Gebet ein. Sein ganzes Leben war nichts als ein immerwährendes Gebet , sagt sein Beichtvater von ihm. Sein Gebet gilt vor allem dem Sakrament im Tabernakel, vor dem er stundenlang kniet. Am Ende seines Lebens führen seine Pilgerreisen immer häufiger nach Rom. Er stirbt am 16. April 1783, erst 35 Jahre alt. Doch im Augenblick seines Todes heißt es in den Straßen Roms: Der Heilige ist gestorben. Tagelang kommen die Römer zu seinem Sarg. Seit der Beerdigung Philipp Neris hat es keine in Rom gegeben wie diese. Benedikt gehört im Abendland zur Gestalt des Pilgers , auch wenn er diesen Titel nie für sich in Anspruch nimmt und sich - wie gesagt - lieber als Vagabund bezeichnet. Was will er mit seiner Pilgerexistenz an geistlicher Weisung verdeutlichen? Zunächst ist es die innere Haltung der Armut und des Bettelns, die den Menschen verdemütigen. Léon Bloy sagt einmal: Wehe dem, der nie gebettelt hat! Es gibt nichts Größeres als das Betteln. Gott bettelt. Die Engel betteln. Könige, Propheten, Heilige betteln. Auch die Toten betteln. Alles, was in der Glorie und im Lichte ist, bettelt. Wie sollte ich es da nicht als eine Ehre empfinden, auch ein Bettler gewesen zu sein, ja ein ‘undankbarer’ Bettler? [217] Elisabeth Langgässer bezeichnet in ihrem Roman Das unauslöschliche Siegel Benedikt Labre als den Heiligen unserer Tage , denn er lebt sein Kloster mitten in der Welt . Die Welt wird ihm zum Kloster. Am Beginn der Neuzeit wird an seinem Leben deutlich - und zwar durch symbolische Vorbildlichkeit -, daß der Christ heute innerlich werden muß, was und wie Benedikt Labre äußerlich war.

---

[217] Zit. nach ebd., 128.

6. Die Weisung des Alltags: Franz von Sales

Der wahre Gottesdienst bedarf keiner großen Aktionen , sondern des glaubwürdigen, auf Gott hin transparenten Glaubensvollzugs im Lebensalltag: Schon das Glas Wasser (vgl. Mt 10,42), in Liebe und innerer Hingabe gegeben, kann beim Letzten Gericht zum Heil gereichen. Vielleicht war es ein Schwachpunkt der überkommenen Spiritualität, daß sie zu sehr die heroischen Handlungen bedachte, ohne die authentischen, aus dem Glauben gestalteten Grundhaltungen im kleinen zu fördern. Wer treu ist im kleinen, wird in das Himmelreich eintreten. Die Treue im kleinen, und zwar in den ganz alltäglichen Dingen unseres Lebens, gehört zur Mitte der geistlichen Unterweisung des heiligen Franz von Sales.

Er schreibt: Es gibt Menschen, die in ewiger Sehnsucht sich nach der Sternenhöhe der Vollkommenheit verzehren. Wie töricht! Wohl kannst du deine Wünsche nach dieser Höhe schicken, aber niemals darfst du so handeln, als müßtest du tatsächlich dieses Höchstmaß sittlicher Vollkommenheit verwirklichen - du darfst es jedenfalls nicht im Ungestüm an einem Tag erreichen wollen; so stürmisches Verlangen brächte dir nur nutzlose Qual. Willst du deinen Weg recht gehen, so gehe ihn Schritt für Schritt und Tag für Tag, aber verzehre dich im Anfang nicht schon in Sehnsucht nach dem Ende! [...] Es ist ein ernstes Wort, das ich dir sage - aber präge es nur recht in deine Seele: Wir verlangen manchmal so sehr, Engel zu sein, daß wir darüber vergessen, gute Menschen zu sein. Wenn du die kleinen Gelegenheiten mit Liebe benutzest, wirst du Gottes Herz erobern, es dir ganz zu eigen machen. Jene täglichen Liebeswerke, jener Schnupfen, jenes Kopfweh, jene Zurücksetzung, jene wunderliche Laune deines Mannes, deiner Frau, ein zerbrochenes Glas, ein verlorener Handschuh, die kleine Ungemächlichkeit, etwas früher schlafen zu gehen und früher aufzustehen, wenn du zur Kirche gehen sollst, kurz, alle derartigen geringfügigen Beschwernisse mit Liebe aufgenommen und umfangen, gefallen Gott in hohem Maße. Wie groß ist doch die Torheit derer, die sich nach einer Marterkrone in Indien sehnen und sich gar nicht sonderlich angelegen sein lassen, ihre Standespflichten zu erfüllen! Mag eine Person Wunder wirken im

Gebiet der Religion - wenn sie ihre Pflicht im Alltag nicht tut, ist sie schlechter, als wenn sie ungläubig wäre. [218]
Nach Franz von Sales bedarf es einer Spiritualität der kleinen Schritte und Vollzüge, die von allen Christen zu erfüllen sind. Ein kontemplativer Lebensstil in dem bei Franz von Sales dargelegten Sinn ist ein ganzheitlicher Vollzug, der alle Lebensbereiche des Glaubens umfaßt und deren Integration anstrebt. So zeichnet die geistliche Weisung, die Franz von Sales für den Alltag des Glaubens gibt, eine unbeirrbare Menschenfreundlichkeit und ein differenziertes und feinfühliges Sensorium für das menschliche Maß aus.
Der Mensch muß in seinem geistlichen Leben lernen, mit den eigenen psychischen Bedingtheiten und Schwächen auf dem Weg mit Gott voranzuschreiten, statt sie mit allen Mitteln zu leugnen. Die menschliche Natur darf im Glauben nicht verbogen werden, denn sie ist von unendlicher Kostbarkeit: Der Herr vergleicht nicht umsonst seine Gnade mit Perlen, weil jede Perle so einzig in ihren Eigenschaften ist, daß man nie zwei findet, die einander völlig gleichen. [219]
Wie in einem Resümee heißt es schließlich: Die Übung der Frömmigkeit muß den Kräften, der Beschäftigung und den Pflichten eines jeden angepaßt sein. Wäre es denn richtig, wenn ein Bischof, statt jedermann zur Verfügung zu stehen, einsam wie ein Kartäuser leben wollte? Und wenn Eheleute nichts ersparen und anschaffen wollten wie die Kapuziner? Wenn ein Handwerker den Tag in der Kirche zubringen wollte wie ein Mönch? Wäre eine solche Frömmigkeit nicht lächerlich, ungeordnet und unerträglich? Nein, echte Frömmigkeit verdirbt nichts, sie macht vielmehr alles vollkommen. Verträgt sie sich nicht mit einem rechtschaffenen Beruf, so ist sie sicher falsch. Echte Frömmigkeit verdirbt nicht nur die Arbeit nicht, sondern gibt ihr Glanz und Schönheit. Es ist sogar vorgekommen, daß Menschen ihre Vollkommenheit in der Einsamkeit verloren haben, die doch für ein frommes Leben so günstig scheint. Wo immer wir sind, können und sollen wir nach dem Guten

---

[218] Franz von Sales, Weg zu Gott. Hrsg. von O. Karrer, Luzern 1922, 53ff.

[219] Franz von Sales, Abhandlung über die Gottesliebe (Theotimus) II,7.

streben. [220] So lehrt Franz von Sales eine Spiritualität des Alltags und erweist sich damit am Beginn der Neuzeit als ein geistlicher Meister eines modernen und zeitgemäßen Glaubenslebens.

7. Die Weisung des Geisterfüllten: Seraphim von Sarow

Als Sohn eines Kaufmanns in Kursk geboren, beginnt Próchor[221], wie sein Taufname heißt, zunächst mit einer kaufmännischen Lehre. Doch schon bald bricht er zum Höhlenkloster nach Kiew auf, wo ihn der Starez Dosifei in die Einsiedelei von Sarow weist. Dort lebt er acht Jahre als Novize, dann wird er Mönch und Hierodiakon und erhält den Namen Seraphim; es folgt die Priesterweihe. Schon in jungen Jahren hat er außergewöhnliche Erfahrungen. Auf wunderbare Weise wird er von einer Wassersucht geheilt. Auch wird ihm eine Vision zuteil, von der er berichtet: Ich wurde plötzlich von einem Strahl getroffen, wie von einer Sonne. In diesem Licht schaute ich unsern Herrn Jesus Christus in menschlicher Gestalt, ganz in Licht und Glorie, umgeben von Erzengeln, Engeln und Seraphim und Cherubim. Der Herr schritt zum Emporium mit erhobenen Händen und segnete die Priester und die Betenden. Dann ging er in seine Ikone ein und verklärte sich.
1794 zieht sich Seraphim in die Einsamkeit einer Waldhütte zurück, nimmt einige Geräte für die Liturgie, das Evangelium und Brot mit. Im Herbst 1808 wird er von drei Männern überfallen, die ihn mit der Axt auf den Kopf schlagen. Nach fünf Monaten genest er, aber sein Rücken bleibt krumm, so daß er nur am Stock gehen kann. Für weitere fünfzehn Jahre kehrt er in sein Kloster zurück, lebt aber in totaler Abgeschiedenheit, bis er am 25. November 1825 seine Zelle verläßt. Nun kommen viele Menschen, um von ihm Hilfe zu erhalten, sie schätzen seine Treffsicherheit im Urteil, vor allem die Unterscheidung der Geister.

---

220 Franz von Sales, Anleitung zum frommen Leben (Philothea) I,3.

221 N. Esser, Seraphim von Sarow. Der russische Heilige, Leutesdorf 1994; V. Zander, Seraphim von Sarow. Ein Heiliger der orthodoxen Christenheit (1759-1833), Düsseldorf 1965.

Daß Seraphim auch die Gabe der Herzenskenntnis besitzt, bezeugt folgende Begebenheit: Als eines Tages ein Zeuge, verblüfft über seine wunderbare Kenntnis der Herzen, zu ihm sagte: ‘Ihre Einsicht ist so klar, daß ihr nichts im Herzen des Nächsten verborgen bleibt’, legte Seraphim seine rechte Hand auf die Lippen des Besuchers und antwortete ihm: ‘Was du soeben gesagt hast, stimmt nicht. Das Herz des Menschen liegt nur offen vor Gott, und Er allein kennt es. Was mich betrifft, so betrachte ich den ersten Gedanken, der in mir aufsteigt, als einen Fingerzeig Gottes. Ohne zu wissen, was mein Gegenüber in der Seele verbirgt, glaube ich lediglich, daß Gott mir eingibt, dies oder jenes zum Heil seiner Seele zu sagen. Es kommt aber auch vor, daß ich nach dem Anhören einer vertraulichen Eröffnung es versäume, auf den Willen Gottes zu achten, und allein nach meinem Verstand entscheide. In solchen Fällen täusche ich mich immer. [222]

Nicht nur Rat und Hilfe suchen die Menschen bei Seraphim, sondern vor allem die Erfahrung des Heiligen Geistes und des Geistlichen. Für viele wird der Starez Seraphim zu einer lebendigen Ikone, denn in ihm leuchtet das Licht Gottes auf: Bereits am frühen Vormittag, nach der Frühliturgie, bei der Seraphim mit den heiligen Gaben (der Eucharistie) die lebenspendenden Geistkräfte in sich aufgenommen hatte, drängten sich die Scharen der Besucher vor seiner Tür. Viele erzählten, wenn sie von ihrem Gespräch mit dem Starez berichteten, daß seine Worte in ihrer Seele einen völligen Umschwung hervorgerufen hätten, daß sie Herz und Verstand, die gewöhnlich im Streite lagen, miteinander versöhnt und ihr ganzes Leben überhaupt in ein neues Licht getaucht hätten. [223]

Der Richter Nikolaj Motowilow, den Seraphim 1831 von einer Krankheit geheilt hat, berichtet ausführlich über ein längeres Gespräch mit ihm. Er fragt ihn nach dem Sinn des christlichen Lebens: Der wahre Sinn unseres christlichen Lebens besteht in dem Erlangen des Heiligen Geistes. Merkt Euch wohl, Väterchen: Nur die für Christus allein ver-

[222] Zit. nach I. Kologriwow, Das andere Rußland - Versuch einer Darstellung des Wesens und der Eigenart russischer Heiligkeit. München 1958, 366.

[223] I. Smolitsch, Leben und Lehre der Starzen. Wien 1936, 221.

richteten guten Werke verschaffen uns die Gaben des Heiligen Geistes. Auf die Frage nach einem Leben im Heiligen Geist antwortet Seraphim, indem er Motowilow an der Schulter packt und zu ihm spricht: 'Wir beide, Väterchen, sind jetzt im Heiligen Geist! - Warum siehst du mich nicht an?' Ich antwortete; 'Ich kann euch nicht anblikken, Vater, aus Euren Augen leuchten Blitze, Euer Gesicht ist heller als die Sonne geworden, und meine Augen brennen vor Schmerz.' 'Habt keine Furcht!', sagte der Vater Seraphim. 'Ihr selbst seid jetzt leuchtend geworden wie ich. Nun seid Ihr selber in der Fülle des Heiligen Geistes, sonst könntet Ihr mich nicht so anschauen!' [224] Weil Seraphim selber voll des Lichtes ist, wird auch Motowilow vom Glanz des Lichtes gepackt.
Bevor Seraphim im Alter von 72 Jahren stirbt, sagt er: Wenn ich gestorben bin, kommt zu meinem kleinen Grab, kommt zu mir und bringt alle euren Kummer mit an mein kleines Grab. Fallt zur Erde nieder und erzählt mir alles wie einem Lebenden, und ich werde euch hören, und dann wird euer Kummer schnell verflogen sein. Für Seraphim endet die geistliche Begleitung und Unterweisung nicht mit dem Tod des Begleiters, sondern setzt sich auf neue Weise fort.

---

[224] Zit. nach ebd., 240ff. Das Gespräch ist vollständig überliefert in: Gespräch des Hl. Seraphim von Sarov über das Ziel des christlichen Lebens. Übersetzt von B. Tittel, Wien 1981.

8. Die Weisung des Beichtvaters: Pfarrer von Ars

Jean-Marie Vianney[225] hat vor allem *ein* Charisma, nämlich das Beichtehören. Auch wenn er die Erlaubnis dazu erst ein Jahr nach seiner Priesterweihe erhält, weil man ihm nicht die geistige und menschliche Reife dafür zuspricht, erkennen die Gläubigen sehr schnell seine außergewöhnliche Gabe der Seelenkenntnis. Schon bald (1834) kommen bis zu 120.000 Pilger im Jahr nach Ars. Zuweilen müssen die Gläubigen eine Woche lang warten, bevor sie mit dem Pfarrer sprechen können. Über 33 Jahre lang bleibt der Pfarrer von Ars in seinem Käfig eingeschlossen, meist von morgens ein oder zwei Uhr bis zum Hereinbrechen der Nacht. Vianney ist der Heilige des Beichtstuhls. Er zeigt neu, daß die Beichte ein Sakrament ist, das gerade durch die charismatische Kraft des Spenders zu einer entscheidenden geistlichen Begleitung im Leben des Glaubens wird.
Zunächst fällt auf, daß der Pfarrer von Ars in der geistlichen Führung bei der Spendung des Bußsakraments auch sehr streng sein kann: Man muß eine völlige Änderung an uns wahrnehmen, sonst haben wir die Lospsprechung nicht verdient und haben Grund zu glauben, daß wir ein Sakrileg begangen haben. [...] Ach, wenn doch unter dreißig Lossprechungen eine gültig wäre, wie bald hätte sich die Welt bekehrt! [226] Diese Strenge hält er gegenüber Gleichgültigen und mittelmäßig Engagierten bei, doch gegenüber den anderen wird er immer milder, so daß Mitbrüder ihn schon bald tadeln, weil seine Bußen nicht streng genug seien. Er antwortet: Aber kann ich wirklich streng sein gegen Leute, die von so weit her kommen, die große Opfer bringen, die oft gezwungen sind, heimlich den Weg hierher zu machen? Besonders gütig und nachsichtig ist er gegenüber den großen Sündern.

---

225 B. Marshall, Der Pfarrer von Ars. Köln-Olten 1958; G. Rossé, Der Pfarrer von Ars an seine Gemeinde. Ausgewählte Gedanken und Predigten, München 1980; M. de Saint-Pierre, Der Pfarrer von Ars. Das Leben des Johannes Maria Vianney, Freiburg-Basel-Wien 1975.

226 Zit. nach G. Rossé, Der Pfarrer von Ars an seine Gemeinde, 47.

Angesichts der eigenen Strenge in der Verwaltung des Bußsakraments selber unsicher geworden, wendet sich Vianney an den Bischof Devie und bittet ihn um Rat. Dieser gibt neue Richtlinien heraus und macht Vianney auf die Neuausgabe (1845) der Moraltheologie des heiligen Alfons von Liguori aufmerksam. Der Pfarrer kauft die beiden Bände und studiert sie eifrig (noch heute sind sie im Pfarrhaus von Ars zu sehen). Die Bedeutung dieses Buches liegt darin, daß es die Beichtpraxis der damaligen europäischen Kirche von einem unbeugsamen Moralismus befreit. So wendet sich der Pfarrer von Ars immer mehr dem neutestamentlichen Grundsatz der Milde in seiner Beichtpraxis zu.
Die Entscheidungen, die der Pfarrer von Ars in seinem Beichtstuhl trifft, kommen schnell und klar, aber er drängt sie keinem auf, sondern sagt nur empfehlend: Ich selber würde es so machen. Nicht selten kommt es auch zu Tränen, sie sind zuweilen sogar die einzige Ermahnung des Pfarrers. Sein Zuspruch im Beichtstuhl besteht meist nur im Hinweis auf die Liebe Gottes: Wie sich eine Mutter um ihr Kind sorgt, so ist Gott besorgt, uns Verzeihung zu gewähren, wenn wir ihn darum bitten. Nicht der Sünder kehrt zu Gott zurück, um Vergebung zu erhalten, sondern Gott selbst läuft hinter dem Sünder her und bewegt ihn, zu ihm zurückzukehren. [227] Oder aber es heißt: Was Sie getan haben, wäre gar nicht so schlimm, wenn Gott nicht so gut wäre. Ganz kurz einfach: Lieben Sie Gott. [228]
In vielen Fällen schaut der Pfarrer von Ars die Bekenntnisse der Beichtenden voraus, er ergänzt ihre Darlegungen und vervollständigt sie. Er gibt folgende Erklärung dafür: Diejenigen, die vom Heiligen Geist geführt werden, haben stets die richtigen Gedanken. Daher kommt es auch, daß es so viele Unwissende gibt, die viel mehr als die Gelehrten wissen. [229] Die Grundvoraussetzung für ein Leben in der Kraft des Heiligen Geistes ist die unbeugsame Liebe zu Gott: Die Fliegen halten sich nicht im kochenden Wasser auf. Sie fallen nur in kaltes oder lau-

---

[227] Ebd., 55f.

[228] Zit. nach B. Marshall, Der Pfarrer von Ars, 57.

[229] Zit. nach L. Christiani, Der heilige Pfarrer von Ars. Leutesdorf 1981, 126.

warmes Wasser. [230] Deshalb soll sich der Glaubende um ein intensives geistliches Leben bemühen: Nicht alle, die sich den Sakramenten nahen, sind Heilige, aber man findet die Heiligen stets unter denen, die sie öfter empfangen. [231]
Walter Nigg schreibt über die Tätigkeit der geistlichen Begleitung des Pfarrers von Ars im Beichtstuhl: Was alle diese unbekannten Leute zu dem dicht belagerten Beichtstuhl Vianneys drängte, war die Sehnsucht, endlich einmal einem Priester zu begegnen, der um die Wirklichkeit der Seele Bescheid wußte. [...] Nie hat Vianney auf täppische Weise im Innern des anderen herumgeschnüffelt. Jegliche Neugier war ihm fremd. [...] Um Seelen zu retten, bedarf es jener heiligen Liebe zu den Menschen, die den Pfarrer von Ars verzehrte. [...] Nach dem Vorbild Christi erkannte er, daß der sündhafte Mensch vor allem der Liebe bedarf. 'Die Heiligen waren weichherzig', sagte er. [232]

9. Die Weisung des Briefes: Charles de Foucauld

An Charles de Foucauld (1858-1916) läßt sich zeigen, wie auch das Schreiben und Empfangen von Briefen ein wichtiger Ratgeber und Begleiter im geistlichen Leben sein kann. Zeit seines Lebens hat er die wichtigsten Anregungen für sein geistliches Leben durch die Korrespondenz erhalten, besonders mit seiner Cousine Madame de Bondy und seinem geistlichen Vater Abbé Huvelin.[233]
Charles de Foucauld wurde am 15. September 1858 in Straßburg geboren, ist aber schon in frühen Kindheitsjahren Vollwaise. Immer mehr

---

[230] Zit. nach ebd., 140.

[231] Der heilige Pfarrer von Ars Johannes Vianney, Fribourg 1979, 21.

[232] W. Nigg, Große Heilige. Zürich-Stuttgart 1966, 472.

[233] Vgl. Ch. de Foucauld - Abbé Huvelin, Briefwechsel. Salzburg 1961; ders., Briefe an Madame de Bondy. Regensburg 1976. - Siehe auch L. Portier, Un précurseur. L'abbé Huvelin, Paris 1979; F. van Hirtum, Abbé Huvelin - der Begleiter Foucaulds, in: Mitten in der Welt 26 (1987) 17-34; R. Voillaume, Zwei Begleiter. Marie de Bondy - Abbé Huvelin, in: ebd., 30-34.

entfernt er sich vom Glauben. Er schlägt die militärische Laufbahn ein. Mit einer Forschungsreise nach Marokko im Juni 1881 beginnt die menschliche und moralische Bekehrung Foucaulds. Nach seiner Rückkehr nimmt er in Paris die Gewohnheit an, die Kirchen der Stadt zu besuchen und Werke heidnischer Philosophen des Altertums zu lesen. Eine zweite Familie findet Charles de Foucauld bei der Schwester seines Vaters, Inès Moitessier. Seine neun Jahre ältere Cousine Marie wird ihm zur Vertrauten und Freundin, später nennt er sie meine liebe Mutter . Sie heiratet 1884 Olivier de Bondy. Darüber fühlt er sich erneut zurückgestoßen.
Das Vorbild seiner Cousine Marie de Bondy, das vor allem durch ihr Schweigen, ihre Liebe, Güte und Vollkommenheit wirkt, führt ihn schließlich zu seiner Bekehrung. Auch für ihren geistlichen Vater Abbé Huvelin besteht das Wesentliche einem suchenden Menschen gegenüber nicht darin, ihm Predigten zu halten, sondern ihm zu bezeugen, daß man ihn liebt . Das tut Marie de Bondy.
Eines Abends begegnet Charles bei seiner Tante Inès Moitessier dem damaligen Vikar von Saint-Augustin. Dieser bescheidene Pariser Kaplan verbirgt sein Wissen - drei Doktorate - und seine Heiligkeit unter der ihm eigenen größten Einfachheit. Sein Beichtstuhl ist ständig umlagert. Ende Oktober 1886 sucht auch Foucauld ihn auf, um sich über die katholische Religion zu informieren, aber Abbé Huvelin heißt ihn niederknien, beichten und anschließend kommunizieren.
Drei Jahre läßt Abbé Huvelin ihn nun warten, bis Charles de Foucauld endlich die Konsequenzen aus seiner Bekehrung ziehen darf. Am 16. Januar 1890 tritt er bei den Trappisten in Notre-Dame-des-Neiges ein, weil er glaubt, dort die genaueste Nachahmung Jesu zu finden. Aber die Mönche leben nicht so arm, wie der Herr es war, und nicht so arm, wie er selber in Marokko war. So bricht er nach Kleinasien auf, um im Kloster Sacré Coeur von Akbès, das nur aus Baracken besteht, ein ärmeres Leben führen zu können. Denn er möchte wie der arme Jesus leben, von dem Abbé Huvelin in einer Predigt sagte: Jesus hat den letzten Platz so sehr eingenommen, daß niemals jemand ihm diesen hat streitig machen können.

Schon als Charles das Trappistenkloster verläßt, schreibt Abbé Huvelin an ihn: Gerade Sie hätte ich gern als Priester gesehen. Doch bei dem Gedanken, Priester zu werden, hat Foucauld anfangs nur Bedenken: Ich bin für das Leben im Verborgenen geschaffen . Die Äbtissin von Jerusalem bemüht sich, ihn zu überreden. Als er bei einer Gruppe französischer Pilger in Nazareth eine Predigt über den Wert einer Messe in den Augen des Glaubens hört, entscheidet sich Foucauld schon am nächsten Tag, das Priestertum anzustreben. Nach Frankreich zurückgekehrt, wird er am 9. Juni 1901 in der Kapelle des Großen Seminars von Viviers zum Priester geweiht.
Nun beschließt er, nicht mehr nach Nazareth zurückzukehren, sondern nach Afrika zu gehen, denn er dürfe nicht dorthin gehen, wo das Land am heiligsten ist, man muß dorthin gehen, wo die Seelen in der größten Bedrängnis sind . In der Sahara will er nun das verborgene Leben Jesu in Nazareth fortführen, in der Einsamkeit und Armut, durch Gebet, Buße und Darbringung des Meßopfers. Er geht nach Beni-Abbès, Algerien, zur Hauptoase nahe der marokkanischen Grenze.
Das Leben, das für Bruder Karl jetzt beginnt, ist nicht das eines Einsiedler-Missionars, vielmehr wird es immer apostolischer. Seit 1904 lebt er als Einsiedler und Heiliger Mann mitten unter den Tuaregs im Hoggargebirge, zeitweise sogar im Süden des Hoggar, auf dem Assekrem. Vor seinem Haus in Tamanrasset, als kleine Festung ausgebaut, wird er am 1. Dezember 1916 ermordet.
Der ganze Lebensweg von Charles de Foucauld ist nicht zu trennen von der geistlichen Unterweisung, die er in unzähligen Briefen von Abbé Huvelin erhält, mit dem er bis zu seinem Tod in unmittelbarer Korrespondenz steht.[234] Charles de Foucauld schreibt in der Sahara zuweilen nicht nur bis an die 30 Briefe am Tag, er erhält auch für sich selber in den zahlreichen Briefen seines geistlichen Vaters die entscheidenden Ratschläge auf seinem Weg im Glauben.

---

[234] Die umfangreiche Korrespondenz ist angegeben bei: J.-F. Six, Charles de Foucauld. Der geistliche Werdegang, München 1978, 345-347.

So zeigt sich, daß die Heiligen auf vielfältige Weise die Begegnung im Leben des Glaubens gesucht haben, und zwar an ganz unterschiedlichen Orten und in verschiedenen Zeiten und Situationen ihres Lebens. Bei aller Verschiedenheit der Modelle und Typen geistlicher Begegnung im Glauben wird dennoch deutlich, daß sie aufs engste mit dem Lebensprozeß des Menschen zusammenhängt. So erweisen sich die Heiligen als wahrhafte Zeugen des Glaubens mitten im Alltag ihres Lebens wie auch im Leben ihrer Mitmenschen.

XII. BEKEHRUNG

Bekehrung , darunter wird meistens die erste, grundlegende Kehr zu Gott (wie die deutschen Mystiker sagen) verstanden, nämlich die Abkehr von Unglauben und Sünde und die Hinkehr zu Buße und Glauben. Doch mit dieser ersten Wende ist nicht bereits alles getan. Christsein bedeutet Christwerden. Deshalb ist die erste Bekehrung nur ein - wenn auch entscheidender - Anfang und sucht nach seiner täglichen Vertiefung und Weiterführung.[235]

1. Erste und zweite Bekehrung

In der ersten Zeit der Nachfolge erfährt der Jünger des Herrn meist eine große Zufriedenheit, innere Sicherheit und Übereinstimmung mit dem Gebot des Herrn. Was Jesus als Preis der Liebe einfordert, scheint nicht zu hoch und nicht zu schwer zu sein. Das Leben in Vollkommenheit und Heiligkeit gilt als leicht und erreichbar, und jeder ist bereit, alles dafür herzugeben und einzusetzen. Voller Begeisterung und Energie wird der Weg der Kreuzesnachfolge ergriffen, ohne große Bedenken und Zweifel: Herr, mit Dir bin ich bereit, in den Kerker und in den Tod zu gehen! (Lk 22,33). Nichts scheint menschenunmöglich zu sein (Mk 10,27), mit Mut und gutem Willen müßte es zu schaffen sein.

Doch schon bald kann sich das Blatt wenden. In einer zweiten Zeit der Nachfolge lassen die Kräfte nach, die Begeisterung wird kühler, Optimismus und Hoffnung schwinden. Große Trägheit und Müdigkeit breiten sich aus. Vielleicht hat der einzelne erfahren, daß es mit dem Gebet trotz vieler Versuche und Vorsätze nicht weitergeht und besser wird, daß ein Leben nach den evangelischen Räten Einsamkeit und Unverständnis hervorrufen kann. Nicht selten ist es so, daß die Liebe zum Herrn nach den ersten Flitterwochen schon bald nachläßt: Die Arbeit,

---

[235] Vgl. H. Schürmann, Geistliches Tun. Freiburg-Basel-Wien 1965, 11-28; ders., Worte an Mitbrüder. Über geistliches Tun, Einsiedeln 1985.

der Terminkalender, der Streß, der eigene Ehrgeiz u.a.m. sind stärker und lassen manches in einem anderen Licht aufleuchten.

Die Gefahr dieser Stunde ist, daß alles auf ein Mittelmaß zurückgeschraubt wird, auf das, was möglich erscheint. Dann wird das Gebet schnell zur Routine, die Anbetung wandelt sich in ein Absitzen der Zeit, die Liebe zum Herrn zeigt sich nur noch im Lesen theologischer Bücher und geistlicher Literatur, die Konsequenz der Armut ist dem Kompromiß gewichen und der Mut zu einem neuen Anfang erloschen. Wer in eine solche Situation geraten ist, der muß auf neue Weise wieder aufbrechen, ein zweites Mal sich bekehren.

Die Stunde einer zweiten Zeit und eines Neuaufbruchs in der Nachfolge hat es auch im Leben der Jünger gegeben. In ihrer ersten Berufung durch den Herrn werden sie von ihrem Eigentum und Beruf, von ihrer menschlichen Zukunft, von Familie und Haus getrennt, und sie folgen dem Herrn voll Begeisterung und Bereitschaft; doch bei der Passion Jesu packt sie Furcht und Entmutigung. Sie finden wieder Gefallen an ihren alten Tätigkeiten und kehren zu ihren Booten zurück (Joh 21,3). Da trifft sie erneut der Ruf des Auferstandenen, er löst sie nicht nur von Dingen und Beschäftigungen, die sie wieder ausüben, sondern auch von ihrem eigenen Ich. Er liefert sie den Menschen aus: Simon, liebst du mich? ... Weide meine Schafe! (Joh 21,17). In einer solchen Stunde geht es nicht darum, daß irgendeine Jugendbegeisterung den wahren Verzicht verschleiert oder ein Alibi gefunden wird, das den einzelnen entschuldigt, fortan nur noch Christus anzugehören.

Die Stunde dieser neuen Geburt und der zweiten Zeit in der Nachfolge wird in der geistlichen Literatur der Neuzeit mit dem klassischen Begriff der *zweiten Bekehrung* bezeichnet. Gemeint ist der Durchbruch zu einer größeren Eindeutigkeit im Leben mit Gott. Der Begriff der zweiten Bekehrung hat in der neuzeitlichen Spiritualität eine immer größere Bedeutung bekommen, auch wenn sein Inhalt so alt ist wie das Christentum.

Im Neuen Testament wird berichtet, wie die Jünger immer tiefer in ihre Berufung hineingenommen wurden. So heißt es bei Markus, daß der Herr nach der Berufung der ersten Jünger (Mk 1,16-20) erneut die zu sich rief, die er erwählt hatte und die er bei sich haben und die er dann

aussenden wollte, damit sie predigten (Mk 3,13-19). Von einem Wachsen im Glauben und im Verstehen der eigenen Berufung spricht Paulus, wenn er zu den Römern sagt: Jetzt ist das Heil uns näher als zu der Zeit, da wir zum Glauben kamen (Röm 13,11).
Die Liturgie, besonders in der Advents- und Fastenzeit, fordert den Gläubigen des öfteren auf, sich zu besinnen und die alten Wege der Sünde zu verlassen. Wer noch nicht fest im Herrn verankert ist, soll auf ihn setzen und dabei all das ablegen, was seinem Glauben widerspricht, und erneut suchen und erbitten, was seinem Glauben entspricht.
In der spirituellen Tradition finden sich weitere Überlegungen zur Notwendigkeit einer zweiten Bekehrung, besonders bei Johannes Tauler, Heinrich Seuse und *Katharina von Siena*. Sie spricht im 63. Kapitel ihres Dialogs ausführlich von der zweiten Bekehrung der Apostel [236]. Die erste Bekehrung fand statt, als Jesus sie berufen und zu ihnen gesagt hatte: Ich werde euch zu Menschenfischern machen (Mk 1,17). Die zweite Bekehrung begann bei Petrus nach seiner dreifachen Verleugnung, wie Lk 22,61f. berichtet: Kraft seiner Reue ging Petrus in sich und setzte sein Vertrauen künftig nicht mehr auf sich selbst, sondern einzig und allein auf den Herrn.

2. Franchir le pas

Ausführlicher bedacht und systematisch entfaltet findet sich der Gedanke der zweiten Bekehrung bei dem Jesuitenpater *Louis Lallemant* († 1635).[237] Als Theologieprofessor, Novizenmeister und Leiter der Ordenshochschule gilt er als einer der großen christlichen Lehrer in der Gesellschaft Jesu. Da er selber keine Schriften hinterlassen hat, wurde seine Geistliche Lehre auf Grund von Nachschriften seiner Vorträge durch Rigoleuc herausgegeben. Um seine Lehre recht einzuordnen, ist wichtig zu wissen, daß er zu Priestern spricht, nicht zu Novizen und

---

[236] Caterina von Siena, Gespräch von Gottes Vorsehung. Eingeleitet von E. Sommer-von-Seckendorff und H.U. von Balthasar, Einsiedeln 1964, 75-77.

[237] Vgl. L. Lallemant, Geistliche Lehre. Einsiedeln 1960; hieraus die weiteren Zitate.

Anfängern im geistlichen Leben, sondern zu solchen, die vielen Jahre der Nachfolge mit dem Herrn gegangen sind. Zu ihnen sagt er: Die Mehrzahl aller Heiligen und Frommen, die zur Vollendung gelangen, erlebt zwei Bekehrungen; die erste, wo sie sich dem Dienste Gottes übergeben, die zweite, wo sie sich gänzlich der Vollkommenheit weihen. Das zeigte sich bei den Aposteln, als der Herr sie berief, und später, als er ihnen den Heiligen Geist sandte; auch bei der hl. Teresa, bei ihrem Beichtvater P. Alvarez und bei verschiedenen anderen. Diese zweite Bekehrung kommt nicht bei allen Frommen vor, und zwar wegen ihrer Nachlässigkeit.

Worin besteht die Nachlässigkeit, von der Lallemant spricht? Er teilt die, die Jesus nachfolgen, in zwei Gruppen ein. Auf der einen Seite die kleine Schar der Bekehrten, der Innerlichen , der Vollkommenen , und auf der anderen Seite die Nichtbekehrten, die Mittelmäßigen. Von den letzten gibt es zwei Arten: Die einen verweigern nichts ihren Sinnen. Frieren sie, so wärmen sie sich, haben sie Hunger, essen sie. Sie sind stets entschlossen, solche Wünsche zu befriedigen. Es ist eine rein bürgerliche Haltung, die diese Menschen leben. Die zweite Art, sie bildet den Durchschnitt der Ordensleute, führt ein abgetötetes Leben, doch es ist rein weltlich : Denn auch im Kloster gibt es eine Welt im kleinen, die sich zusammensetzt aus der Hochschätzung menschlicher Talente, der Aufgaben, Ämter und angesehenen Stellungen, der Liebe und dem Streben nach Glanz und Beifall. Das Herz solcher Menschen bleibt geteilt (Jak 1,8), sie hinken nach beiden Seiten, und Lallemant sagt zu ihnen: Wir bringen ganze Jahre und oft ein ganzes Leben damit zu, darum herumzufeilschen, ob wir uns Gott ganz hingeben sollen. Wir können uns nicht dazu entschließen, das Opfer ganz zu bringen. Wir machen viele Vorbehalte: Neigungen, Pläne, Wünsche, Hoffnungen, Ansprüche, die wir nicht aufgeben wollen. Darum gelangen wir nicht zu der völligen Leerheit des Geistes, die uns befähigt, daß wir völlig von Gott in Besitz genommen werden können. [...] Wir kämpfen jahrelang gegen Gott und widerstreben den Anregungen Seiner Gnade, die uns innerlich antreibt, unsere Erbärmlichkeiten dadurch aufzugeben, daß wir die eitlen Befriedigungen unseres äußeren Menschen aufgeben, die uns so fesseln, und uns ohne Vorbehalt Ihm hingeben. Aber unter dem Druck unserer Selbstliebe, von unserer Unwissenheit geblendet, von falschen Befürchtungen zurückgehalten, wagen wir es nicht, den Schritt zu tun, und aus Furcht, es könnte uns dann schlecht ergehen, bleiben wir immer weiter in diesem Elend.

Franchir le pas - Den Schritt tun! Darin besteht für Lallemant die zweite Bekehrung. Er scheint dabei anzunehmen, daß es möglich und leicht ist, sozusagen auf der Stelle ein völlig anderer zu werden; man müßte sich Gott hingeben ohne Vorbehalt und ohne Einschränkung und für immer, so wie man sich entschließt, seine Habe an die Armen zu verteilen, was in kurzer Zeit geschehen sein kann: Man braucht also nur ein für allemal auf alle eigenen Wünsche, auf alles auskostende Genießen aller Genüsse, auf alle seine Pläne, auf alles eigene Wollen zu verzichten, um von da an nur noch von dem Liebeswillen Gottes abhängig zu sein.

Es handelt sich dabei nicht um einen gewöhnlichen festen Vorsatz, einen Entschluß in der Art Epiktets; gemeint ist auch nicht eine jener Regeln, welche sich Exerzitanten am Ende von Exerzitien für die Gestaltung ihres Lebens aufstellen. Derartige Entschlüsse sind nützlich und empfehlenswert, doch sie verändern nicht unmittelbar das Innere des Menschen, der sie gefaßt hat.

3. Der Weg der Heiligen

Was Lallemant in theoretischen Überlegungen zum Ausdruck bringt, veranschaulicht das Leben der Heiligen. Die Geschichte der Heiligen ist voller Beispiele für den Weg der zweiten Bekehrung. Irgendwann gab es für jeden von ihnen einen Zeitpunkt, an dem der entscheidende Schritt getan werden mußte. Auch wenn der Heilige schon lange auf den Wegen der Nachfolge gegangen war, wurde erst die Stunde der zweiten Bekehrung zum Beginn des wahren Lebens mit Gott.

a. Franz von Assisi

Jahrelang wußte Franziskus nicht, welcher Donna er sein Leben geben sollte. An der Spitze der reichen Bürgersöhne machte er die Gassen Assisis unsicher, zog von Festgelage zu Festgelage, trieb Allotria und verschwendete das Geld seines Vaters mit vollen Händen, bis er zu seiner ersten Bekehrung fand, die in der sogenannte Dreigefährtenlegende[238] berichtet ist:

Schon längst war er ein Wohltäter der Armen, doch von jetzt an beschloß er noch fester in seinem Herzen, keinem Bedürftigen, der ihn um Gottes Willen bittet, etwas abzuschlagen. [...] So hatte ihn die göttliche Gnade umgewandelt, obschon er noch weltliche Kleider trug. Darum wünscht er sich manchmal, in irgendeiner fremden Stadt zu sein, unbekannt, wo er mit einem Bettler das Kleid tauschen und versuchen könnte, um der Liebe Gottes willen Almosen für sich zu erbitten. Es geschah aber, daß er gerade damals eine Wallfahrt nach Rom machte. Als er in die Kirche des heiligen Petrus kam, beobachtete er, wie knauserig manche Leute mit ihren Geldspenden waren. Da sagte er sich: 'Wenn man doch den Fürsten der Apostel hochherzig verehren muß, warum geben dann diese Leute nur kärgliche Spenden in der Kirche, wo sein Leib ruht?' Und so packte er in heiligem Eifer nach der Börse und zog sie heraus: sie war mit Geld gefüllt. Er warf es durch die Öffnung des Altares; es gab einen solchen Lärm, daß die Leute ringsum über eine so riesige Spende sich höchstlich verwunderten. Er ging hinaus vor das Portal der Kirche, wo viele Arme um Almosen bettelten.

---

[238] Franz von Assisi, Legenden und Laude. Hrsg. und erl. von O. Karrer, Zürich [3]1945 (hieraus auch weitere Zitate). - Es ist wichtig, die Begründung der Armut im Leben des heiligen Franziskus nicht von außen herzuleiten, sondern aus der inneren Christusbegegnung. Auch ein bloßer Schriftbezug reicht für eine Begründung der Armutsauffassung nicht aus: Franziskus hat sich nur wenig um buchstäbliche Bibeltexte gekümmert. Die wenigen Stellen, die am Anfang seiner Bekehrung auf ihn einwirkten, waren nur die Kristallisation schon lange vorbereiteter innerer Christuserlebnisse. Diese waren für ihn bestimmend, nicht der Text. [...] Die Armut des heiligen Franz ist ein viel zu vitales Geheimnis, als daß man es durch einen Text erklären könnte. [...] Für das Geldverbot hat sich übrigens Franziskus nie weder auf ein Wort noch auf eine Handlung Jesu berufen. Es floß aus innerer Schau und Berufung (E. Mederlet, Die Hochzeit des Lammes, 75).

Von einem armen Mann lieh er sich dort heimlich dessen Lumpen aus, legte seine Kleider ab, zog das Lumpengewand an, gesellte sich den Armen auf den Stufen der Kirche zu und bettelte in provenzalischer Mundart um Almosen. Er liebte es nämlich, französisch zu sprechen, obschon er es nicht richtig beherrschte. Danach zog er die Lumpen wieder aus, die eigenen Kleider an, kehrte nach Assisi zurück und flehte demütig zu Gott, er möge ihm seinen Weg zeigen. Niemandem enthüllte er sein Geheimnis; bei niemandem holte er sich Rat in dieser Sache - außer bei Gott allein, der schon begonnen hatte, ihm seinen Weg zu zeigen. Nur mit dem Bischof von Assisi besprach er sich bisweilen. Denn damals war bei niemandem die wahre Armut, die er mehr ersehnte als alles in der Welt: in ihr wollte er leben und sterben.
Aber auch als er seine Kleider zu Füßen seines Vaters legte und auf allen Besitz verzichtete, kam es für Franziskus nicht zu einer zweiten Bekehrung, sondern viel Geringeres wurde für ihn und seinen Weg der Nachfolge entscheidend: das Küssen eines Aussätzigen. Über diese Stunde der zweiten Bekehrung heißt es in der Dreigefährtenlegende:
Eines Tages, da er in glühendes Beten vor Gott vertieft war, kam ihm die Antwort: 'Franz, was du bisher fleischlich geliebt und erstrebt hast, das mußt du verachten und hassen, wenn du meinen Willen erkennen willst. Hast du erst einmal damit begonnen, so wird dir hinfort unerträglich und bitter sein, was dir bisher liebenswert und süß erschien; und aus dem, was dich vorher schaudern machte, wirst du tiefes Glück und unermeßlichen Frieden schöpfen.' So im Herrn gestärkt, begegnete er auf einem Ritt nahe bei Assisi einem Aussätzigen. Bisher hatte er vor solchen Leprösen einen mächtigen Ekel empfunden. Aber siehe, nun stieg er, sich Gewalt antuend, vom Pferde, reichte dem Aussätzigen einen Gulden und küßte ihm die Hand. Auch jener gab ihm den Kuß des Friedens. Dann stieg Franz wieder zu Pferd und ritt seines Weges weiter. Von da an begann er, immer mehr sich zu verachten, bis er zuletzt durch Gottes Gnade zum vollen Sieg über das eigene Ich gelangte. Wenige Tage später nahm er eine große Summe Geldes und ging zum Siechenhaus. Nachdem er alle Aussätzigen um sich versammelt hatte, reichte er einem jeden seine Gabe und küßte ihm die Hand. Und als er von dannen ging, war wirklich in Süße für ihn verwandelt, was ihn

bisher bitter gedünkt hatte: Aussätzige zu sehen und anzurühren. Denn widerwärtig war ihm früher deren Anblick gewesen, daß er nichts von ihnen sehen und noch weniger ihrer Behausung nahe kommen wollte. Und wenn es doch einmal geschah, daß er an einem solchen Haus vorbeikam oder einen Aussätzigen erblickte, wandte er das Gesicht ab und hielt sich die Nase zu - auch wenn er sich von Mitleid bewegen ließ, ihnen durch eine Mittelsperson Almosen zukommen zu lassen. Aber durch die Gnade Gottes wurde er so vertraut und gut Freund mit den Aussätzigen, daß er unter ihnen lebte und ihnen demütig diente, wie er selbst in seinem Testament bezeugt hat. Also nicht das Aufgeben des Besitzes und aller Ansprüche auf Reichtum und Ehre waren für Franziskus der Anlaß, den ersten Schritt zu tun , sondern die Überwindung seines Ekels gegenüber Aussätzigen!

b. Teresa von Avila

Leben im Glauben ist für Teresa ein Leben in Feundschaft mit Jesus: Wie schlecht halten viele die mit Gott geschlossene Freundschaft, so daß es eher aussieht, als seien sie zu seinen Todfeinden geworden! Gottes Barmherzigkeit ist wahrhaftig groß! Wo fänden wir einen Freund, der so vieles hinnimmt! Wäre ein Freund zu einem anderen auch nur einmal so treulos, so würde dieser Verrat für immer zwischen ihnen stehenbleiben. Ihre Freundschaft würde künftig nie mehr von derselben Aufrichtigkeit sein wie zuvor. Wie oft aber brechen wir die Freundschaft mit unserem Gott, und wie viele Jahre wartet er auf uns! Es hat manchmal den Anschein, Herr, als würdest du deine unendliche Größe vergessen, um uns nicht strafen zu müssen. [239] An anderer Stelle klagt sie: Das ganze Übel kommt daher, weil wir von der Nähe Gottes keine wahre Erkenntnis haben, sondern ihn uns als weit von uns entfernt vorstellen, und zwar so weit, daß wir ihn nur im Himmel suchen. [240] Teresa weiß, daß Gott sich finden läßt: Es ist sehr wichtig, dies nicht nur zu

---

[239] Teresa von Avila, Gedanken über die Liebe Gottes (1574), zit. nach: Theresia von Avila, Worte der Freundschaft. Freiburg-Basel-Wien 1979, 38.

[240] Theresia von Jesu, Weg der Vollkommenheit. München 1941, 150 (Kap. 29,5, Anm.).

glauben, sondern sich auch zu bemühen, es durch eigene Erfahrung innezuwerden; denn dies ist eines von den Mitteln, den Verstand zu fesseln und die Seele zu sammeln. [241] Zu wenige Christen sind sich der Nähe Gottes und seiner Gegenwart bewußt, daß nämlich ihr Leben in Christus oder in Gott - beide sind eines - verborgen ist und daß unser Leben Christus ist.

Die Heilige bezeichnet die Innerlichkeit als Freundschaftsverkehr mit Gott[242], als Weg zur Vollkommenheit (so lautet der Titel eines ihrer Bücher) und als Quelle großer Taten.[243] Nichts anderes sagt sie vom Gebet: Das innerliche Gebet ist meiner Ansicht nach nichts anderes als ein Gespräch mit einem Freund, mit dem wir oft und gern allein zusammenkommen, um mit ihm zu reden, weil wir sicher sind, daß er uns liebt . Man muß hier bedenken, daß Teresa einige Zeilen später auch von dem Leid schreibt, das zu dieser Freundschaft gehört. Es erwächst nicht zuletzt der Erkenntnis, daß wir ganz anders sind als der göttliche Pater , nämlich voller Fehler, sinnlich und undankbar .[244]

Teresa von Avila muß einen langen Weg zurücklegen, bis sie selbst in der Freundschaft mit Christus lebt. Mehr als die Liebe trieb mich eine knechtische Angst, den Schleier zu nehmen. Mit diesen Worten beschreibt Teresa die Stimmung zur Stunde ihres Klostereintritts, als sie am Allerseelentag des Jahres 1535 am frühen Morgen von zu Hause ausriß und im Karmelitinnenkloster Santa Maria de la Encarnación um Aufnahme bat. Jeder meiner Knochen schien sich vom anderen zu lösen , es war eine wahre Schlacht , die sie in ihrem Herzen ausgefochten hatte. Sie geht mit ihrem himmlischen Bräutigam eine Vernunftehe (M. Auclair) ein, denn schlimmer als das Fegefeuer konnten die Leiden und Plagen eines Klosterlebens wohl nicht sein, während ihr in der Welt doch die Hölle drohte.

---

[241] Ebd., 141 (Kap. 28,1).

[242] Das Leben der heiligen Theresia von Jesu. München 1933, 88 (Kap. 8,5).

[243] Ebd., 209 (Kap. 22).

[244] Ebd., 88 (Kap. 8,5).

Typisch für Teresa ist, daß sie sich für das Kloster entscheidet, in dem eine ihrer Freundinnen lebt. In den nächsten Jahren schien es mir am besten, mit dem großen Haufen zu gehen, denn ich zählte mich zu den Schlechtesten . Sie bewohnt ein gut eingerichtetes zweistöckiges Appartement, und in den locutorios , den Sprechzimmern, gibt sie sich mit den anderen vornehmen Nonnen ein Stelldichein und läßt sich durch das Sprechgitter mit Klatsch und Süßigkeiten versorgen. Sie wird die Vorzeigeschwester des Klosters, immer umschwärmt und verehrt. Man sagt ihr, der Aufenthalt im Sprechzimmer sei Pflicht, und auch ihr Beichtvater findet nichts dahinter. Doch immer lauter werden Stimmen in ihr, die sie tadeln, und eine ältere verwandte Nonne warnt sie mehrmals, doch weit entfernt, ihr zu glauben, war ich vielmehr ungehalten über sie und meinte, sie nehme ohne Grund ein Ärgernis.
Teresa verzettelt sich und stolpert von Zeitvertreib zu Zeitvertreib, fühlt sich geteilt und zerrissen, als ginge jeder Teil seine eigenen Wege . Nur mit Mühe und Not kann sie sich zu Gottesdienst und Gebet überwinden. Teresa ist keine schlechte Ordensfrau; sie legt sich harte Bußwerke auf, pflegt eine an scheußlichen Geschwüren leidende Mitschwester, flickt zur Nacht heimlich die Umhänge der ärmeren Nonnen. Doch sie hat zu viele Kompromisse geschlossen und bleibt sich selbst und ihrem Weg untreu. Vor allem im Gebet spürt sie, daß sie die Freundschaft mit Jesus nicht eingehen will.
Jahrelang beschäftigte sie das Verlangen, die Gebetsstunde möchte vorbei sein. Sie lauschte mehr auf das Schlagen der Uhren als auf gute Gedanken und Gebete: Ich sehnte mich nach Leben, denn ich sah sehr wohl, daß ich nicht lebte, sondern mit einem Todesschatten kämpfte. Doch ich fand niemanden, der mir Leben gab, und ich selbst konnte es mir nicht geben. [245] Der Herr selbst erscheint ihr während einer Unterhaltung, von der Teresa berichtet, denn sie spürte, daß solche Freundschaften unpassend für sie sind.
Dies hat auf Teresa keine nachhaltige Wirkung, obwohl es ihr scheint, daß die Vision von Gott und nicht bloße Einbildung gewesen sei: Weil aber diese Erkenntnis nicht nach meinem Geschmack war, suchte ich

245 Das Leben der heiligen Theresia von Jesu, 92f. (Kap. 8,12).

mich ihrer zu entschlagen. Noch eine andere Warnung läßt ihr der Herr zukommen.
Teresa hatte neben Christus viele Reichtümer , doch sie bekennt in aller Aufrichtigkeit: Ich fand weder Freude an Gott noch an der Welt. Zugleich macht sie die Erfahrung, daß sie viele Freunde hat, die ihr beim Fallen helfen, beim Aufstehen jedoch ist sie ganz allein, so daß sie staunt, daß sie nicht für immer liegenblieb.
Teresa ist betrübt über ihre geringen Fortschritte. Weder die gefaßten Vorsätze noch der Schmerz, den sie empfand, waren wirksam genug, sie vor dem Rückfall zu bewahren, sobald sich wieder eine Gelegenheit dazu bot. Ihre Tränen kamen ihr trügerisch vor, sie beichtete auch, aber sie riß das Übel nicht mit der Wurzel aus.
Pater Juan de Pradanos, ein junger, aber strenger Jesuit, verschärft die Forderungen ihres früheren Beichtvaters, er unterwirft sie strengen Geboten der Askese und legt ihr auf, einige Freundschaften, die Gott nicht kränkten , als Opfer aufzukündigen. Aber Teresa wendet gleich ein, daß diese Freundschaften alle rein von Sünde seien; man dürfe doch nicht undankbar sein, um dem Herrn zu gefallen. Der Pater gibt ihr nun den Rat, häufig das Veni creator zu sprechen. Wie sie eines Tages die Worte des Hymnus betet, hört sie die Stimme des Herrn: Fortan ist es mein Wille, daß du nicht mehr mit Menschen, sondern mit Engeln redest.
Der Wille des Herrn sollte sich im Jahre 1554 erfüllen. Teresa ist ungefähr vierzig Jahre alt. Als sie das Oratorium durchschritt, erblickt sie die Büste eines Schmerzensmanns, die man dort hingestellt hatte. Es war eine so ergreifende Darstellung des wundenbedeckten Christus, daß ich schon beim ersten Anblick völlig erschüttert war, weil ich die Leiden, die er für uns erduldet hatte, mitempfand. Mein Herz verging vor Gewissensbissen, als ich daran dachte, mit welcher Undankbarkeit ich diese Wunden gelohnt hatte. Ich sank weinend vor ihm in die Knie und flehte ihn an, mir ein für allemal die Kraft zu verleihen, daß ich ihn fortan nicht mehr kränkte. [246]

---

[246] Leben der heiligen Theresia von Jesu, 93ff. (Kap. 9,1ff.).

In dieser Stunde dringt Jesus in das harte Herz ein, sie entdeckt, daß seine Liebe alle irdischen Genüsse, alle Freuden übertrifft , und sie macht von nun an viele Fortschritte.
Man hatte Teresa die Confessiones des hl. Augustinus gegeben, die gerade in einer spanischen Übersetzung erschienen waren. Teresa sieht sich in ihm wieder: Als ich zu der Stelle kam, wo er von seiner Bekehrung erzählt, und las, wie er die Stimme im Obstgarten hört, ergriff mich das so sehr, daß man hätte meinen können, ich selber sei es, die der Herr rufe. In dieser zweiten Erschütterung überwindet Teresa endgültig einen so tödlichen Tod . Sie hat sich verändert , meinen ihre Mitschwestern, doch Teresa sagt nur: Von nun an beginnt ein neues Buch, ich meine ein neues Leben. Bisher war von meinem Leben die Rede. Jetzt lebt Gott in mir. In ihrer Freude fühlt sie sich so gestärkt, daß sie ihre irdischen Bindungen löst, ohne darüber Bedauern zu empfinden. Es ist ihr nun möglich, den Schritt zu tun . Darüber wird Teresa kein Menschenverächter: Die zahlreichen Klostergründungen und Briefe lassen sie immer wieder unter die Menschen gehen und Freundschaften schließen, aber in ihrer zweiten Bekehrung findet sie den Freund , den sie bisher an den Rand ihres Lebens gedrängt hatte.

c. Franz von Sales

In die erste Zeit seines Lebens mit Gott gehört die Freundschaft mit Johanna Franziska von Chantal, die nach dem Tod ihres Mannes Haus und Kinder zurückließ und ein Leben der Hingabe an Gott begann. Sie lernte Franz von Sales kennen und wählte ihn zu ihrem Seelenführer. Sie hatte um die göttliche Zustimmung dazu gebetet und sie auch erhalten. Franz bekennt nun, daß sein Herz tausendmal des Tages bei ihr sei, die Briefe werden immer häufiger und sprechen eine deutliche Sprache.
Doch unter dem Eindruck der Schriften der Teresa von Avila, die Johanna Franziska von Chantal ihm gegeben hatte, wurde von Franz das letzte Opfer seines Lebens verlangt. Kurz vor seinem Tod verlangt er von Johanna die Loslösung von ihrer immer stärker werdenden Seelengemeinschaft. Obwohl Johanna sich mit all ihren Kräften dagegen sträubt, geht Franz auf die Tragödie, die sich in ihrer Seele

abspielt, nicht ein. Franz von Sales gelangt auf diesem Weg zu seiner letzten Vollendung, auch wenn es ihm das letzte abverlangt. Obwohl die Einheit mit Johanna Franziska von Gott selber geschaffen war, hinderte sie ihn - wie Franz von Sales zumindest meinte - daran, den Schritt zu tun und in radikaler Freiheit und Losgelöstheit für Gott dazusein.

d. Thérèse von Lisieux

Auch das Leben der Kleinen Thérèse zeigt, daß die Freude der Nachfolge durchbricht, wenn man sich ganz und ohne Vorbehalt auf Gott einläßt. Thérèse erfährt ihre große Bekehrung an dem Weihnachtsfest, als sie das erste Mal ihre Empfindsamkeit überwinden konnte. Es ist die Heilige Nacht 1887, die für Thérèse zur Gnade ihrer vollständigen Bekehrung wurde. Der Anlaß ist so unscheinbar und beinahe lächerlich, daß man in der Darstellung sehr behutsam sein muß, um ihn selbst in keiner Weise ungebührlich zu vergrößern oder auszuschmücken. In ihm spiegelt sich ein Wesenszug unserer Heiligen wider, nämlich das Göttliche im Alltäglich-Banalen zu empfangen und zu begreifen.
Vater Martin kam mit seinen Töchtern aus der Weihnachtsmesse.[247] Die französische Sitte kennt weder Christbaum noch Bescherung - man beschenkt einander erst zu Neujahr -, nur die Kinder finden ihre Schuhe mit Süßigkeiten und kleinen Gaben gefüllt. Thérèse war eigentlich über das Alter hinaus, aber für sie konnten sich die Großen von dieser kleinen Festlichkeit nicht trennen, was den Beweis erbringt, daß sie mich noch als Baby behandelten . Vielleicht geschah es auch heimlich ihrem Vater zuliebe, daß Thérèse ihre Schuhe immer noch in den Kamin stellte, denn Papa freute sich stets an meinem Spaß und an meinen Jubelrufen, wenn ich eine Gabe nach der andern aus den verzauberten Schuhen zog, und sein Vergnügen steigerte das meine .
Aber in dieser Weihnacht ist der Vater verstimmt, und während die Mädchen die Mäntel ablegen, sagt er mit hörbarem Überdruß zu Céli-

---

[247] Selbstbiographische Schriften, 95ff. - Vgl. auch M. Schneider, Krisis. Zur theologischen Deutung von Glaubens- und Lebenskrisen. Ein Beitrag der theologischen Anthropologie, Frankfurt/M. 1993, 237ff.

ne: Diese Überraschung ist wirklich kindisch, zu kindisch für ein so großes Mädchen wie Thérèse - ich hoffe, es ist das letztemal.
Céline kennt die Schwester gut genug, um einen Tränenstrom der Enttäuschung und Kränkung zu erwarten. Bleib heroben , flüstert sie ihr zu, komm erst herunter, wenn du dich beruhigt hast, du weinst sonst zu sehr, während du die Sachen auspackst! Aber - Thérèse war nicht mehr dieselbe - Jesus hatte ihr Herz gewandelt.
Sie schluckt Tränen und Enttäuschung herunter und springt die Treppe hinab, als sei nichts geschehen. Sie kniet am Kamin, vergnügt wie eine Königin . Céline traut ihren Augen nicht. Nach zehn Jahren hatte Thérèse ihre Empfindsamkeit überwunden und wurde frei - für Gott, wie sie schreibt: In dieser lichtstrahlenden Nacht begann mein dritter Lebensabschnitt, der schönste von allen, der am reichsten mit himmlischen Gnaden erfüllte. [...] In einem Augenblick hatte Jesus vollbracht, was mir in zehnjähriger Anstrengung nicht gelungen war, er begnügte sich mit meinem guten Willen, an dem es mir nie fehlte.
Eine kleine Sache und ein geringfügiger Anlaß: Das ist alles! - und doch von entscheidender Bedeutung auf ihrem Weg mit Gott. Es ist eine neue Lektion, ein neuer Baustein für die spätere geistliche Lehre Thérèses: Nicht das gebannte Ernstnehmen der eigenen Sorgen und Enttäuschungen, sondern das entschlossene Absehen von sich selber ist es, das befreit und erlöst.
Auffallend ist, daß diese Bekehrung sich bis hinein in den Lebensalltag auswirkt: Die Stunden meiner Lehrerin genügten nicht mehr, ich machte mich allein an besondere Studien, und in wenigen Monaten erwarb ich mehr Kenntnisse als in allen meinen Schuljahren.
Mit dieser Bekehrung sind nicht alle Schwierigkeiten im Leben der Heiligen überwunden, vielmehr ist ein Anfang gesetzt. Nach vielen Jahren, kurz vor ihrem Tod, wird Thérèse auf die Frage, ob sie jemals Schwierigkeiten gekannt hätte, lebhaft bekennen: Und ob! [...] Ich habe jeden Tag zu kämpfen gehabt, jeden Tag meines Lebens! Mit dem Ablegen der krankhaften Empfindlichkeit war noch nicht die natürliche besiegt, die während ihres ganzen Lebens zu ihr gehörte, aber den entscheidenden Schritt ihres Lebens hatte sie getan.

4. Ein Bindfaden genügt

Das Leben der Heiligen zeigt, daß es in der zweiten Bekehrung nicht um Verzichte geht, Verzicht auf Besitz (Franz von Assisi) und vornehme Herkunft (Johanna Franziska von Chantal), Eintritt in ein kontemplatives Kloster (Teresa von Avila), ein hohes geistliches Leben in jungen Jahren (Thérèse von Lisieux), sondern viel kleinere, sogar unscheinbarere Dinge werden von Gott eingefordert; Dinge, die durchaus nicht als Sünde erscheinen, aber von Gott entfernen: eine Seelenfreundschaft (Franz von Sales, Johanna Franziska von Chantal), geistliche Freundschaften (Teresa von Avila), Ekel vor einem Aussätzigen (Franz von Assisi), ja, bei der größten französischen Mystikerin der Neuzeit ging es um das Essen einer Quarkspeise, die sie meinte nicht essen zu dürfen, weil es ihrer Gesundheit schaden könnte...
Auffällig ist also, daß es bei der zweiten Bekehrung nicht um große, weltbewegende Aktionen und Bekehrungserlebnisse geht (Klostereintritt, Verteilen des Besitzes an Arme, große mystische Visionen), sondern um ganz einfache, fast banale Anlässe. Es sind Kleinigkeiten, die stark genug sind, den Menschen an sich zu fesseln. Genügt doch, wie Johannes vom Kreuz schreibt, ein kleiner Bindfaden, daß der Vogel nicht fliegen kann.

XIII. FREUDE

Das Lachen ist eine dem Menschen eigene Fähigkeit, die ihn und sein Leben auszeichnet. Wer das Lachen verlernt, hat die wahre Humanitas verloren, so daß ihn mit Recht der Vorwurf des tierischen Ernstes trifft. Die Scholastik hält das Lachvermögen, die risibilitas, für ein proprium des Menschen, also für eine ihm eigene, wenn auch nicht wesenstragende Eigenheit, die jedoch nicht nur beiläufig zu ihm gehört, sondern seine innere Lebenseinstellung ausmacht.

1. Innere Freiheit

Der Witz kann ohne Humor, der Humor ohne Witz sein. Beide sind anthropologisch grundlegend verschieden. Während der Witz sich an den Verstand richtet, kommt der Humor mitten aus dem Leben und ist selber ein Stück Leben. Der Witz enthält eine Logik, fast im Sinne der Lösung einer mathematischen Aufgabe, er beläßt die Gesetze des Geistes, wie sie allgemein als verbindlich anerkannt werden. Der Witz ist logisch aufgebaut und läuft auf eine von allen nachvollziehbare und einsehbare Pointe hinaus; er bleibt aber eher unpersönlich, was ein Grund dafür ist, warum eine Reihe von Witzen langweilt. Witze beschäftigen den Geist, ohne den Menschen in seinen tieferen Schichten zu berühren.

Mit der Ironie verhält es sich ähnlich. Ironie greift an: Du bist so! Humor bekennt: Wir sind so! Ironie fühlt sich überlegen: Nein, daß du so bist! Humor bescheidet sich: Na ja, so sind wir halt! Ironie entwertet die Dinge durch Lächerlichkeit: Da kann man nur lachen! Humor verklärt die Dinge durch Vergnügen. Eines ist dem Humor besonders wesenseigen, er stellt eine Form überwundenen Leidens und Schmerzes dar: Humor ist, wenn man trotzdem lacht (O.J. Bierbaum). Humor taut den Stolz auf und öffnet die Verschlossenheit. In jedem Humor steckt eine überwundene Verzweiflung. Dieses Trotzdem ist - zwar nicht immer - die eigentliche Energie, welche die Tränen verhindert und das Lächeln wagt. Im Humor findet der Mensch die Möglichkeit, sich den Widrigkeiten des Lebens zu stellen und sie in ihrem letzten Ernst zu relativieren. Dies schenkt eine wahre innere Freiheit dem Leben gegenüber.

2. Ursprung aller Freude

Für den soeben beschriebenen gläubigen, also humorvollen Umgang mit der Tradition finden sich in der christlichen Glaubensgeschichte nur sehr spärlich Zeugnisse. In der Heiligen Schrift kommt das Wort Humor nirgends vor, auch nicht zwischen den Zeilen oder im übertragenen Sinn. Die frohe Botschaft , die Jesus verkündet, erklärt sich aus keiner äußeren Stimmung der Freude, sie ist die Folge einer neuen Lebenswirklichkeit: Da kamen die Jünger des Johannes zu ihm und sagten: Warum fasten deine Jünger nicht, während wir und die Pharisäer fasten? Jesus antwortete ihnen: Können denn die Hochzeitsgäste trauern, solange der Bräutigam bei ihnen ist? (Mt 9,14f.). Gott ist dem Menschen nahe, das allein zählt, nicht aber bloß, ob er Glück oder Unglück hat. Gottes Gegenwart, der Anbruch seines Reiches , ist der Ursprung aller Freude im Glauben. Es wird nicht berichtet, ob bzw. daß Jesus gelacht hat. Nun gibt aber Reinhold Schneider zu bedenken, daß der Humor die einzige Möglichkeit ist, den Menschen mehr und mehr zu lieben und die Menschenfreundlichkeit Gottes ahnend zu verstehen . In diesem Sinn läßt sich annehmen, daß Jesus, der Menschenfreund, aus einer echten und tiefen Freude gelebt hat.
Humor ist eine besondere Gabe der Freude, sie hilft, die augenblickliche Situation wie auch das eigene, vielleicht von Trübsinn bedrohte Ich zu überwinden. Die Kraft dazu kommt nicht aus dieser Welt , sie erwächst aus der Fähigkeit, sich und die eigene Welt transzendieren zu können. Die Quelle des Humors liegt in der inneren Befreiung aus der Traurigkeit. Es handelt sich um eine Befreiung, die den Menschen dazu befähigt, aus sich selbst herauszugehen und mehr zu sein, als die augenblickliche Situation es ihm zuschreiben will. Wer sich in der Liebe Gottes geborgen und getragen weiß, hat allen Grund, voller Humor zu leben. Er kann sich zu sich selbst wenden und zu all den kleinen und

schwachen Seiten des Lebens, weiß er doch Schuld, Not und Tod letztlich überwunden: Nichts kann den, der glaubt, jemals von der Liebe Gottes trennen.

Um so mehr erstaunt, daß schon seit der *frühen Kirche* die Ansätze gelebten Humors für viele Jahrhunderte verloren gegangen sind. Im frühen Mönchtum ist das Lachen verpönt, denn der Mönch will Christus, dem Gekreuzigten, nachfolgen und ihm als miles dienen, im Kampf gegen die Mächte und Gewalten. Man meint, der Christ habe in diesem Leben nichts zu lachen (woraus sich die Wortbedeutung von Heidenspaß erklärt).

Von *Thomas Morus* wird das Gebet überliefert: Schenke mir eine Seele, der die Langeweile fremd ist, die kein Murren kennt und kein Seufzen und Klagen, und laß nicht zu, daß ich mir allzuviel Sorgen mache um dieses sich breitmachende Etwas, das sich ‘ich’ nennt. Herr, schenke mir Sinn für Humor, gib mir die Gnade, einen Scherz zu verstehen, damit ich ein wenig Glück kenne im Leben und anderen davon mitteile.

Seit dem Mittelalter gibt es den Brauch des *Osterlachens* (risus paschalis): Ein Priester hält am Ostersonntag eine Predigt, die mit zahlreichen Späßen und Witzen bestückt ist und die Gläubigen zum Lachen bringen soll. Ein Brauch, der Ende des 18. Jahrhunderts wieder verboten wird. Fraglich an diesem Ritus ist, daß er durch die Künste des Predigers ausgelöst, terminlich festgelegt und damit künstlich hervorgerufen wird; so gehört er eher in die Karnevalszeit. Zudem verdankt sich der Brauch vermutlich dem mythisch-archaischen Lachritual einer Frühlingsfeier. Die Freude der Auferstehung ist aber nicht mit einem Datum festgelegt und künstlich erzeugt, sie bestimmt vielmehr zu jeder Zeit die ganze Existenz des Christen.

3. Zeugen der Freude

Wie sehr die Existenz des Christen von der Freude geprägt ist, zeigt sich gerade im Leben der Heiligen. Auf menschliche Weise haben sie sich der Freude aus dem Glauben überlassen und sie anderen vorgelebt.

Der chassidische Rabbi Mendel von Kozk überträgt den Bibelvers von Ex 22,30: Es steht geschrieben: Heilige Menschen sollt ihr mir sein! mit den Worten: Menschlich heilig sollt ihr mir sein! [249] Gott ist göttlich heilig, der Mensch aber soll menschlich heilig werden. Das Besondere heiliger Menschen besteht darin, daß sie menschlich heilig und so zuweilen auch recht humorvoll sein können.

Teresa von Avila

Die Worte menschlich heilig drängen sich dem auf, der Teresa von Avila begegnet. Viele empfinden ihr gegenüber spontan, was die Franziskanerinnen von Sevilla freudig feststellen, als sie Teresa anläßlich einer ihrer Gründungsreisen kennenlernen: Gepriesen sei Gott, der uns eine Heilige sehen ließ, die wir alle nachahmen können. Sie spricht, schläft und ißt wie wir, und ihre Art ist nicht umständlich; sie braucht nicht ständig fromm zu sein. Teresa kommentiert im gleichen Atemzug: Es ist ja eine Torheit, uns selbst zu Engeln machen zu wollen, während wir noch Menschen sein dürfen. Bedenkt doch, wir sind keine Engel, sondern haben einen Leib, der übrigens nicht so schlecht ist.

Da der Leib nicht zu verachten ist und auch die Liebe zu Gott durch den Magen gehen darf, erinnert Teresa ihre Mitschwestern an die Kochtöpfe, in denen sich die höchste Majestät zuweilen aufzuhalten pflegt: Bedenkt, daß der Herr auch in der Küche inmitten der Töpfe euch nahe ist.

Wie es sich für eine echte Mystikerin von Gottes Gnaden gehört, findet sie Gott nur zu häufig in den Kochtöpfen - doch ausgesprochen zum Leidwesen ihrer Mitschwestern. Eines Tages sieht Isabel de Santo Domingo die Madre vor dem Herd in Ekstase und ruft voller Schrecken und Entsetzen: O Gott, mußt du denn die Madre gerade jetzt besuchen; sie wird noch das wenige Öl, das uns bleibt, ins Feuer schütten.

---

[249] M.Buber, Werke, Bd. III: Schriften zum Chassidismus. Heidelberg/München 1963, 668; die folgenden Zitate aus dem Leben der Teresa von Avila und des Philipp Neri nach Lehrbrief Nr.20 Modelle christlichen Lebens des Würzburger Theologischen Fernkurses (Aufbaukursus); vor allem auch C. Feldmann, Gottes sanfte Rebellen, 300-343; E. Lorenz (Hg.), Teresa von Avila. Ich bin ein Weib - und obendrein kein gutes , Freiburg-Basel-Wien 1982.

Gott läßt auf seine Weise Menschen auch am Herd zu Heiligen werden, hat er doch seine eigenen Vorstellungen von Heiligkeit. Das weiß Teresa nur zu gut. Was man von ihr als der strengen Reformerin des Karmels nicht gleich erwartet, ist für sie eine Selbstverständlichkeit - jeder frommen Seele ins Tagebuch eingraviert: Dies ist für Nonnen etwas sehr Wichtiges. Je heiliger sie sind, desto geselliger dürfen sie sein - sogar gegenüber ihren Mitschwestern, denn auch diese pflegen noch menschliche Empfindungen zu haben.

Aber nicht nur die Geselligkeit, Gott verachtet selbst den Intelligenzquotienten seiner Auserwählten nicht. So betont Teresa von Avila: Ich will keine dummen Nonnen haben!

Sauertöpfische Heilige sind nicht nach Teresas Geschmack: Ein Heiliger, der traurig ist, ist eben ein trauriger Heiliger (Franz von Sales). Als eine Kandidatin zu nah ans Wasser gebaut zu haben scheint, seufzt Teresa laut und vernehmlich: O je, diese Trauerweide, aber vielleicht nehme ich sie doch! Weil Menschen von geistlichem Kaliber nicht selten in ihrer Frömmigkeit verbrämt und depressiv unterlaufen sind, rät Teresa ihnen in aller Güte: Um Himmels willen, laßt doch das Beten! Ihr braucht Zerstreuung. Deshalb arbeitet lieber ein wenig, das hilft.

Selbstgemachte Heilige kann Teresa nicht ausstehen. Als ein Frommer ihr alle seine Bußübungen erzählt, sagt sie ihm geradeheraus: Gott zieht Eure Gesundheit Eurer Buße vor und sieht es lieber, wenn Ihr Eurem Leibe gehorcht. Doch der Mann läßt nicht locker, er berichtet voller Freude, daß er nachts von großer Inbrunst zu Gott bewegt werde, worauf die Heilige ihm nur kurz und bündig zu erwidern weiß: Bei Gott ist es wichtig, daß man genug Schlaf hat - wenigstens sechs Stunden. Habt keine Angst vor dem Schlafen! Schlafen ist nicht gefährlich und schadet nicht der Frömmigkeit.

Was im 16. Jahrhundert selten vorkommt, daß nämlich auch Bischöfe keine Angst vor einem geistlichen Leben haben, findet Teresa als Rarität im Erzbischof Don Teutonio de Braganza. Er tut jedoch des Guten zuviel: Auf seinen langen Reisen will er nebenher so manche mystische Verzückung und geistliche Erhebung zu Gott. Teresa weiß ihn zu beruhigen: Eure Eminenz brauchen keine Angst zu haben. Sucht einen

Ort auf, von wo Ihr den Himmel anschauen könnt. Geht spazieren und entspannt Euch. Die Zeit, die Ihr dafür verwendet, geht dem Gebet nicht verloren.
Zu dünn wird Teresa zuweilen die Luft in den Begegnungen mit Johannes vom Kreuz, dem Vater meiner Seele , wie sie ihn nennt. Als dieser sich einmal kritisch zu einer ihrer Vorstellungen äußert, ruft sie aus: Gott bewahre mich vor Leuten, die so durchgeistigt sind, daß sie alles in eine vollkommene Kontemplation umwandeln möchten, mag kommen, was will. Hiervon abgesehen sind wir ihm natürlich dankbar, daß er uns so gut über (geistliche) Dinge unterrichtet hat, nach denen wir ihn gar nicht gefragt hatten.
Die Freude ist bei den Heiligen eng gepaart mit einer großen Kühnheit und Freiheit - sich selbst und anderen gegenüber. Diese Kühnheit findet sich bei Teresa vor allem in ihren Briefen, zum Beispiel gegenüber dem anderen Geschlecht. So schreibt sie in einem ihrer Briefe an Pater Ambrosio de San Benito: Wenn ich mir überlege, in was für einer verfahrenen Situation Sie mich sitzengelassen haben und wie Sie sich dann um nichts mehr gekümmert haben, dann fällt mir nur noch der Satz ein: Verflucht seien diese Mannsbilder!
Ihre Schwierigkeiten hat Teresa mit den Männern, wo diese sich zu schnell in die Gefilde des Herrgotts einmischen. Deshalb schreibt sie an Pater Jerónimo Gracián: Ich mußte lachen, als ich hörte, daß Sie schon wieder für den Herrgott leiden wollen. Um Gottes Willen, lassen Sie das! Ihre Umgebung müßte ja mit Ihnen leiden. So ruhen Sie sich lieber ein paar Tage aus.
Die Querelen des Lebens bleiben Teresa auch bei ihren Verwandten nicht erspart, die ihr zuweilen sehr zu schaffen machen: Diese Lappalien, die man Beleidigungen nennt, diese Brocken des Ehrgeizes, aus denen wir Häuser bauen, ebenso, wie das die Kinder mit Strohhalmen tun. [...] Seit dem Tod meines Bruders habe ich die Verwandten so satt, daß ich mich nicht mehr mit ihnen herumstreiten möchte.
Aus den Streitigkeiten macht Teresa sich nicht viel. Hat sie Schwierigkeiten mit den Jesuiten, hält sie sich an die Dominikaner. Hat sie Streit mit den Dominikanern, hält sie sich an die Franziskaner. Hat sie den Zorn aller Männerorden auf sich geladen, hält sie sich an den heiligen

Johannes vom Kreuz, ihren halben Mönch , wie sie ihn nennt, weil er ihr wie eine halbe Portion erscheint.
Den Streit vermag sie souverän mit dem mächtigsten Mann der Welt auszutragen, mit König Philipp II. Sogar vor ihm senkt sie nicht den Ton: Sire, erinnert Euch an König Saul. Auch er war gesalbt - und wurde doch verworfen. So hört lieber auf mich.
Und nicht zuletzt vermag sie ein Schmunzeln nicht zu vermeiden, als ihr Gottvater in einer Vision seinen Sohn am Kreuz zeigt und die Worte spricht: So behandle ich meine Freunde , worauf Teresa nur lakonisch bemerkt: Ach, mein Gott, deshalb hast du ja auch so wenige.

Philipp Neri

Kühnheit und Freude wie die Freiheit christlicher Heiligkeit zeigen sich auch im Leben von Philipp Neri, den Goethe den humoristischen Heiligen nennt, weil er sich leicht zu nehmen versteht.[250] Für ihn soll jeder in seinem Orden nach seinem eigenen Geschmack leben. Gemeinsamen Tisch, Obere und Gelübde lehnt er deswegen strikt ab. Aber auf etwas anderes legt er desto mehr Gewicht, und hierauf will er beileibe nicht verzichten. Ein römischer Adliger möchte in seine Gemeinschaft aufgenommen werden. Der Heilige befiehlt ihm gleich, mit einem hinten angehefteten Fuchsschwanz durch die Stadt spazierenzugehen. Als dieser das Ansinnen entrüstet zurückweist, weigert sich Philipp Neri kurzerhand, ihn aufzunehmen: Wer dies nicht kann, wird keine Freude empfinden.
Mit sichtlicher Vorliebe liest er die Schwänke von Piovano Arlotto, ein ganzes Leben lang. Jedesmal von neuem lacht er sich halbtot, wenn er die längst bekannten Anekdoten hört; er beglückt mit ihnen seine Gäste, die gekommen sind, um ihn in Ekstase zu sehen oder geistliche Belehrung zu empfangen. Das ist sogar für einen Heiligen zuviel: Der ernste Carl Borromaeus ist darüber ziemlich erzürnt, und bei der Heiligsprechung sollte Philipps Ausgelassenheit eher als hindernd und negativ ausgelegt werden.

---

[250] Vgl. zum folgenden: C. Feldmann, Gottes sanfte Rebellen, 224-257; H.G. Zander, Heilige für unsere Zeit, bes. 13ff.

Für Philipp ist seine Ausgelassenheit mehr eine Frage der Demut und weniger eine der Heiligkeit. Deshalb schreibt er unverzüglich an den Papst, dieser habe wohl Heiligkeit , aber eben keine Spur von Demut: Jesus Christus hat sich um 7 Uhr mit mir vereinigt, und Ew. Heiligkeit hütet sich wohl, auch einmal in unsere Kirche zu kommen. Christus ist Mensch und Gott und besucht mich, sooft ich es will, und Ew. Heiligkeit sind ein bloßer Mensch, wenn auch von einer frommen und guten Mutter geboren.

Als Papst Clemens VIII. den heiligen Philipp Neri zu höchsten kirchlichen Ehren bringen will, erwidert dieser nur: Es gibt genug Leute, die Kardinal werden wollen! Doch sein Beichtkind droht gleich mit der Exkommunikation, was den Heiligen nicht sonderlich beeindruckt, ein exkommunizierter Heiliger - das wäre mal was Neues, zumindest kenne ich mich in so etwas nicht aus, das ist nicht meine Sache!

Mit Humor begegnet er auch Papst Gregor XIII., der ihm den Befehl gibt, aus seiner alten geliebten Wohnung in die Vallicella überzusiedeln. Unter leisem inneren Protest vollzieht Philipp den Umzug, er läßt seine wenigen Habseligkeiten in feierlichem Zuge durch die Straßen vor sich hertragen, auch seinen Kochtopf und die Bratpfanne. Mit feiner Bosheit bleibt seine zärtlich geliebte Katze in San Girolamo zurück: Seine Mitbrüder hätten ja genug Zeit... Sie müssen täglich hingehen und ihr das Futter bringen.

Nicht sehr geistlich müssen die Verehrer es empfunden haben, wenn sie den Heiligen aufsuchten. Knien Frauen auf der Straße vor ihm nieder und schauen gerade begeistert zu ihm auf, setzt er ihnen kurzerhand seine Brille auf die Nase: Damit Ihr die Heiligkeit besser sehen könnt! , oder er verwirrt ihre modische Frisur.

Den Bart läßt er sich nur auf der linken Seite rasieren und tritt so hüpfend und tanzend unter die Leute. Begleitet von seinen Mitbrüdern, hält er dabei einen gewaltigen Strauß von Disteln in der Hand, an dem er von Zeit zu Zeit riecht, um sich zum Gegenstand des Gelächters zu machen; an Festtagen steigt er manchmal in die Kirche hinab, eine Jacke verkehrt über den Talar angezogen, das Birett kühn aufs Ohr gesetzt.

Wenn ein Heiliger stirbt, geht es fromm und erbaulich her, so denken damals Philipps Mitbrüder. Sie fragen den Heiligen gegen Ende seines Lebens, ob er ihnen nicht noch eine Regel und einen Rat hinterlassen könne, mit dem sie Gott näher und im geistlichen Leben weiter vorankämen. Philipp läßt sich das nicht zweimal sagen: Meine Lieben, wollt ihr im Leben mit Gott vorankommen, werft bitte die Fischreste nicht auf den Fußboden und gewöhnt es euch ab, auf die Erde zu spukken, denn Schmutz haben wir schon genug.

Zum Schluß bleibt die Frage: Wie wird man ein Heiliger? Als Papst Johannes XXIII. auf diese Frage hin angesprochen wird, gibt er prompt zur Antwort. Ganz einfach, ich überlege mir jedesmal, was jetzt mein Vorgänger (Pius XII.) täte. Und dann tue ich das Gegenteil.

Dies lernte Papst Johannes vom heiligen Philipp Neri. Dieser überlegt sich nämlich, während er das römische Oratorium gründet, immer wieder, was jetzt der heilige Ignatius von Loyola täte - und dann tut Philipp Neri einfach das Gegenteil. Der Baske ist ihm einfach viel zu streng. Bekennt er wohl von ihm: Er hat mich das innerliche Gebet gelehrt! , so ist er doch mit seiner Praxis nicht in allem einverstanden. Nicht nur er. Auch der Sekretär des heiligen Ignatius, Pater Polanco, weiß nur stöhnend zu berichten, in neun Jahren habe er von ihm kaum ein gutes Wort gehört.

Philipp dagegen herzt und küßt jeden, der ihm in die Arme kommt. Gelegentlich sogar den heiligen Ignatius. Und jeder will von Philipp geherzt und geküßt werden. In Rom hat es sich nämlich herumgesprochen, den heiligen Philipp Neri zu berühren, sei gut gegen Rheumatismus.

Im Jahr 1595 erkrankt Papst Clemens VIII. schwer an Gicht. Philipp Neri wird in den Vatikan gerufen. Stundenlang hält er die Hand des Papstes. Als das alles nichts nützt, steigt der 80jährige einfach kurzerhand zu Papst Clemens ins Bett und legt sich, scheinbar ohne jeden gebührenden Respekt, keuchend dem Heiligen Vater direkt auf die Brust. Die Kardinäle sind aufs äußerste befremdet. Und doch: Papst Clemens VIII. ist von dieser Stunde an geheilt.

So können Menschen sogar heilig werden, indem sie es anders machen als der nächstbeste Heilige. Um diese alte katholische Weisheit unfehlbar zu bekräftigen, spricht Papst Gregor XV. am 12. März 1622 - am selben Tag und zur selben Stunde - Ignatius von Loyola und Philipp Neri und Teresa von Avila im Petersdom gemeinsam heilig. Denn wer in der Begegnung mit dem Herrn und auf dem Weg der Nachfolge das Eine, das not tut, versteht und es in seinem Leben verwirklicht, hat alles ergriffen[251] und wird auf rechte menschliche Weise den Weg der Heiligkeit gehen.

4. Distinctivum des Glaubens

M. Buber bezeichnet den Humor als den Milchbruder des Glaubens . J. Petuchowski sieht in einer Theologie ohne Humor sogar eine Gotteslästerung. Hier verhält es sich ähnlich mit beim Lachen: Lachen kann man nur dort, wo nicht alles total durchsichtig ist, wo also noch Überraschungen möglich sind (O. Marquard). Nur wer über den Dingen steht, kann sie belächeln , läßt Chesterton Pater Brown sagen. Ob die Christen immer um die Quelle der Freude und des Humors im Glauben gewußt haben, aus der sie schöpfen können, um die Nöte dieser Erde zu überwinden?

Christen beten gerne den Kreuzweg, sie sind Experten in Kreuzesfragen. Ob sie auch die Stationen der Freude beten, betrachten und zu leben verstehen? Christen scheinen ein Leben lang die Buß- und Passionszeit zu feiern. Nach Ostern gehen sie in religiöse Ferien: Christus ist ja auferstanden - er ist glücklich, nach getaner Arbeit scheint er im wohlverdienten Ruhestand zu sein -, aber auch wir. Für ihn ist alles erledigt, und wir setzen unser Alltagsleben fort und versuchen, unser Erdenleben recht und schlecht zu ertragen und durchzustehen. Aber es hat etwas von Egoismus, ja, von Härte an sich, wenn man bloß zum Mitleiden, nicht aber zum Mitfreuen bereit ist. Viele meinen, Mitleiden bedeute mehr als ein Sich-Mitfreuen. Und doch sagt ein Weisheitswort:

---

251 Vgl. Martin Luther, De servo arbitrio. 1525, WA 18, 605,12f.: unum aliquid assecutus, omnia assecutus.

Zum Mitleid bedarf es eines Menschen, zur Mitfreude eines Engels. Anspruch auf Traurigkeit und Trübnis scheinen alle Menschen zu haben - und jeder bläst seinen Trübsinn. Wer aber sucht den Anspruch auf Freude? Man betet vor einem Gekreuzigten, aber wer vor dem Bild des Auferstandenen in österlicher Freude?
Mit dem Beginn der vierzig Tage, welche der Reue und der Betrachtung des Leidens Christi und seiner Passion gewidmet sind, kann man sich schon identifizieren. Aber nach Ostern beginnen nochmals fünfzig Tage, es beginnt eine zweite Gnadenzeit; sie gilt dem einzigen Ziel, in den Menschen die Freude wachzurufen. Auf dem Kalvarienberg halten einige Getreue durch, doch am Ostermorgen, zur Stunde der Auferstehung, ist überhaupt niemand mehr da, die Verzweiflung hat alle ergriffen. Jesus muß einen nach dem anderen bekehren, und zwar zur Freude, nämlich zur Freude darüber, was da geschehen ist und was es für die Menschen bedeuten will. Gott macht die Freude zum Alltag des Lebens: Wenn ihr mich liebtet, würdet ihr euch freuen (Joh 14,28). Die Freude unterscheidet den Heiligen wie auch jeden Christen von den anderen Menschen dieser Erde.

XIV. LEIDEN

Nichts geht dem Menschen so nahe wie die Erfahrung des Leidens, vielleicht nicht einmal die Liebe. An der Liebe ist noch niemand gestorben, Ungezählte aber sind es am Leid... Ermessen kann jeder nur sein eigenes, nur sein erlebtes Leid. Und wer das ermessen hat, weiß, daß das Leid der Welt unermeßlich ist. [252] Die Erfahrung des Leidens wird in der abendländischen Geistesgeschichte der Neuzeit bedacht in der Theodizeefrage[253], aber sie wurde schon von Ijob mit aller Schärfe und Deutlichkeit gestellt: Wie kann Gott - und erst recht ein gütiger und liebender Gott - selbst im Leben der ihm Treuen soviel Leid zulassen? Diese Frage stellt sich in einer doppelten Weise: Wie ist das Leid mit Gottes Allmacht und wie mit seiner Güte und Liebe zu vereinen?

Von der Heiligen Schrift wird die Frage nach dem Leid nicht beantwortet.[254] Auch der Glaubende erfährt das Leiden in dieser Welt als eine Macht, die in realem Widerspruch zu Gottes verheißenem Heil steht: Trotz seiner Allmacht steht Gott nicht über den Kräften des Leides, vielmehr liegt er im Kampf gegen diese Mächte, und dieser Kampf währt heute noch (1 Kor 15,22-28). Nicht ein leidensunfähiger Gott,[255] sondern Gott am Kreuz [256] ist die Realität des Glaubens. Seit Gott dem Menschen in dessen Leiden nachgegangen ist, vor allem jedoch: seit er es mit ihm leidet, ist die Erfahrung des Leids für den Glaubenden nicht nur ein Ort der Infragestellung der Nähe Gottes, sondern auch der Got-

---

[252] H.Küng, Gott und das Leid (= Theologische Meditationen, Bd. 18), Zürich-Einsiedeln-Köln 1967, 7.

[253] Klassisch formuliert bei G.W. Leibniz, Essais de Théodicée sur la bonté de Dieu, la liberté de l'homme et l'origine du mal (1710).

[254] Es sei denn, man nimmt z.B. den zweiten Schöpfungsbericht (Gen 2 und 3) als eine solche Erklärung, doch auch sie ist mehr als unzureichend (vgl. H.U. von Balthasar, Gott und das Leid [= Antwort des Glaubens, Bd. 34], Freiburg 1984, 4f.).

[255] Aristoteles, Metaphysik XII, 1073a,11.

[256] F. Nietzsche, Werke. Hrsg. von K. Schlechta. Bd. II, Frankfurt-Berlin-Wien 1955, 610.781.

tesbegegnung: Denn euch wurde die Gnade zuteil, für Christus dazusein, also nicht nur an ihn zu glauben, sondern auch seinetwegen zu leiden (Phil 1,29; Mt 5,11f.).

Der Christ ist kein Liebhaber des Leidens, aber für den Glaubenden gibt es keinen Weg am Leid vorbei, nur einen Weg durch das Leid hindurch, indem er es trägt, wie Christus es getragen hat: Das Leiden, so zeigt sich gerade im Leben der Heiligen, ist nicht so sehr Ideal als Existential christlicher Existenz. Leidensnachfolge Jesu heißt also Tragen des gerade mir in meiner unverwechselbaren Situation widerfahrenden Leids in Entsprechung zum Leiden Christi [257].

In zwei Schritten soll im Leben von Heiligen und großen Zeugen des Glaubens die Frage nach der Gottesbegegnung im Leiden beantwortet werden. Zunächst ist nach dem konkreten Umgang der Heiligen mit dem Leid in der christlichen Glaubensgeschichte zu fragen.

1. Im Alltag des Leidens

Ein Blick in die Geschichte der Spiritualität läßt überraschenderweise deutlich werden, daß die neuzeitliche Theodizeefrage für das Leben von Heiligen gar nicht die entscheidende, vielleicht sogar auch nicht die wesentliche ist. In der Gottesbegegnung im Leid lautet die Frage nicht, warum es überhaupt Leid gibt, sondern viel wesentlicher, welche Gestalt das Leiden im Leben der Nachfolge annimmt. Nicht das Leid überhaupt, sondern das Leid, das in der Nachfolge des Gekreuzigten auf den Menschen zukommt, wurde in der Erfahrung des Leidens für viele Glaubende zur entscheidenden Frage nach Gott.

Alle Heiligen, die auf dem Weg ihrer Nachfolge durch die Schule des Leidens mußten, konnten die Frage nach dem Sinn ihres Leids nicht durch einen Denkakt aufheben: Nicht eine theoretische Antwort ist es, die dem Glaubenden im Leid Trost und Hilfe gibt für den Weg (Ijob

[257] H. Küng, Gott und das Leid, 60.

19,25; 42,5)[258], sondern die Begegnung mit dem lebendigen Gott, die Hoffnung auf die kommende Herrlichkeit und auf die Erfüllung der Verheißung einer neuen Schöpfung (2 Kor 4,14; Phil 3,10; 1 Petr 2,21 u.a.). Dabei sind zwei Erfahrungen bestimmend geworden: zum einen die Unfaßbarkeit menschlichen Leidens, die bar jeder Antwort auf die Frage nach dem Sinn des Leidens ist und die den Glaubenden in eine Krise und sogar in die Gottverlassenheit führt, und zum anderen die Kraft des Glaubens an den gekreuzigten und auferstandenen Herrn.

a. Leiblichkeit: Paulus

Leiblichkeit ist das Ende der Wege Gottes! [259] Die Wahrheit dieses theologischen Grundsatzes zeigt sich im Leben des Apostels Paulus besonders in den Leiden, die er für den Herrn in der Nachfolge am eigenen Leib zu dulden und zu ertragen hat. Was der Apostel erleidet, deutet er als Christusleiden (2 Kor 1,5; Phil 3,10) und Christustrübsale (Kol 1,24): In allen Bedrängnissen trägt er an seinem Leib beständig die Stigmata Jesu Christi (Gal 6,17) und das Todesleiden Jesu (2 Kor 4,10) mit sich herum - als Unterpfand der kommenden Herrlichkeit -, im Dienst an der Gemeinde.

Von besonderer Bedeutung für das paulinische Verständnis des Leidens sind die sogenannten Peristasenkataloge (z.B. Röm 8; 1 Kor 4; 2 Kor 4; 2 Kor 11; 2 Kor 12).[260] Hier zählt Paulus jene Leiden und Entbehrungen auf, die er in der Nachfolge seines Herrn erduldet.

Zunächst fällt der Unterschied auf, der zwischen dem paulinischen und dem stoischen Leidensverständnis besteht. Der Stoiker versucht, in seinen Leiden die Haltung der Gelassenheit zu bewahren und so seine Unbesiegbarkeit und Weltüberlegenheit (Ataraxie) zu bezeugen: Die

---

258 Natürlich gibt es in der Schrift auch Ansätze, das Leiden zu begreifen; vgl. W. Schrage, in: E. Gerstenberger/W. Schrage, Leiden. Stuttgart 1977, 120.

259 E. Peterson, Apostel und Zeuge Christi. Auslegung des Philipperbriefes, Freiburg 1940, 10.

260 Vgl. zum folgenden: W. Schrage, Leid, Kreuz und Eschaton. Die Peristasenkataloge als Merkmale paulinischer theologia crucis und Eschatologie, in: EvTh 34 (1974) 141-175.

Peristasen sind es, die den Mann zeigen [261] und die den Bedrängten als einen vir fortis ausweisen: Im spectaculum deo dignum [262] setzt er sich über alle Not und Leiderfahrung hinweg, indem er sich unentwegt durch hypothetische Schlüsse einredet, das Übel sei nicht da [263].
Ganz anders bei Paulus! Seine Erfahrung des Leidens ist kläglich und für die anderen nicht imponierend. Es ist alles andere als ein Schauspiel, das die Bewunderung und den Beifall der Menschen findet, erscheint der Apostel doch vor den Augen der anderen als ein Besiegter und Scheiternder. Die Peristasen bedrängen ihn so sehr, daß er sich nicht mehr in der Hand hat, er wird von allen Seiten in die Enge getrieben (2 Kor 4,8) und findet in aller Schwachheit keine Ruhe. Überall bedrängten uns Schwierigkeiten: von außen Widerspruch und Anfeindung, im Innern Angst und Furcht (2 Kor 7,5). Hier geht der Mensch nicht über die Bedrängnisse hinweg, sondern findet sich ganz von ihnen überrollt und eingehüllt. In seinem Innersten, ganz von den Leiden okkupiert, wird der Apostel im Siegeszug Christi als ein restlos Besiegter mitgeführt.
Nicht aus masochistischen Sehnsüchten oder aufgrund eines falschen Dolorismus nimmt Paulus die Leiden seines Lebens an, sondern um der Liebe zum Herrn willen. Er ist bereit, die Todesmacht Jesu in allen Bedrängnissen mit sich herumzutragen , weil darin die Macht Jesu um so deutlicher wird (Phil 2,17) und der Duft der Erkenntnis Christi (2 Kor 2,14-16) sich überall verbreiten kann.
Die Leidensgemeinschaft mit Christus, die Paulus am eigenen Leib erfährt, hat ihren Ursprung in der Lebensgemeinschaft mit dem Herrn, die in der Taufe begründet ist (Röm 6,1ff.). Wer in Christus lebt, ist auch bereit, mit ihm zu leiden (vgl. Röm 8,17);[264] wer aber mit Christus gekreuzigt (Gal 2,20), gestorben (Röm 6,8) und begraben (Röm 6,4) ist, wird von den Toten auferweckt werden (Kol 2,12) und auf ewig mit

---

261 Epiktet, Diss. II,19,24.

262 Seneca, De Providentia 2,9; vgl. G. Kittel, in: ThW III (1938) 42f.

263 Epiktet, Diss. I,25,17.

264 Vgl. A. Wikenhauser, Die Christusmystik des Apostels Paulus. Freiburg ²1956, 104.

dem Herrn leben (Röm 6,8). Deshalb sagt Paulus: Wohin wir auch kommen, immer tragen wir das Todesleiden Jesu an unserem Leib, damit auch das Leben Jesu an unserem Leib sichtbar wird. Denn immer werden wir, obgleich wir leben, um Jesu willen dem Tod ausgeliefert, damit auch das Leben Jesu an unserem sterblichen Fleisch offenbar wird (2 Kor 4,10f.).
Ein Charakteristikum des paulinischen Leidverständnisses liegt darin, daß die Leiden ihre bedrohende Gestalt verloren haben. Die Bedrängnisse werden nicht bloß als Übel einer Zwischenzeit ausgehalten und erduldet, sondern gerne angenommen, denn sie stehen im Dienst an der Gemeinde: Der leidende Herr, der leidende Apostel und die leidende Christenschar gehören zusammen. [265] Die Leiden, die Paulus erduldet, sind nicht nur ein Unterpfand der kommenden Herrlichkeit, sondern ein Gut, das den anderen zum Heil gereicht: Jetzt freue ich mich in den Leiden, die ich für euch ertrage. Für den Leib Christi, die Kirche, ergänze ich in meinem irdischen Leben das, was an den Leiden Christi noch fehlt (Kol 1,24).
Gotteserfahrung, so zeigt das Lebenszeugnis des Apostels Paulus, ist für den Glaubenden auch (bzw. gerade) in den Bedrängnissen möglich, denn die Bedrängnisse lassen die Nähe des Herrn erfahren und ermöglichen ihr rühmendes Aussagen. Auch der Heilige steht nicht über den Leiden - stoisch und gelassen -, sondern ist ihnen ausgeliefert; was er aber am eigenen Leib in der Gemeinschaft mit dem gekreuzigten Herrn erfährt, kann zum Dienst an den vielen werden - auf gleiche Weise, wie es in der Lebenshingabe des Martyriums geschieht.

b. Vollendung: Martyrer

Viele Menschen sind im Laufe der Geschichte für ihre Überzeugungen in den Tod gegangen. Aber die Botschaft Jesu ist keine Philosophie und der christliche Glaube keine Weltanschauung. Nicht um ihres Glaubenseifers willen haben die Martyrer ihr Schicksal erlitten, son-

---

[265] W. Schrage, Leid, Kreuz und Eschaton, 158. - Ob aber von einer stellvertretenden Funktion des apostolischen Leidens gesprochen werden kann, ist für ihn fraglich (vgl. ebd., bes. Anm. 45f.).

dern Christus selber ist es, der zum Martyrium beruft, und der damit das Martyrium zu einer besonderen Gnade macht [266].

Jeder Christ hat seinen Glauben zu bekennen[267] - auch unter Lebensgefahr.[268] Damit gilt das christliche Leben selbst als die entscheidende Vorbereitung auf das Martyrium. Die Lebensführung, nicht erst das Martyrium, macht den Christen zum Martyrer . Nicht die besondere Tat (das Martyrium), sondern das christliche Lebenszeugnis entscheidet darüber, ob einer mit Recht Martyrer genannt werden kann.

Das Martyrium ist weder eine Sache der Gesinnung noch ein bloßes Mitleiden , sondern eine Vergegenwärtigung des Kreuzesgeschehens: Christus, der Gekreuzigte, ist im Martyrium aktiv. Deshalb wird in der frühchristlichen Zeit das Martyrium ganz aus der Sicht des Leidens und der Passion Jesu Christi gedeutet.[269] Der Martyrer leidet nicht nur wie Christus oder mit Christus, sondern in ihm leidet Christus, sein Leiden wird im Martyrer neu gegenwärtig.[270]

Aus dem Bewußtsein, daß Christus selbst in ihm leidet, erhält der Martyrer seine Kraft und Gelassenheit . Als die schwangere Felicitas im Kerker ihre Wehen bekommt und den Schmerz kaum aushalten kann, spricht der Gefängniswärter sie mit den Worten an: Wenn du schon jetzt so sehr leidest, was wirst du erst angesichts der wilden Tiere tun? , worauf Felicitas antwortet: Jetzt bin ich es, die leidet, dort aber wird ein anderer in mir für mich leiden! [271]

---

[266] E. Peterson, Zeuge der Wahrheit. Leipzig 1937, 20f.

[267] So waren die Martyrer meistens Laien, wie es besonders bei allen Martyrerinnen eo ipso gegeben ist, die nicht dem Klerikerstand angehörten.

[268] Die Begriffe Bekenner und Martyrer konnten ursprünglich auch synonym gebraucht werden.

[269] Zur Martyrertheologie siehe H. von Campenhausen, Die Idee des Martyriums in der alten Kirche, in: E. Lohse (Hg.), Märtyrer und Gottesknecht. Untersuchung zur urchristlichen Verkündigung vom Sühnetod Jesu Christi, Göttingen 1963, 193ff.

[270] Vgl. E. Gerstenberger / W. Schrage, Leiden, 155ff.179ff.; E. Güttgemanns, Der leidende Apostel und sein Herr. Göttingen 1966, 154ff. 323.

[271] Ausführlicher wird dies belegt bei C. Leonardi, Von der monastischen zur politischen Heiligkeit, in: Conc. 15 (1979) 590-596, hier 591.

c. Kampf: Mönchsväter

Das Martyrerideal entspricht der Tauftheologie und bezieht sich vornehmlich auf den Anfang und Ursprung des Christenlebens. Aber die Taufe beantwortet noch nicht die Frage nach einem Leben in der Welt. Hierauf bezieht sich das monastische Modell.

Eine wichtige Gestalt für dessen Entfaltung ist Origenes.[272] Für ihn steht nicht die gute bzw. heroische Tat im Zentrum christlichen Lebens, sondern die Selbstverleugnung und das Zeugnisablegen. Das christliche Leben als ganzes ist nach Origenes ein Martyrium , das den Glaubenden bereit sein läßt, mit Christus täglich gekreuzigt zu werden.

Die Vorstellung von einem (all-)täglichen Martyrium, die für das spätere Mönchtum entscheidend und bestimmend wird, erhält bei Origenes eine ganz spezifische Gestalt, nämlich die des geistlichen Kampfes : Der im geistlichen Leben Fortgeschrittene, der Pneumatiker, ringt ein Leben lang mit den dämonischen Mächten dieser Welt und gelangt so zur Vollendung. Der geistliche Kampf gehört unausweichlich zum Leben des Fortgeschrittenen: sperato pugnam et praepara te ad bellum. Der Kampf ist das eigentliche Element der Pneumatiker, Tapferkeit ihre eigentliche Tugend und ein stolzes Gefühl der Unerschrockenheit ihre herrschende Stimmung [273].

Was Origenes über den geistlichen Kampf schreibt, kehrt bei den frühen Mönchsvätern wieder. Während der antike Heide die Dämonen fürchtet und deshalb die Wüste, das eigentliche Gebiet der dämonischen Kräfte, meidet, gehen die Mönche bewußt in die Wüste, um wie Christus den Kampf mit dem Bösen auf sich zu nehmen. Es ist auffällig, daß sich bei den Mönchsvätern der geistliche Kampf mehr oder weniger ausschließlich auf den Kampf mit den Logismoi zu beschränken scheint, nämlich auf die Gedanken, Vorstellungen, Absichten, Pläne, Gefühle, Motivationen und Triebe, die den Mönch bedrängen und ihn

---

[272] Vgl. W. Völker. Das Vollkommenheitsideal des Origenes. Eine Untersuchung zur Geschichte der Frömmigkeit und zu den Anfängen christlicher Mystik (Beiträge zur historischen Theologie 7), Tübingen 1931.

[273] Ebd., 176. - Paulus ist das große Vorbild für den wahren Kämpfer gegen alle dämonischen Mächte.

vom Weg der Nachfolge abbringen wollen. Für diese Vorstellung gibt die Versuchungsgeschichte Jesu in der Wüste das Urbild, vielleicht sogar das Schema ab (vgl. Mt 4,1-11): Wie der Satan dem Herrn die versucherischen Gedanken eingibt, so stehen auch hinter den Gedanken einzelne Dämonen, die den Glaubenden attackieren und ihn aus der Gemeinschaft mit Gott herausbringen möchten.

Bei den Mönchsvätern scheint sich die Frage des Leidens gänzlich in die Darstellung von psychischen Prozessen und in den Kampf mit den Dämonen und Leidenschaften aufzulösen. Doch eine solche Deutung wäre einseitig und würde der frühmonastischen Spiritualität nicht gerecht, denn den Mönchsvätern geht es um keinen psychologischen Prozeß, sondern um den genuin christlichen Weg der Nachfolge: In der Wirklichkeit des paulinischen Sein in Christus folgen sie den Fußstapfen Christi , stellen ihr Leben unter das Kreuz Christi und bezeugen im Kampf mit den versucherischen Gedanken auf unblutige Weise, was im Martyrium das blutige Lebenszeugnis einfordert, nämlich die Treue zum Willen und Gebot des Herrn.[274]

Was für Paulus und die Martyrer zur entscheidenden Erfahrung auf dem Weg ihrer Nachfolge wird, ist auch für die frühen Mönchsväter bestimmend: Die Frage nach dem Sinn des Leidens stellt sich nicht im Rahmen einer Theodizeefrage, sondern bleibt ganz eng verbunden mit dem Weg der Nachfolge und dem Gehorsam gegenüber Gott und seinem Willen. Für den Glaubenden ist die Erfahrung des Leidens verbunden mit der Treue zur Nachfolge, wie in vielen Texten aus der Zeit des Mittelalters bezeugt wird.

---

[274] Belege sind aufgeführt bei M. Schneider, Aus den Quellen der Wüste. Die Bedeutung der frühen Mönchsväter für eine Spiritualität heute, Köln ^{3}2002, 27.

d. Konformität: Franz von Assisi

Wenn in der frühen Kirche das Leiden als ein pädagogisches Instrument in den Händen Gottes [275] gedeutet wird, das den Glaubenden bessert bzw. prüft, wandelt sich dieses Leidverständnis im Mittelalter wesentlich. Immer mehr tritt ein anderer Gedanke in den Vordergrund, nämlich der vom exemplarischen Leiden Jesu Christi in seiner Passion und in seinem Kreuzestod: Die Passio des Herrn führt den Glaubenden in die compassio, in das Mitleiden mit dem Gekreuzigten.[276] Für die Entfaltung dieses Leidverständnisses sind zwei Heilige der Glaubensgeschichte von besonderer Bedeutung, nämlich Bernhard von Clairvaux[277] und Franz von Assisi.

Die Erneuerung der Kirche steht für Franziskus in unmittelbarem Zusammenhang mit der Annahme der Leiden des armen und wehrlosen Herrn am Kreuz. So heißt es nach der Begebenheit von San Damiano: Von der Stunde an war sein Herz ganz wund und weich beim Gedenken an das Leiden des Herrn. Stets trug er von da an die 'Male des Herrn' in seinem Herzen, wie es später zutage treten sollte, da er dieselben Male auf wunderbare Weise 'am Leib' empfing, so daß sie äußerlich sichtbar wurden. [278]

Das Leben in Armut und Wehrlosigkeit wie auch die Erneuerung der Kirche führen in ein neues Leiden mit dem Herrn, nämlich in den Empfang der Stigmata: Durch die Süße der Einheit im Leiden wurde er in den verwandelt, der aus unbegreiflicher Liebe gekreuzigt werden

---

275 Vgl. M. Arndt, Leiden, in: Historisches Wörterbuch der Philosophie V (1980) 208; A.M. Haas, Trage Leiden geduldiglich . Die Einstellung der deutschen Mystik zum Leiden, in: W. Böhme (Hg.), Lerne leiden. Leidensbewältigung in der Mystik, Karlsruhe 1985, 36.

276 Vgl. hierzu auch M. Himmelmann, Das Leidensverständnis der Imitatio Christi im Vergleich zu Heinrich Seuses Büchlein der Ewigen Weisheit , in: Erbe und Auftrag 61 (1985) 283-301, bes. 285f.

277 Vgl. die Studie von O. Langer, Passio und compassio. Zur Bedeutung der Passionsmystik bei Bernhard von Clairvaux, in: G. Fuchs (Hg.), Die dunkle Nacht der Sinne, 41-62.

278 Ebd., 41.

wollte.[279] Das Martyrium wandelt sich für Franziskus in die compassio mit dem leidenden und gekreuzigten Herrn.
Bonaventura hat in seinem letzten Werk, nämlich im Hexaemeron , über die Erfahrung des Leidens im Leben des heiligen Franziskus nachgedacht. Er zeichnet das Bild der Entsprechung zwischen himmlischer und irdischer Hierarchie, indem er die kirchlichen Orden den einzelnen Engelchören zuteilt. Den Seraphim ordnet Bonaventura keinen einzelnen Orden zu, denn ihnen entspricht durch alle Jahrhunderte hindurch ein Orden der von Gott besonders Geliebten; es sind die, die durch Leiden zur äußersten Christusförmigkeit gelangten. Diesem Orden der Stigmatisierten rechnet Bonaventura auch Paulus und Johannes hinzu. Wer sonst noch alles zu diesem geheimen Orden gehört, ist nicht bekannt, doch von Franziskus sagt Bonaventura: De isto videtur fuisse Franciscus.[280] Franziskus ist gar kein Franziskaner, wie Bonaventura als Generaloberer der Franziskaner hervorhebt; der Heilige aus Assisi ist mit vielen anderen dieses Ordens durch sein Leiden auf besondere Weise in das Geheimnis Christi und der Kirche hineingenommen.

e. Krise: Johannes Tauler

Die Frage nach dem Sinn des Leides läßt sich bei Johannes Tauler zunächst in seinen Überlegungen zu den Erfahrungen von Trost und Trostlosigkeit darlegen. Über die Trosterfahrung sagt Johannes Tauler des öfteren in seinen Predigten, daß der Glaubende sich zwar des Trostes bedienen (uti), nicht aber ihn genießen (frui) solle. Ganz anders zur Zeit der Trostlosigkeit: Zur Stunde des Leidens, in Drangsal und Angst, entbehrt der Glaubende nicht nur des Trostes, sondern zuweilen sogar Gottes selber. Dann erfährt der Mensch Nacht , Trockenheit, Dunkel, Leid und Verlassenheit so bedrängend, daß er meint, zwischen Himmel und Hölle zu hängen: Ihm ist, als hinge er zwischen zwei Wänden und ein Schwert bedrohe ihn von rückwärts und ein scharfer

---

279 Bonaventura, Leg. maj. XIII.

280 Bonaventura, Collationes in Hexaemeron XXII (Das Sechstagewerk. Lateinisch und Deutsch. Übers. von W. Nyssen, München 1964, 706f.).

Speer von vorne. [281] Wer im Leid - wie Christus - Gott erleidet (pati Deum)[282], darf darauf vertrauen, daß in der Finsternis Gottes Überhelle verborgen ist[283] und die Stunde einer Neugeburt in Gott anhebt: Je mehr man hinabsteigt, desto mehr steigt man hinauf [284], denn die Erhebung kommt von der Erniedrigung [285]. Umso bedrängender der Mensch die Arbeit der Nacht [286] und die Angst im eigenen Leben spürt, desto sicherer darf er sein, es wird Gott sicher kommen, er wird geboren werden. Aber wann? Das überlaß ihm [287].

Das Leid ist für Johannes Tauler notwendig in den Prozeß des geistlichen Lebens hineingenommen, denn Christus selbst mußte leiden und so in seine Herrlichkeit eingehen [288]. Das Leiden verfehlt seine Wirkung nicht, stellt es doch den allerkürzesten Weg zur wahren Gottesgeburt dar[289]: Soviel der Entäußerung, soviel des Gottwerdens.[290] Der in Gott neugeborene Mensch ist seiner selbst entäußert und in allem bereit, Gottes Willen zu erfüllen, auch in der äußersten Gottferne der Hölle.[291]

---

[281] H 305.

[282] Vgl. H 552.

[283] H 623.

[284] H 421.

[285] H 509. - Das Wort des Herrn: Es ist gut für euch, daß ich von euch gehe (Joh 16,7), erhält bei Johannes Tauler einen tieferen Sinn. Meinte es bei Meister Eckhart besonders das Ablegen aller sinnlichen Bilder aus dem Seelengrund, so wird es bei Tauler identisch mit Verlassenheit, Trostlosigkeit, Unfähigkeit zu allem Guten , so daß wir träge und kalt sind, bekümmert und düsteren Sinnes (H 108).

[286] H 321.

[287] H 384f. - Vgl. hierzu ausführlich G. Fuchs. Ungeborenes Leben. Vorweihnachtliche Erinnerungen an den Lebemeister Johannes Tauler und sein Reden von der Gottesgeburt in der Seele des Menschen, in: Katechetische Blätter 109 (1984) 875-884, bes. 882.

[288] H 43.

[289] H 310f.

[290] Vgl. H 321. - Auch Chr. Peuser, Die Benennungen und der Begriff des Leidens bei Johannes Tauler (Philologische Studien und Quellen 38). Berlin 1967.

[291] Vgl. H 183. - Tauler spricht hier einen alten mystischen Topos an (vgl. M. Sandae-

Der Prozeß der Gottesgeburt ist, wie schon deutlich wurde, nicht nur theoretisch bzw. geistlich von Bedeutung, sondern bleibt praktisch und konkret hineingenommen in den Ablauf des menschlichen Lebens mit all seinen einzelnen Entwicklungsphasen. Das Reifen des Menschen auf Gott hin steht für Johannes Tauler in direkter Abhängigkeit zu dem Rhythmus des leib-seelischen Reifungsprozesses und den einzelnen Phasen der Lebensalter; aus dem Gesamtzusammenhang des menschlichen Lebenslaufes wird der Verinnerlichungsprozeß geistlichen Lebens verständlich.

Soll der Mensch von Grund auf wieder gesund werden und alle Abgötter beiseite legen, muß ein großer Rummel entstehen, der zu einem neuen Durchbruch und Aufbruch führt. In dem, wie Johannes Tauler die Erfahrung des Leides und den Prozeß des menschlichen Reifens

---

us, Theologia Mystica Clavis. Köln 1640 [Nachdruck: Heverlee-Louvain 1963, 315f.]), der in verschiedenen Glaubenserfahrungen seinen Ausdruck findet, wie z.B. in der Erfahrung der Verdammnis (Hölle) oder der dunklen Nacht. Die hier angesprochene resignatio ad inferos meint, daß der Mensch hineingenommen wird in die Verdammnis der Gottferne: Im Westen bleiben die von Bernhard im Hoheliedkommentar erzählten Verlassenheitserfahrungen lange durch Augustinismus und Areopagetismus überlagert, verschaffen sich dann aber eigenen Ausdruck bei Angela von Foligno, Mechthild von Magdeburg, Seuse und Tauler, Margarete Ebner, Caterina von Siena, Hilton, Marie de Vallées, Magdalena von Pazzi, Rosa von Lima und vielen anderen. Ignatius hat in Manresa Ähnliches erfahren, der junge Franz von Sales hielt sich für verdammt und gab Gott eine schriftliche Erklärung ab, ihm auch in der Hölle dienen zu wollen, auch Luther kann hier nicht unerwähnt bleiben. Surin hat die mystische Nacht als Hölle mit all ihren Strafen geschildert (H.U. von Balthasar, Theologie der drei Tage. Einsiedeln 1969, 57f.; siehe auch W. Maas, Gott und Hölle. Studien zum Descensus Christi [Sammlung Horizonte, NF 14], Einsiedeln 1979). - Ein anschauliches Beispiel für die gemeinte Erfahrung stellt das Leben der Mechthild von Magdeburg dar, die nach acht Jahren Trost in totale vinsternisse gestoßen wird und durch den ungeloube die bisher erfahrene heimlichkeit Gottes zunächst ganz verliert. - Doch schon hier sei betont, daß diese sogenannte resignatio ad infernum aufs engste verbunden ist mit der Solidarität für die anderen : Paulus möchte verflucht , von Christus getrennt sein zum Besten meiner Brüder (Röm 9,3), und Catharina von Siena bekennt in frommer Gottlosigkeit : Wie viel lieber wäre es mir, sie alle heil und geborgen zu wissen, und selbst als einzige die Schmerzen der Verdammnis zu dulden, wenn ich Dich dort weiter liebhaben könnte... (zit. nach J. Sudbrack, Abwesenheit Gottes [Theologische Meditationen 25]. Zürich-Einsiedeln-Köln 1971, 14f.).

deutet, ist nicht zu übersehen, daß hier das Leid - vor allem mit Blick auf den geistlichen Werdegang - funktional verstanden wird. Echter Friede wird allein aus dem Unfrieden der Läuterung im Gedränge geboren. Die Leiderfahrung gilt somit als Quelle, ja, als die Quelle jeder Erneuerung, denn sie führt in den Seelengrund und läßt jene, die nicht ihrer Berufung gemäß leben, die Seligkeit erreichen, ob sie (nun) wollen oder nicht [292].

f. Schule: Devotio moderna

Die Deutung des Leids in der Devotio moderna unterscheidet sich in wesentlichen Punkten von der früheren Frömmigkeitsgeschichte. Anders als die Deutschen Mystiker haben die Devoten keinen Sinn für die Schönheit der Schöpfung: Eben deshalb kommen so wenig Menschen zu dieser himmlischen Beschauung, weil sich so wenig Menschen von dem Vergänglichen, von allem Geschöpflichen vollkommen losmachen können. [293] Aus dem fehlenden Sinn für die Schönheit der Schöpfung ergeben sich viele Veränderungen in der Auffassung des Leides. Das Leiden bekommt einen fast absoluten Wert, denn es gilt als die eine königliche Straße , die gegen das Fleisch kämpfen und nach Gott suchen läßt: Es führt kein anderer Weg zum Leben, als der des täglichen Sterbens. [294] Gäbe es für den Menschen einen sichereren und besseren Weg zum Heil, so hätte ihn Christus mit Wort und Beispiel sicher aufgezeigt. [295] Typisch für die Zeit der Devotio moderna ist also, daß das Leiden als nicht zu umgehende Bedingung auf dem Weg zu Gott gilt; doch gänzlich interiorisiert und so absolut asketisch verbrämt, daß wesentliche Aspekte christlicher Auffassung des Leidens - wie z.B. der Aspekt des Mitleidens - eher in den Hintergrund treten.

---

[292] H 552.

[293] Thomas von Kempen, Das Buch von der Nachfolge Christi. Stuttgart 1980, 135.

[294] Ebd., 77.

[295] Ebd., 82.

g. Prüfung: Maria von der Menschwerdung

Die Viten von Heiligen beschreiben meist ausführlich und eingehend die Wege der Gottesbegegnung, dabei scheinen die Erfahrungen von Trostlosigkeit, Leid, Gottverlassenheit und dunkler Nacht nur am Rande zu bleiben. Ganz anders der Lebensbericht der Maria von der Menschwerdung.[296] Er stellt die Erfahrung des Leidens und der Gottverlassenheit so sehr in den Vordergrund, daß sie nicht zu übersehen ist und zu ganz neuen Überlegungen in der Deutung des Leidens führt.

Nach vielen mystischen Erfahrungen, Entrückungen und Ekstasen und nach der Vermählung der Seele mit der zweiten göttlichen Person erlebt Maria von der Menschwerdung schon vor ihrem Klostereintritt den Verlust aller Tröstungen wie auch Versuchungen und besondere Prüfungen , sodann große Prüfungen durch innere Leiden - Trostlosigkeit während der ersten Ordensjahre (über drei Jahre hin) und acht Jahre innerer Prüfung - Erfahrung der inneren Verlassenheit .

Am Beginn ihres Weges kann Maria von der Menschwerdung sagen: Ich kam mir ziemlich vollkommen vor [297], und auf vielfältige Weise erlebt sie Gottes Gnadenfülle und Nähe. Doch nach dem Klostereintritt tut sich ein tiefer Abgrund vor ihr auf: Ich sah mich aus dem Paradies in ein Fegefeuer geworfen ... Während ich auf die höchste aller

[296] Marie de l'Incarnation (1599-1672) wurde von Henri Bremond als die größte französische Mystikerin bezeichnet, doch sie ist als solche im deutschsprachigen Raum kaum bekannt. Nach dem Tod ihres Ehegatten arbeitete sie zunächst im Geschäft ihres Schwagers, trat dann in das Ursulinenkloster von Tours ein und ließ ihren 12jährigen Sohn zurück. Zunächst hatte sie das Amt der Novizenmeisterin inne, bis sie schließlich 1639 nach Quebec in Kanada aufbrach, wo sie 33 Jahre lang eine schwierige Missionsarbeit auf sich nahm. Wie bei vielen anderen Heiligen und Mystikern war ihr geistliches Leben verbunden mit einer außerordentlich fruchtbaren sozialen Tätigkeit. Ihr (Priester gewordener) Sohn Claude Martin verfaßte 1654 ihren Lebensbericht, der jedoch erst spät erscheinen sollte wegen der Schwierigkeiten, die das handgeschriebene Manuskript bot. Eine ältere deutsche Übersetzung dieses Lebensberichts liegt vor bei Marie de l'Incarnation, Zeugnis bin ich Dir. Luzern 1961; auf diesen Text beziehen sich die folgenden Zitate. - Eine Auswahl erschien in Marie de l'Incarnation, Der Lebensbericht. Übers. von J. Schmidt / M. Moamai (Christliche Meister, Bd. 28), Einsiedeln 1986.

[297] Marie de l'Incarnation, Zeugnis bin ich Dir, 41.

Gnaden wartete, sah ich mich plötzlich in einen Abgrund versinken. [298] Im Noviziat attackiert sie dieser Zustand noch mehr: Kurze Zeit nach der dritten Entzückung in die Schau und Vereinigung der göttlichen Personen bedrängten Kreuze und Versuchungen mich von allen Seiten [...] Es waren Versuchungen zur Gotteslästerung, zu Ungeradheiten, auch zum Stolz, obwohl ich so viel Schwachheit und Armseligkeit in mir empfand. Dazu kamen Unempfindlichkeit und Stumpfheit für religiöse Dinge, Phantasievorstellungen über die Handlungsweise des Nächsten, die mir ganz entgegen war, ein Drang, mich aus dem Fenster zu stürzen [also der Gedanke an Selbstmord] [...] Kaum zwei Monate nach meinem Eintritt ins Noviziat begannen diese Qualen und sollten mehr als drei Jahre dauern. [299]

Alle diese Erfahrungen werden für Maria von der Menschwerdung auf ihrem weiteren Lebensweg zu einer kaum vorstellbaren Bedrängnis und Anfechtung im Glauben, bis hin zur Revolte und Auflehnung gegen Gott: Ich fiel aus einem Abgrund von Licht und Liebe in einen Abgrund von Schatten und schmerzvoller Dunkelheit und fühlte mich in eine Hölle getaucht, die alle tödlichen Traurigkeiten und Bitterkeiten in sich barg. Diese entstanden aus einer Versuchung zur Verzweiflung, die aus den Dunkelheiten selbst geboren schien, ohne daß ich die Ursache kannte. Einmal stand ich vor dem heiligsten Sakrament; da erschien mir eine große, aus einer Kellerluke ausbrechende Flamme. Dieses Kellerloch schien mir der Abgrund selbst zu sein. In einem gewissen Ausbruch von Erregung wollte ich mich aus Verachtung für Gott hineinstürzen: denn gegen ihn erregte mich das Erlebnis: ich sollte Ihn hassen. [300] In der Kirche also, mitten im Gebet vor dem allerheiligsten Sakrament, trifft sie das Nein des Unglaubens und Atheismus.

Maria von der Menschwerdung ist über alle diese Erfahrungen des Leids nicht überrascht. Sie selber resümiert: Es ist nicht möglich, lange ein geistliches Leben zu führen, ohne durch diese Versuchungen

---

[298] Ebd., 93.

[299] Ebd., 163.

[300] Ebd., 223.

und Trübsale zu schreiten. Alle Heiligen mußten ja hindurch, um heilig zu werden. Sie sind notwendig. [...] Es kommt mir vor, als wäre ich durch die Höhlen von Löwen und Leoparden geschritten. [301]

h. Abgrund: Thérèse von Lisieux

Es ist eine oft bezeugte Erfahrung, daß der Beginn geistlichen Lebens meist vom Erlebnis des Trostes begleitet ist. Zeiten des Mißtrostes bzw. der dunklen Nacht folgen danach.

Doch bei Thérèse von Lisieux kommt eine eigene, wenn nicht gar neue Erfahrung hinzu. Sie erlebt nicht nur zeitweise die Gottverlassenheit (wie Maria von der Menschwerdung), sondern die entscheidenden Schritte ihres Berufungsweges sind wesentlich von der Erfahrung des Mißtrostes und der Trostlosigkeit begleitet. Thérèse wird nicht unvermittelt oder erst nach Jahren ihres Nachfolgeweges angefochten, sie erlebt von Anfang an des öfteren zahlreiche Anfechtungen und Versuchungen zur Verzweiflung.[302] Ein Blick auf die entscheidenden Stationen ihres Lebens zeigte ja schon, daß die Erfahrungen der Anfechtung immer intensiver und anhaltender und am Ende ihres Lebens nicht mehr aufgehoben wurden. Thérèse vermag das Unbegreifliche dieser Glaubensanfechtung nur anzunehmen, da es für sie nicht Schuld und Strafe, sondern Aufgabe und Sendung bedeutet. Solidarität mit der Not

---

301 Ebd., 254. - Die Zustände und Erfahrungen der Trockenheit und der dunklen Nacht haben in der Spiritualität der Ostkirche nicht den gleichen Sinn wie im Abendland: Die Trockenheit ist ein Krankheitszustand, der nicht längere Zeit andauern darf; sie wurde von den asketischen und mystischen Schriftstellern der orthodoxen Tradition niemals als notwendige und normale Etappe auf dem Weg der Einigung betrachtet, sondern eher als ein häufiger, aber immer gefährlicher Unfall auf diesem Weg (V. Lossky, Die mystische Theologie der morgenländischen Kirche. Graz-Wien-Köln 1961, 287). Nicht alle Heiligen erlebten die Erfahrung der dunklen Nacht (vgl. z.B. Bernhard von Clairvaux), und in der östlichen Spiritualität gibt es eigentlich nur zwei charakteristische Fälle mystischer Nacht , nämlich bei dem hl. Tichon von Voronez im 18. Jahrhundert und bei Starez Siluan. Diese Differenz zwischen östlicher und westlicher Spiritualität ist in ihrer Bedeutung bisher selten bedacht worden.

302 Belege dazu sind zu finden bei W. Herbstrith, Therese von Lisieux. Anfechtung und Solidarität, München ^{3}1979, 122f.

der Welt und zugleich Sühne, um mitten in den Leiden der Welt zu stehen.[303]

Die hier beschriebene Erfahrung des Leids bringt bei Thérèse von Lisieux - wie auch schon andeutungsweise bei Maria von der Menschwerdung - einen neuen Aspekt in die Überlegungen zur christlichen Gottesbegegnung im Leid. Im Leben der Thérèse von Lisieux wird deutlich, wie absolut die Entäußerung sein kann, die Franziskus - wie viele andere Heilige nach ihm - auf dem Weg der Nachfolge durchleiden muß: Die Vergöttlichung des Menschen fällt in Thérèse zusammen mit seiner vollständigen Kreuzigung. Die Wundmale am Leib des Franziskus werden von Thérèse in ihrer Seele erlitten, wie ihre Erfahrung der Gottlosigkeit beweist. Wenn aber die Identifikation mit Christus in der psychologischen Ebene so total wird, wird jedes äußere Zeichen der Trennung von der Welt überflüssig [304]; es bedarf keiner monastischen Absonderung von der Welt mehr, denn Thérèse erlebt diese in ihrer Seele.[305]

Doch mit Blick auf die Erfahrungen der Thérèse von Lisieux ist noch mehr zu sagen: Die Begegnung mit dem Leid wird hier vom Glaubenden nicht mehr als ein pädagogisches Mittel in der Hand Gottes gedeutet, es handelt sich auch nicht um ein Durchgangsstadium im geistlichen Prozeß (Krise bei Tauler oder dunkle Nacht bei Johannes vom

---

303 Es ist bezeichnend, daß Thérèse hier einen neuen Begriff des Jenseits schafft. Auf die Frage, ob sie sich freue, die Mühen dieses Lebens bald los zu sein, antwortet sie: Mich deshalb freuen? Ach, nein. Was sie am Himmel anzieht, ist nicht die (persönliche, individuelle) ewige Seligkeit , in der die Seele nach der Unruhe dieser Welt in Gott ruht , sondern sie sucht einzig und allein die Liebe. - Vgl. H.U. von Balthasar, Schwestern im Geist. Therese von Lisieux und Elisabeth von Dijon, Einsiedeln 1970, 203ff.

304 C. Leonardi, Von der monastischen zur politischen Heiligkeit, 593f.

305 Daß Thérèse von Lisieux ihrem eigenen Weg mit Gott eine unersetzliche Bedeutung zumißt, läßt sich schon daran erkennen, daß sie ihre Heiligsprechung selber einleitet: Auf dem Krankenbett verteilt sie ihre eigenen Reliquien oder wehrt sich nicht gegen deren Verteilung: Kruzifixe, Bilder, Rosenblätter, aber auch Haare, Nägel, Tränen und Wimpern. Zugleich ist sie von der unersetzbaren Bedeutung ihrer Lehre vom kleinen Weg überzeugt (vgl. hierzu H. U. von Balthasar, Schwestern im Geist, 25f.).

Kreuz), vielmehr wird die Leiderfahrung auf dem Weg zur Gottesbegegnung so unfaßbar und absolut, daß sie sich nur schwer in eine Antwort auf den Sinn solchen Leides bringen läßt.

i. Leopold Mandic

Über den begnadeten Beichtvater des letzten Jahrhunderts wird nichts so Dramatisches wie bei der Kleinen Thérèse berichtet, doch auch er muß wie alle Heiligen durch die Schule des Leidens gehen: Ein Leben lang plagten ihn Krankheiten: Ein Augenleiden verlangte fast tägliche Pflege. Arthritis verkrümmte seine Hände und Füsse. Er konnte nur wenig essen, denn jahrzehntelang litt er an schmerzhaften Magenkrämpfen. Oft zeigten sich an seinem Körper eitrige Geschwüre, und er fieberte. 'Der Herrgott will es, sein Wille geschehe', sagte er dann. Des Nachts kniete er vor dem Allerheiligsten und bat um Ausdauer, um Kraft, um Liebe. Langsam fühlte er eine Kraft in sich, die nicht von seinem Körper kam. Er legte sich nieder und schlief fünf Stunden bis zum Morgen. [...] Seelische und körperliche Leiden Pater Leopolds lösten einander ab. Er fror an kalten Wintertagen auch auf seiner Zelle. Oft litt er an fieberhaften Erkrankungen, die er seinen Ordensobern gegenüber verschwieg. Er aß das unbedingt Lebensnotwendige, denn immer wieder quälten ihn Magenkrämpfe. Nachts wachte er stundenlang ins Gebet versunken vor dem Allerheiligsten. [306]

Auch Heilige sind nicht von der Versuchung im Glauben und von der Erfahrung der Finsternis und Gottferne verschont. So wird uns über Pater Leopold berichtet: Heilige Seelen prüft der Herr. Er läßt es bisweilen zu, daß ihr Glaube erschüttert wird, ihre Hoffnung sich in Angst und Schrecken verwandelt und die Liebe zu erkalten beginnt. In solchen Zeiten fühlte sich Pater Leopold Mandic fern seiner selbst. Eine verführerische Stimme flüsterte ihm zu: 'Warum dienst du diesem Gott? Für eine einzige schwere Sünde straft er eine ganze Ewigkeit lang.' Und dann wieder: 'Ist Gott nicht allen barmherzig?' Diese Anfechtungen waren erfüllt von tiefster Trostlosigkeit. [...] Uferlos und

---

[306] L. Gutweniger, Pater Leopold Mandic. Der Heilige zwischen Ost und West. Ein charismatischer Beichtvater, Stein am Rhein 1983, 52f. 72.

ohne Grund schien das Meer, das ihn mit schwarzen Wellen einzuholen schien. Er fühlte sich so fern von Gott. Zorn und Auflehnung stiegen ihn ihm hoch wegen seiner körperlichen Schmerzen und seiner Armseligkeit. Sein Leiden prägte sich in seinen Gesichtszügen, in seiner Körperhaltung aus. Zwei- bis dreimal am Tage suchte er seinen Beichtvater auf. Selbst des Nachts klopfte Pater Leopold noch an dessen Zelle, aber der Beichtvater wies ihn mit so schroffen und lauten Worten ab, daß die Mitbrüder dies hörten. Pater Leopold verbrachte wieder eine Nacht in Trostlosigkeit. Würde Gott auch ihn verdammen? Oft zitterte er, ein solches Grauen ergriff ihn. Er sühnte durch dieses Leiden wohl auch für die Gleichgültigen unter seinen Beichtkindern. Oder für seinen Orient! Nur ein Seelenführer, Pater Alvrino aus Padua, verstand ihn. 'Gehen Sie gerade auf dem vorgeschriebenen Weg weiter', riet er, 'das ist der Weg zum Himmel. Wenn der Herr sich verbirgt, denken Sie an die Betrübnis und Trostlosigkeit Jesu im Ölgarten.' [...] Für ihn, den Priester, gab es in Zeiten der Dunkelheit keine Antwort, keinen Trost. Die Tiefe seines Herzens war aufgerissen. Er konnte nicht flüchten, nicht die pausenlos brennenden Fragen aus seinem Bewußtsein verdrängen. Heilige kämpfen an vorderster Linie gegen das drohende Ungemach, das jeder Zeit anhaftet. [307]

2. Deutungen

Seit Gott selbst das Leiden auf sich genommen und ihm damit eine letzte Dignität gegeben hat, gehört das Leiden mit hinein in die Lebens- und Liebesgemeinschaft von Mensch und Gott; dabei ist die erfahrbare Wirklichkeit des Leidens durch keinen Denkakt erklärbar bzw. aufhebbar: Nicht die Erklärung des Leidens, sondern die Begegnung mit Gott im Leiden gibt dem Glaubenden Trost. Für dieses christliche Verständnis des Leidens sind zwei eng miteinander zusammenhängende Intuitionen bestimmend: einmal die den Menschen und seine Kraft übersteigende Übermacht des Bösen in der Welt und zum anderen die

[307] Ebd., 73f.

Überzeugung, daß Gott allein dem Bösen gewachsen ist. Aber trotz seiner Allmacht steht Gott nicht über den Kräften des Leides; er kann das Leid durch keinen Machtakt niederschlagen,[308] sondern liegt im Kampf mit den Mächten und Gewalten , die den Menschen bedrängen, und dieser Kampf währt bis heute (1 Kor 15,22-28).[309] Von diesem Kampf in der Bedrängnis des Leides ist im Leben der Heiligen auf vielfältige Weise die Rede, und zwar nicht im Rahmen einer argumentativ-abstrakten Theologie, sondern im konkreten Lebensvollzug des Glaubensalltags.

a. Kampf

Die Begegnung mit dem Leid führt manchen Heiligen in eine restlose Entfremdung von Gott, die sogar zur einer abgrundtiefen Anfechtung im Glauben wird.[310] Entfremdung von Gott und Anfechtung im Glauben sind auch Erfahrungen im Leben des Menschensohnes : Zur Stunde des Kreuzes umhüllt ihn die Macht der Finsternis (Lk 22, 53), so sehr, daß all das, wofür er leidet, nicht außerhalb seiner ist, sondern mit seiner Wirklichkeit in ihm bleibt. Das Leid steht fortan nicht mehr außerhalb von Gott, und die Erfahrungen der Dunkelheit und Abwesenheit Gottes im Leid gehören - vom Standpunkt Christi her, der sie historisch und einmalig ausgelitten hat [311] - mit hinein in das Erlösungsgeschehen.

Die Bedrängnisse des Leidens, die den Menschgewordenen zu den Tiefen der Unterwelt absteigen lassen (vgl. Mt 12,40; Apg 2,24-31; Röm

---

308 Vgl. H.U. von Balthasar, Theodramatik. Bd. II/1, Einsiedeln 1976, 144.

309 Eine interessante Studie über den Begriff des certamen findet sich bei C. Meier, Virtus et operatio als Kernbegriffe einer Konzeption der Mystik bei Hildegard von Bingen, in: Grundfragen christlicher Mystik, 86ff.; siehe bes. die Deutung des Kosmosmannes und des Christusgigas, 94ff.

310 Vgl. hierzu beispielsweise die Kämpfe der frühen Mönchsväter mit den Dämonen; siehe A.-F. Festugière, Ursprünge christlicher Frömmigkeit. Bildung oder Heiligkeit im Mönchtum des altchristlichen Orients, Freiburg 1963, 26ff.

311 Ausführlicher läßt sich dies nachlesen bei A.M. Haas, Sermo Mysticus. Studien zur Theologie und Sprache der Deutschen Mystik (= Dokimion 4). Fribourg 1979, 91 u.ö.; vgl. auch H.U. von Balthasar, Theologie der drei Tage. Einsiedeln 1969, 55f.

10,7; Eph 4,8-10; Phil 2,5-10; 1 Petr 3,19)[312], bedeuten für das Leben Jesu keine Zutat und kein tragisches Schicksal, sondern sind ein Erweis der Kraft, die von Gott kommt; die Leiden werden für den, der Christus nachfolgt, kein Anlaß zur Verzweiflung, sondern führen zu Vertrauen und Treue, gotte ze eren , wie die Mystikerin Mechthild von Magdeburg[313] von sich aus ihrer eigenen Erfahrung der Gottverlassenheit bekennt, denn wir sind gerettet, doch in der Hoffnung (Röm 8,24).[314] Weil die Bedrängnis des Leidens wesentlich zu einem Leben mit Gott dazugehört, muß das traditionell überkommene und eingeübte Verständnis geistlichen Lebens in einem wichtigen Punkt korrigiert werden. Leben im Glauben erschöpft sich gerade nicht bloß im Beherzigen von Erbauungsbüchern und geistlichen Schriften, es ist erst recht nicht gleichzusetzen mit einem Glaubensbekenntnis oder einer äußeren Kirchenzugehörigkeit; vielmehr muß es verstanden werden als nie abbrechender Kampf mit Mächten und Gewalten dieser Welt, und je höher der Mensch zu Gott steigt und je inniger er mit ihm zu tun hat, um so mehr wird er den Kampf auszutragen haben.

b. Heimsuchung

Am Anfang des geistlichen Weges steht meist die Erfahrung der Nähe und Gegenwart Gottes, doch seine Anwesenheit kann sich früher oder später - nach Art einer Unvermeidlichkeit[315] - verdunkeln, wenigstens

---

312 Vgl. H.U. von Balthasar, Theologie der drei Tage; W. Maas, Gott und Hölle. Studien zum Descensus Christi, Einsiedeln 1979; H.-J. Vogels, Christi Abstieg ins Totenreich und das Läuterungsgericht an den Toten. Freiburg 1976; A.M. Haas, Descensus ad Inferos. Höllenfahrten und Jenseitsvisionen im Mittelalter vor Dante, in: ders., Geistliches Mittelalter (= Dokimion 8), Fribourg 1984, 39-56.

313 Ähnlich äußert sich Hadewych; vgl. A.M. Haas, Geistliches Mittelalter, 404f.

314 Vgl. H.U. von Balthasar, Herrlichkeit. Eine theologische Ästhetik. Bd. II: Fächer der Stile, Einsiedeln 1962, 480-518, wo dies weiter ausgeführt wird mit Blick auf Johannes vom Kreuz: Der nahezu Verdammte will vom letzten Ort her Gott loben.

315 Das hier gemeinte Unvermeidbare kann vom Glaubenden auch selber hervorgerufen werden: So empfängt z.B. Mechthild von Magdeburg acht Jahre lang den göttlichen Trost, doch dann verweigert sie sich ihm: Wenne das spil aller best ist, so mous man es lassen , und sie begibt sich in die Verdammnis der Gottesferne und in den Verlust

in der Erfahrung des Menschen. In diesem Augenblick stellen sich zwischen den Glaubenden und Gott alle möglichen Hindernisse: Unglaube, Langeweile, Ekel vor dem Gebet, Heimsuchungen. Eine undurchdringliche Wand, oder wie es heißt: eine Mauer aus Stahl , erhebt sich fortan zwischen Gott und dem Menschen.

Trostlosigkeit und Verzweiflung bedeuten für das Leben des Glaubens nicht bloß eine dramatische Stilblüte. Denn das Ende dieser Erfahrungen ist nicht schon so in Sicht, daß der Zustand der Dunkelheit nur als vorübergehend erlitten und gedeutet würde.[316] Vielmehr ist der Verlust Gottes derart radikal, daß er, wie *Johannes vom Kreuz* darlegt, einer Höllenerfahrung gleichkommt: Leid und dunkle Nacht lassen sich nicht mehr aufheben bzw. theologisch erklären , sie scheinen etwas Endgültiges und Ewiges an sich zu haben. Im Verlust der Herrlichkeit Gottes (Röm 3,23) verbergen sich Hoffnung und Liebe, so daß der Mensch unter dem Zorngericht Gottes (Röm 3,5 u.ö.) steht.

Es bleibt die Frage, wie diese Erfahrungen der Abwesenheit Gottes des näheren zu deuten und zu verstehen sind. Die Heiligen zeigen, daß die in solchen Zeiten erfolgte Verdunkelung nicht als Rückschritt auf dem Glaubensweg anzusehen ist, sondern geradezu in der Folgerichtigkeit und Konsequenz des angetretenen Weges liegt. Dies wird von vielen Glaubenden bezeugt, die solche leidvollen Erfahrungen durchmachten: Sie können nicht mehr so tun, als hätten sie Gottes Anwesenheit vorher nicht empfunden. Dieses Wissen gibt ihnen in der Erfah-

---

von gottes heimlichkeit . Vgl. hierzu A.M. Haas, Sermo Mysticus 113f.; siehe auch ebd., 89f.

316 So lebt Hadewych in totaler Verzweiflung: Mein Herz lebt ohne Hoffnung , und: Mich schaudert zu leben ; vgl. Hadewych, Strophische Gedichte, Lied XVII, Strophe 5. - Maria Petyt erfährt diesen Zustand der Verlassenheit wohl vier oder fünf Jahre lang , und sie schreibt dazu: Mich dünkt, daß ich von keinen Versuchungen stärker und länger angegriffen worden sei als von der Verzweiflung. Auch Gedanken an Selbstmord treten auf: Eine Zeit lang war ich versucht, mir das Leben zu nehmen ... Was willst du dein Leben in solcher Qual verbringen? Wähle dann lieber die kürzere Pein (A. Deblaere, De mystieke schrijfster Maria Petyt. 1623-1677, Gent 1962, 49-51). - Ganz anders die Kleine Thérèse, die, wie gezeigt wurde, die Gottverlassenheit bis zum Lebensende durchstehen muß (vgl. E. Renault, L'épreuve de la foi. Le combat de Thérèse de Lisieux, Paris 1974, 24).

rung der Abwesenheit Gottes einen Frieden, der alles andere als zu erwarten war. Es ist zwar kein Trost [317], aber der im Leid erfahrene Friede bewahrt den Glaubenden trotz aller Anfechtung vor einer letzten Verzweiflung.[318] Hiermit ergeben sich wiederum wichtige Korrekturen im üblichen Verständnis der Gotteserfahrung auf dem Weg des geistlichen Lebens[319]:

---

[317] Von einem solchen Trost spricht wohl Paulus, wenn er angesichts all seiner Leiden überrascht sagt: Trotz all unserer Not bin ich von Trost erfüllt und ströme über von Freude (2 Kor 7,4), denn es bedeutet für ihn eine Gnade , für Christus dazusein, also nicht nur an ihn zu glauben, sondern auch seinetwegen zu leiden (Phil 1,29). Diese Haltung des Apostels gegenüber dem Leid wird vor allem verständlich auf dem Hintergrund seiner Tauftheologie. Zusammen mit Christus in den Tod begraben , mit ihm völlig vereint in einem Tode, der dem seinen nachgestaltet ist , weiß der Neugetaufte, daß die Teilhabe an den Leiden für ihn nicht eine bloße Nachahmung eines Vorbildes ist (vgl. A.M. Sicari, Am Kreuzungspunkt zwischen der Passion Christi und der Passion jedes Menschen, in: IKaZ 9 [1980] 45-57, hier 54), vielmehr hat er an dem Kreuzigungs- und Auferstehungsgeschehen Jesu ganz persönlich und wirklich Anteil. Jeder Christ lebt von einem Tode her, der ihn ganz und wirklich getroffen hat (von hier aus erklärt sich auch der Sinn von Askese und Buße).

[318] Thérèse von Lisieux z.B. bezeugt dies mit den Worten: Gott hat mir diese Prüfung erst geschickt, als ich die Kraft besaß, sie auszuhalten; früher, glaube ich, hätte sie mich wohl zutiefst entmutigt. Jetzt nimmt sie alles hinweg, was meinem Verlangen nach dem Himmel noch an natürlicher Befriedigung anhaften könnte (Thérèse vom Kinde Jesu, Selbstbiographische Schriften. Einsiedeln 1958, 223).

[319] G. Bernanos scheint dies bedacht zu haben, wenn er in den Dialogues des Carmélites die alte Priorin nicht in einer Liebesekstase, sondern in einer gräßlichen Ekstase der Angst und Gottverlassenheit sterben läßt, die für sie selber wie auch für ihre Umgebung total unerbaulich ist (G. Bernanos, Dialogues des Carmélites [1949]; vgl. auch G. von Le Fort, Die Letzte am Schafott [1931]). Nicht die Ekstase der Liebe oder das Taborlicht stehen hier im Mittelpunkt christlicher Gotteserfahrung, sondern das Scheitern und Zerbrechen an Gott und seiner Unergründlichkeit. - Der Weg zu Gott ist im Leben des Glaubens kein Aufstieg , vielmehr ist der Glaubende sich so sehr genommen, daß der Weg der Kontemplation, ehrlich und unverbogen beschritten, normalerweise in eine Nacht mündet: in das Nichtmehrsehen, wozu man betet, wozu man verzichtet hat, das Nichtmehrwissen, ob Gott überhaupt noch zuhört, das Opfer noch will und noch annimmt (H.U. von Balthasar, Wer ist ein Christ? Freiburg 1969, 82). - Es ist der Gedanke vom Spielball , wie Thérèse von Lisieux zeigt, der von Jesus geworfen, durchlöchert, eingesehen und einfach liegengelassen wird.

1. Im Leben vieler Heiliger und ihrer Gottesbegegnung im Leid zeigt sich, wie unzureichend die Vorstellung dessen ist, was in der geistlichen Tradition des Glaubens als eine dunkle Nacht bezeichnet wird. Das Schema der drei Wegstufen Reinigung-Erleuchtung-Einigung bleibt unzulänglich, denn die dunkle Nacht der Seele und des Geistes kann nicht bloß als Reinigungsstufe betrachtet werden, als wäre die primäre Absicht Gottes bei diesem Leidenszustand die Seele selbst - ihre Loslösung von irdischen Dingen und die Läuterung ihrer tiefsten Gründe - und nicht viel eher das Werk Christi, in das einzelne Glieder in besonderer Weise einbezogen werden [320]. Die Erfahrung des Leides und der Abwesenheit Gottes sind viel zu absolut und zu eindeutig, als daß sie einem Prozeß der Reinigung dienten, geht es doch nicht um psychologische , sondern um theologische Erfahrungen.
2. Eine weitere Konsequenz der Überlegungen liegt darin, daß die zuweilen übliche Vorstellung von einer Gottesbegegnung im Leid in einem wesentlichen Punkt neu gedeutet werden muß. Die höchste Aufstiegsetappe auf dem Weg zu Gott ist für die Heiligen nicht zu bemessen an den Erfahrungen einer Einigung mit Gott, sondern am Gehorsam, der auch in der Erfahrung der Gottverlassenheit mit Gott genauso eng verbunden sein kann wie in der erfahrenen Einigung [321]. So verheißt Christus dem, der ihm nachfolgt, keine unmittelbaren Gotteserfahrungen, sondern einzig die Konfiguration mit ihm und seinem Schicksal (Mt 10,25; Joh 21,18f.). Die Verähnlichung mit dem Meister vollzieht sich im Leben der Heiligen nicht nach einem vorher absehbaren System von Stufen oder Etappen, sondern in der Treue des Gehorsams gegenüber dem Willen Gottes.

---

[320] H.U. von Balthasar, Zur Ortsbestimmung christlicher Mystik, in W. Beierwaltes/H.U. von Balthasar/A.M. Haas, Grundfragen der Mystik (= Kriterien 33). Einsiedeln 1974, 37-71, hier 60f.

[321] Ebd., 59. - Balthasar zitiert sodann Joh 16,32: Siehe, es kommt die Stunde und sie ist schon da, wo [...] ihr mich alle allein laßt. Aber auch dann bin ich nicht allein, denn der Vater ist mit mir , und zwar in der Verlassenheit genauso mit mir wie in der gefühlten Einigung (ebd.).

3. Der heilige *Johannes vom Kreuz* bedenkt eigens das Verhältnis von dunkler Nacht und Depression: Wenn auch diese Trockenheit manchmal mit Melancholie oder mit einer anderen Gemütsart, wie es zuweilen geschieht, [...] verbunden ist, so bewirkt sie deswegen die Reinigung des Gelüstens nicht in geringerem Maße. [322] Die dunkle Nacht kann sogar zur Heilung für die Melancholie werden: Begegnen solchen [melancholisch veranlagten] Personen [bei denen Regungen der Sinnlichkeit und Empörung besonders heftig auftreten] infolge ihrer Melancholie derartige Dinge, so werden sie gewöhnlich nicht eher davon befreit, als bis sie von dieser ungesunden Gemütsart geheilt sind oder bis die 'dunkle Nacht' über ihre Seele kommt. Diese erst macht die Seele schrittweise von all dem frei. [323]

In dieser Situation bedarf die Seele besonders des Trostes und der Aufmunterung in der geistlichen Führung. Aber es gibt so manche Beichtväter und Seelenführer, die weder Wissen noch Erfahrung in diesen Wegen haben, und eben deshalb solche Seelen, denen sie Helfer und Führer hätten sein sollen, eher aufhalten und hemmen auf diesem Weg [...] Es ist deshalb etwas gar Unangenehmes und Peinliches, wenn sich eine Seele in solchen Fällen selbst nicht kennt noch auch jemand hat, der sie versteht. Kann es doch bisweilen vorkommen, daß Gott eine Seele auf den erhabensten Weg dunkler Beschauung und Trockenheit führt, während die Seele meint, sie gehe verloren; oder während sie so von Finsternis und Verwirrung und Beängstigungen und Versuchungen gepeinigt wird, findet sie gar wohl jemand noch, der ihr, wie einst die Freunde Ijobs, sagt: es sei das alles nur Melancholie, Trübsinn oder Naturanlage; ja es könne auch sein, daß irgendein geheimes Laster schuld sei, warum Gott sie verlassen habe. Und sogleich sind dann solche Menschen mit ihrem Urteil fertig: diese Seele müsse doch ganz schlecht sein oder wenigstens gewesen sein, da es ihr so schlimm ergehe. [...] So macht man es dieser armen Seele doppelt schwer. Es kann nämlich sehr wohl sein, daß die große Bitterkeit, welche die Seele

---

[322] Johannes vom Kreuz, Die dunkle Nacht und Gedichte. Übertr. von I. Behn, Einsiedeln 1961, 38 [zit. künftig als: DN].

[323] DN 21.

empfindet, aus der Erkenntnis ihrer eigenen Armseligkeit herkommt, indem sie in jenem Licht der Erkenntnis, das Gott ihr in der dunklen Nacht der Beschauung mitteilt, sonnenklar erkennt, sie sei voller Fehler und Sünden. Wenn nun gar jemand der gleichen Ansicht ist wie sie selbst und ihr sagt, daß sie an allem dem selber schuld sei, so steigert sich die Bitterkeit und Not dieser Seele ins Ungemessene. [324]
Vielmehr müssen sich solche Menschen Gott überlassen: Denn solange Gott nicht Wandel schafft, ist doch alles umsonst, mögen diese tun und jene sagen, was sie wollen. Der Mensch in der dunklen Nacht weiß mit Bestimmtheit, daß seine Krankheit nur von Gott selbst geheilt werden kann. Der Mensch darf die dunkle Nacht nicht mit künstlichen Lichtern verkürzen, sondern er muß warten, bis Gott selbst ihm neues Licht schenkt. Vor allem wird Gott den Menschen in der Dunklen Nacht lehren, zuerst und vorrangig das Reich Gottes zu suchen: Wenn die mehr äußeren Unvollkommenheiten entfernt wurden, wendet sich das Feuer der Liebe nach innen, um dort zu reinigen und zu verzehren, was noch übrig ist. Dabei werden die Peinen der Seele umso tiefgreifender, eindringlicher und geistiger, je mehr sie von den inneren, verborgenen und geistigen Unvollkommenheiten geläutert wird, die im Innersten der Seele ihre tiefen Wurzeln haben. [...] Je mehr das Feuer den innersten Kern ergreift, desto größere Kraft und Wut bietet es auf, um dasselbe im Inneren zuzubereiten und ihn so ganz in seinen Bereich zu ziehen. [325]
4. Die Bedeutung des Gehorsams gegenüber dem Willen Gottes erhält im Verständnis der dunklen Nacht des Glaubens seinen konkreten positiven Inhalt im theologischen Begriff der Hoffnung . Es ist ein klassischer Satz katholischer Theologie, daß die Hoffnung eine selbständige theologische Tugend ist - und zwar selbständig gegenüber, neben und zwischen den beiden anderen Tugenden von Glaube und Liebe.[326] Als solche bestimmt sie nicht nur das irdische Dasein des

---

[324] DN 9.

[325] DN 12.

[326] Vgl. K. Rahner, Zur Theologie der Hoffnung, in: ders., Schriften zur Theologie. Bd. VIII, Einsiedeln-Zürich-Köln 1967, 561-579.

Heiligen, vielmehr spricht Paulus bei allen drei theologischen Tugenden von einem endgültigen Bleiben (menein): Die Hoffnung bleibt in der Ewigkeit erhalten und bestehen.
Gewiß wird der Mensch in der Gemeinschaft Gottes viele Dinge seines Lebens in ihrer Vorläufigkeit durchschauen und als solche ablegen, aber er wird Gott nicht wie diese Dinge des Lebens erkennen und erfassen können. Auch in der Schau wird Gottes Geheimnis nicht aufgehoben bzw. endlich aufgelöst sein, vielmehr gehört es zum Wesen der Hoffnung, daß sie die Kraft gibt, Gott in seiner Unbegreiflichkeit zu ergreifen und zu bejahen. Im Leben mit Gott bedeutet die Hoffnung somit keine Modalität irdischen Daseins, die am Ende der Zeiten aufhört, sie bleibt vielmehr für alle Zeiten die Grundmodalität der Begegnung des Menschen mit Gott.
Aus dieser Überlegung folgt: Auch in der Erfahrung des Leidens kann die Frage nach seinem Sinn nur eine solche Antwort finden, die den Menschen *hoffend* Gott begegnen läßt. Die Vorstellung von der Glaubensbegründung durch Erfahrung ist zu kurzatmig, erst recht in einem geistlichen Schema des Aufstiegs zu Gott: Leid und Kreuz sind und bleiben ein Ärgernis und eine Torheit (1 Kor 1,23). Darum ist jede Antwort abzulehnen, in der man dem Leid vorschnell dadurch ein Sinn zuspricht, daß es als (Reinigungs -)Etappe auf dem Weg mit Gott ausgegeben wird. Vielmehr gilt es, die Sprache des Leidens umzuwandeln in die der Liebe und die schmerzhafte Entbehrung im Leiden anzunehmen als Prüfstein der Liebe. Was Léon Bloy über diesen Weg der Liebe sagt, gilt auch für den Weg mit Gott: Wenn einer vorgibt, mich zu lieben, sich aber weigert, durch mich zu leiden, so handelt es sich nur um einen Wucherer des Gefühls, der in meinem Herzen seinen Handel einrichten will. [327]

c. Dynamis

Nicht zu übersehen ist, daß die Erfahrung im Laufe der 2000 Jahre Geschichte der Heiligen immer eindeutiger und tiefgreifender wird: Im

---

[327] Zit. nach P.J. Cordes, Mitten in unserer Welt. Kräfte geistlicher Erneuerung, Freiburg-Basel-Wien 1987, 79f.

Leben des Apostels *Paulus*, der *Martyrer* wie auch der *Mönchsväter* kommt die Frage nach dem Sinn des Leidens nicht allein aus der Erfahrung kosmischen oder physischen Leids, sondern aus dem Leben der Nachfolge und der Treue zum Ruf Gottes: Gott selber ist so, daß die Begegnung mit ihm in das Leiden führt. Diese Sicht wird noch deutlicher im Mittelalter: Nicht das Leid als pädagogisches Mittel in der Hand Gottes, sondern der Gedanke des exemplarischen Leidens rückt in den Vordergrund: In der Compassio mit dem leidenden Herrn gilt das Leid nun als die königliche Straße (*Devotio moderna*), da es reinigt und in die Begegnung mit dem Herrn führt. Auch hier ist der Kontext der Nachfolge nicht zu übersehen: Auf dem Weg durch die Nacht der Sinne und die Nacht des Geistes erfährt der Glaubende das Leid ganz bewußt als einen Weg der Begegnung mit Gott (vgl. *Johannes vom Kreuz*).

Zu einem grundsätzlichen Wandel in der Erfahrung des Leidens kommt es nach Beginn der Neuzeit. Bei *Maria von der Menschwerdung* ist das Leiden nicht mehr eine Reinigung oder Vorbereitung für die Begegnung mit Gott, sondern für sie setzt das Leiden nach der Erfahrung der Unio mit Gott ein. Nicht anders verhält es sich bei der *Kleinen Thérèse*, für die jeder Schritt in der Nachfolge ein tieferes Leiden mit sich bringt, bis hin zur Gottverlassenheit der Todesstunde.

In der christlichen Glaubensgeschichte liegt die innere Dynamik der Leiderfahrung darin, daß seit der Neuzeit für viele Heilige die Bedrängnis des Leids nicht mehr nur in gewissen Situationen und auf Zeit hin erfahren wird - als Reinigung und Vorbereitung für Gott und seinen Lohn -, sondern das Leid trifft den Menschen nach der Begegnung mit Gott, und zwar nicht vorübergehend, sondern endgültig und unüberwindbar. Deshalb sind die Erfahrungen der Nacht und der Nacht des Nichts, wie sie beispielsweise von der *Kleinen Thérèse* beschrieben wird, nicht mehr aufzuheben in die Gewißheit und Sicherheit des Glaubens; die Nacht ist keine vorübergehende Zeit, um deren guten Ausgang der Glaubende weiß, sondern der Weg zu Gott scheint total ungeborgen und aussichtslos zu sein. Die Anfechtung dieser Leiderfahrung bleibt ohne Antwort auf ihre Sinnhaftigkeit und ihre Notwendigkeit, auch der Rekurs auf eine einfache und ungebrochene Gottgewißheit oder Glaubenssicherheit ist nicht mehr möglich. Denn die Mauer zwischen Anfechtung und der Sicherheit von Gott ist gefallen[328], und die Anfechtung gehört seither zur Begegnung mit Gott.

Der Wandel in der Gotteserfahrung ist deutlich: Sagten früher die anderen und die Toren : Es gibt keinen Gott! , liegen nun Gottesleugnung und Atheismus auch für den frommen Christen nicht mehr unter der Vitrine von 'fernem Land' oder 'verruchtem Bösewicht'; sie sind uns auf den Leib gerückt [329].

d. Solidarität

Es stellt sich die Frage, woher die Heiligen Mut und Kraft gewannen, auch in der Eindeutigkeit ihrer Leiderfahrung und Anfechtung des Glaubens das Angesicht Gottes zu suchen und an seine Gegenwart und Menschenfreundlichkeit zu glauben.

Eine mögliche Antwort auf diese Frage findet sich im Gedanken der Solidarität , die eine Grundkategorie christlicher Leiderfahrung ist. Wie nämlich der Kampf Christi mit den Mächten und Gewalten um der Erlösung der Welt willen geschah - für die vielen -, so ist auch die Anfechtung in der Nachfolge des Herrn nicht ohne ihre sozialen Dimensionen zu verstehen.[330] Nicht nachträglich oder von außen her verbindet sich der Weg zu Gott mit dem Dienst für die vielen , vielmehr gehört die apostolische Hinwendung zur Welt wesentlich in die Gottesbegegnung mit hinein.

Dies wird auf vielfache Weise im Leben von Heiligen bezeugt: Wie beispielsweise *Mose* vom Berg aus betend die Schlacht des Gottesvolkes mitschlägt, so verstehen *Antonius* und die frühen *Mönchsväter* ihre Kämpfe mit dem Bösen als ein stellvertretendes Werk, das sie in der Wüste für die anderen verrichten. Gleicherweise deutet die *Kleine Thé-*

---

328 Ebd., 16.

329 Ebd., 12f.

330 Wenn Augustinus vom christlichen Kampf des einzelnen spricht und die Grenzen der beiden Civitates durch das Herz des einzelnen hindurchgehen sieht, betont er die soteriologische Bedeutung dieses Kampfes für die anderen (vgl. B. Roland-Gosselin, Le combat chrétien selon S. Augustin, in: Vie Spirituelle 24 [1930] 71-94).

rèse ihr Leben im Kloster als ein Werk, das sie dem Einsatz für die kirchliche Missionsarbeit zuordnet. Stellvertretend für seine Gemeinde betet der *Pfarrer von Ars* in der Nacht und widersteht dem Bösen, und *Charles de Foucauld* verharrt in der Wüste täglich im Gebet vor dem Tabernakel und weiß, daß er der Welt nicht tiefer und umfassender helfen kann, als auf diese Weise.

Wie sehr der Weg der persönlichen Vervollkommnung und des geistlichen Kampfes soziale Dimensionen trägt, bezeugen zahlreiche Texte der Väterzeit. Aus ihrem Geist schreibt *Symeon der Neue Theologe*: Ich kenne einen Menschen, der mit solcher Glut das Heil seiner Brüder ersehnte, daß er oft mit heißen Tränen seines Herzens und im Übermaß des Eifers, der eines Moses würdig gewesen wäre, zu Gott betete, daß entweder seine Brüder mit ihm gerettet, oder daß er mit ihnen verdammt würde. Er hatte sich nämlich im Heiligen Geist mit solcher Liebe mit ihnen verbunden, daß er nicht einmal in das Himmelreich eingehen wollte, wenn er sich dadurch von ihnen trennen müßte. [331] In seiner siebten Homilie über Leviticus spricht *Origenes* von der christlichen Stellvertretung und Solidarität, die irdische und himmlische Kirche eint: Mein Heiland trauert auch jetzt über meine Sünden. Mein Heiland kann sich nicht freuen, solange ich in Verkehrtheit lebe. Warum kann er das nicht? Weil 'er selber Fürsprecher für unsere Sünden beim Vater ist'. [...] Wie also kann er, der Fürsprecher für meine Sünden ist, den 'Wein' der Freude trinken, wenn ich ihn mit meinen Sünden betrübe? [...] Noch haben nämlich auch die Apostel selbst ihre Freude nicht erhalten, sondern auch die Apostel warten, daß ich ihrer Freude teilhaft werde. Denn auch die von hinnen scheidenden Heiligen erhalten nicht sogleich den vollen Lohn ihrer Verdienste, sondern sie warten auf uns, auch wenn wir verzögern, auch wenn wir träge bleiben. Nicht nämlich haben sie volle Freude, solange sie wegen unserer Irrungen unsere Sünden betrauern und beklagen. [...] Du siehst also wohl, daß Abraham noch wartet, die Vollendung zu erlangen? Es warten auch Isaak und Jakob, und alle Propheten warten auf uns, um mit uns zusammen die vollendete Glückseligkeit zu erreichen [...] 'Sind es auch viele

---

[331] Symeon der Neue Theologe, Divinorum amorum liber (PG 120,507-602).

Glieder, so doch Ein Leib; es kann das Auge nicht zur Hand sagen: ich brauche dich nicht.' Selbst wenn das Auge heil ist und zum Sehen tüchtig, - fehlen ihm die übrigen Glieder, was wäre die Freude des Auges? [...] Du wirst also (zwar) Freude haben, wenn du als Heiliger aus diesem Lande scheidest: dann aber erst wird deine Freude voll sein, wenn dir kein Glied mehr fehlt. Warten wirst nämlich auch du, wie du selbst erwartet wirst. [332]

Auf dem Weg zu Gott geht es also nicht um das Prinzip Gott und meine Seele , vielmehr wird jeder Heils-Individualismus korrigiert unter dem Anruf der Liebe und der Hingabe an die Mitmenschen.

In zahlreichen Zeugnissen von Heiligen wird auf diese Kategorie der Solidarität im Glauben hingewiesen, so zum Beispiel, wenn *Paulus* nicht die mystischen Erfahrungsstufen, sondern die Dringlichkeit der Durchführung des irdischen Auftrags betont und *Ignatius von Loyola* trotz seiner Sehnsucht nach dem Himmel lieber bis zum Ende der Welt im Auftrag Christi auf Erden weiterarbeiten möchte, sogar wenn seine eigene Seligkeit dabei ungewiß bleiben mag. *Johannes Tauler* sagt von denen, die den Weg des Glaubens gehen: Sie begeben sich alle Tage in jenen göttlichen Abgrund und ziehen alle die Ihren mit sich, die ihnen besonders anbefohlen sind; diese dürfen nicht glauben, sie seien von jenen vergessen, gewiß nicht, sie treten alle mit ihnen ein, in einem Augenblick, ohne bildhafte Vorstellungen und im Namen der gesamten Christenheit [333].

Der Gedanke der Solidarität findet sich auch bei *Thérèse von Liseux*; in ihren letzten Lebensmonaten kann sie sich der Verzweiflung nur erwehren durch ungezählte Glaubensakte[334] und durch ihre Solidarität mit den Atheisten, damit für diese die Fackel des Glaubens [335] aufleuchten

---

332 Origenes, Homilia in Lev. VII, 2 (ed. Behrens 374-380); vgl. H. de Lubac, Glauben aus der Liebe. Einsiedeln 1970, 368-373.

333 H 581. - Was Tauler hier anspricht, ist auch in der modernen Literatur bezeugt. Zu Paul Claudel und seiner Auffassung vom stellvertretenden Leiden vgl. F. Wulf, Geistliches Leben in der heutigen Welt. Freiburg-Basel-Wien 1960.

334 Thérèse vom Kinde Jesu, Selbstbiographische Schriften, 222.

335 Ebd., 220.

kann.[336]

Daß diese Glaubensanfechtung Thérèses nicht absolut zu setzen ist, betont eigens H.U. von Balthasar: Daß sie aber in der passiven Nacht der Seele in die Verdammnis gestürzt worden wäre, dafür liegt kein ernsthaftes Zeugnis vor. Sogar der stärkste Ausspruch bezeugt das Gegenteil: 'Ich glaube nicht mehr an das ewige Leben: mir scheint, daß es nach diesem sterblichen Leben nichts mehr gibt. Alles ist verschwunden. Es bleibt nur noch die Liebe.' Wenn die Liebe bleibt und wenn Thérèse weiß, daß sie bleibt, so ist das nicht die dunkle Nacht der Seele [337], doch er relativiert diese Aussage nochmals im Blick auf die letzten Tage ihres Lebens.[338] Eher wird Thérèses Glaubensanfechtung zu deuten sein als ein Weg der Stellvertretung und Solidarität, wie sie selber vor Mutter Marie de Gonzague bezeugt: Seit meinem Eintritt in die gesegnete Arche dachte ich immer, wenn Jesus mich nicht bald in den Himmel entführe, so treffe mich das Los der kleinen Taube Noes; eines Tages würde der Herr das Fenster der Arche öffnen und mich heißen, sehr weit, sehr weit zu fliegen bis an die Gestade der Ungläubigen und den kleinen Ölzweig dorthin zu bringen [...] Ich war nicht nur bereit, selbst zu einem unbekannten Volk in die Verbannung zu ziehen, sondern auch, was für mich sehr viel bitterer war, die Verbannung für meine Schwestern anzunehmen. [339]

Aus den Überlegungen zur Gottesbegegnung im Leben der Heiligen folgt, daß die Frage nach dem Leid in der Glaubensgeschichte eine spezifische ist: Nicht das theoretische Theodizeeproblem, sondern die Begegnung mit Gott wird in der Leiderfahrung zur Anfechtung; sie läßt den Heiligen in seinem Leid eingebunden sein in die Begegnung mit

---

336 Siehe hierzu ausführlich Th. Beierle, Therese von Lisieux, in: A. Rotzetter (Hg.), Geist und Kommunikation. Versuch einer Didaktik des geistlichen Lebens (Seminar-Spiritualität 4), Zürich-Einsiedeln-Köln 1982, 299-324, hier 306.

337 H.U. von Balthasar, Schwestern im Geist, 330.

338 Ebd., 345.

339 Therese vom Kinde Jesu, Selbstbiographische Schriften, 225f.

dem Leid der Welt[340] und in die Solidarität mit allen leidenden Menschen.[341]

Der Ort des Leidens ist nicht die Tribüne, sondern die Arena ![342] Auf der Tribüne theologischen Denkens mag es viele Antworten auf die Sinnhaftigkeit des Leidens geben, doch die Gottesbegegnung im Leid geschieht in der Arena . Wie wird hier von den Heiligen die Frage nach dem Sinn des Leidens beantwortet? Das Kreuz des Herrn gibt keine direkte Antwort auf die Frage nach dem Sinn des Leidens, zumal viele physisch mehr leiden müssen als der Gekreuzigte. Jesus be-

---

340 Die Läuterung der Seele und die Mystik im Kloster weisen, wie schon angedeutet, zurück auf die Erfahrung der Martyrer im Gefängnis. - Auf diesen Zusammenhang zwischen äußerem und innerem Martyrium verweisen verschiedene Texte der mittelalterlichen Mystik. Johannes Tauler z.B. zeigt am Beispiel der heiligen Cordula, daß sie den Mut zum Martyrium erst fand, nachdem sie geistigerweise durch ir herze und durch ir fantasien und starb mit eime ieklichen eins sunderlichen todes in irme gemute (V 431,8-10). Weil sie viele Tode starb (V 431,10), kam sie in den alre obersten grat der Heiligkeit (V 431,6). Der konkrete Tod fand also eine mystische Vorausnahme des Martyriums. - Hierzu finden sich weitere Ausführungen bei A.M. Haas, Mors mystica, in: ders., Sermo Mysticus. Fribourg 1979, 392-480, bes. 466; vgl. auch H.U. von Balthasar, Cordula oder der Ernstfall, 20: Die Antizipation des eigenen Todes als Antwort auf den Tod Christi ist die Weise, wie wir uns unseres Glaubens ernsthaft versichern können.

341 Gewiß kommt es im Laufe der Spiritualitätsgeschichte zu einer zunehmenden Interiorisierung der christlichen Deutung des Leidens: Die Nachfolge verwandelt sich in Nachahmung, die äußeren Verfolgungen werden abgelöst durch die inneren Anfechtungen, und aus der Hinrichtung und Lebenshingabe wird der geistliche Tod , die mors mystica . Aber es ist nicht zu übersehen, daß in der Anfechtung die spirituelle Nachfolge Christi in der Seele versucht, der leibhaftig-politischen Nachfolge Christi zu entsprechen (J. Moltmann, Gotteserfahrungen. Hoffnungen-Angst-Mystik, München 1979, 62). Die spirituelle Nachfolge läßt sich also nicht loslösen und dispensieren von dem öffentlichen Zeugnis und dem Dienst für die vielen , und das geistliche Sterben mit Christus ist kein Ersatz für das reale Mit-Christus-Sterben. Deshalb ist Mystik keine Entfremdung von der Tat, sondern eine Vorbereitung für die öffentliche Nachfolge. Versteht man die 'dunkle Nacht der Seele' nicht metaphysisch, sondern konkret als Golgathaerfahrung, dann weist sie über sich hinaus auf den Tod des Zeugen (ebd., 62f.). - Bei der Kleinen Thérèse bekommt der innere Konnex von äußerem und innerem Leiden eine dritte Dimension, denn Christusmystik und Martyrium verbinden sich bei ihr mit der Alltäglichkeit .

342 E. Zenger, Durchkreuztes Leben. Hiob - Hoffnung für die Leidenden, Freiburg-Basel-Wien [2]1982, 25.50.

gegnet dem Leid nicht erst in der Stunde der Passion, sondern während seines ganzen Daseins: seit der Armut in Bethlehem über die Jahre der Verkündigung bis hin zur Anfechtung, wo der Herr an seinen Wundmalen erkannt wird. Das Leiden gehört wesentlich zum Leben des Menschensohnes dazu, deshalb ist auch die Passion kein bloßer Unfall oder ein rein zufälliges Mißgeschick. In der Auferstehung wird das Leid des Gekreuzigten nicht so verklärt, daß es als Etappe und Zwischenerfahrung abgetan bliebe, sondern es ist künftig für immer mit hineingenommen in das Leben in Gott, da es doch nichts außerhalb des allgegenwärtigen Gottes geben kann [343].

Weil Leid wesentlich in das Leben und die Begegnung mit Gott hineingehört, bestimmt es auch das Leben und Zeugnis der Heiligen: Gegenüber allen gnostischen Verständnisweisen[344] steht das Leben im Glauben unter dem Zeichen des Kreuzes, nur durch das Skandalon kommt der Glaubende ins Pascha, ins Ewige: Diese Kirche ist am Sterben; aber ihr Sterben führt uns ins andere Leben, aus der Schwächlichkeit in die Kraft, aus dem Verachtetsein in die Glorie, aus dem Zerfall in Unvergänglichkeit, aus den Grenzen der Zeit in das göttlich-unveränderliche Leben. [345]

Die Leidensnachfolge konkretisiert sich für die Heiligen auf dem Weg der Solidarität und Stellvertretung: Wie Jesus nicht nur aus Solidarität mit den Menschen und in Stellvertretung leidet für die vielen , so versöhnt er auch stellvertretend die Menschen mit Gott (2 Kor 5,19-21) und ruft alle, die ihm nachfolgen, in den Dienst an der Versöhnung. Die christliche Gottesbegegnung ist darum nicht einseitig in den Kontext des Leidens gestellt, sie fordert vielmehr auf zu Arbeit, Dienst und Einsatz für die Welt.

---

343 Ebd., 14.

344 Vgl. dazu Tertullian, De carne Christi V,3,4.

345 Cyrill von Alexandrien, Glaphyrorum in Genesis 6.4 (PG 69,329C.224D); vgl. H. Rahner, Die Kirche. Gottes Kraft in menschlicher Schwäche, Freiburg 1957.

XV. STERBEN

Der Tod ist das Schicksal jedes Menschen, ohne jede Ausnahme. Er ist das letzte im Leben, das jeder zu bestehen hat. In seinem Anblick verändern sich alle Dinge des Lebens, ja, der ganzen Erde. Ein Sprichwort lautet: Wer nicht stirbt, eh er stirbt, der verdirbt, wenn er stirbt. Wie verhielten sich die Heiligen im Angesicht des Todes? Nach Reinhold Schneider ist der Heilige auf dem Sterbe- und Totenbett die mächtigste Stimme des Glaubens [346].
Auch Heilige fürchteten sich in der Stunde des Todes: Die Angst ist doch Gottes Tochter, die in der Karfreitagsnacht erlöst ward. Sie ist nicht schön anzusehen, nein! Sie wird bald verspottet, bald verflucht, vor allen verleugnet. Und doch: täuschen Sie sich nicht: sie sitzt am Bett eines jeden Sterbenden, legt Fürsprache für den Menschen ein. [347] Doch alle Heiligen haben ihren Todestag als ihren wahren Geburtstag betrachtet, wie auch die Kirche das Fest eines Heiligen auf seinen Todestag legt. Der wahre Geburtstag bringt die Erfüllung des Wortes Jesu zum Schächer am Kreuz: Wahrlich, ich sage dir: heute wirst du mit mir im Paradiese sein (Lk 23.43). So soll es in den folgenden Überlegungen darum gehen darzulegen, wie beides, Angst und Vertrauen, Furcht und Freude, die letzte Stunde im Leben der Heiligen bestimmt haben.[348]

---

346 R. Schneider, Pfeiler im Strom. Wiesbaden 1958, 207. Er schreibt: Die Totenmaske - heilsgewisse verewigte Agonie - ist nicht Menschenwerk, sowenig wie das Leben und Zeugnis der Heiligen ihr Werk ist. Gott bildet das Antlitz, bildet das Leben. Der Heilige ist der Mensch, der die Gnade erleidet und trägt, den Gott sich erwählt hat, daß er einer bestimmten Zeit ein bestimmtes Zeichen werde. Er bezeugt die geheimnisvolle Gegenwart des Reiches, seinen Wandel durch die Geschichte. Der Heilige auf dem Sterbe- und Totenbett ist die mächtigste Stimme des Glaubens, des Friedens. Von ihm und von ihm allein könnte gesagt werden, daß der Sieg sich mit ihm ankündige: der Sieg des Gekreuzigten. Das Siegel der Vollendung aber ist nicht in Menschenhand. In Leid und Feuer, Entbehrung und Überfluß wurde es der Demut aufgeprägt.

347 G. Bernanos, Der Abtrünnige. Paris 1929, 463 (übers. nach W. Nigg).

348 Vgl. hierzu auch die Studie von W. Nigg, Die Hoffnung der Heiligen. Wie sie starben und uns sterben lehren, Ostfildern o. J.

1. Befreiung

Der Heilige stirbt nicht erst, wenn er stirbt, sondern geht Zeit seines Lebens den Weg der Entblößung und des inneren Sterbens. In der geistlichen Tradition (seit Klemens von Alexandrien und Origenes) und in älteren Handbüchern der Aszetik wird der geistliche Weg zuweilen dargestellt als ein Weg der Reinigung, der Erleuchtung und der Einigung. Doch, so wurde deutlich, nicht einzelne Stufen und Etappen, sondern die Begegnung mit dem lebendigen Gott bestimmen den Weg christlichen Lebens.

Hiervon findet sich ein treffliches Zeugnis im Leben des heiligen *Benedikt von Nursia.* Papst Gregor der Große erzählt in seinen Dialogen [349] von folgender Erfahrung des heiligen Benedikt, die ihm am Ende seines Lebens zuteil wurde. Der Ordensgründer hatte sich im oberen Stockwerk eines Turmes zum Schlafen gelegt, zu dem von unten her eine gerade Stiege hinaufführte. Doch dann erhebt er sich vor der Zeit des nächtlichen Gebetes, um Nachtwache zu halten: Er stand am Fenster und flehte zum allmächtigen Gott. Während er mitten in die dunkle Nacht hinausschaute, sah er plötzlich ein Licht, das sich von oben her ergoß und alle Finsternis der Nacht vertrieb. [...] Etwas ganz Wunderbares ereignete sich in dieser Schau, wie er später selbst erzählte: Die ganze Welt wurde ihm vor Augen geführt, wie in einem einzigen Sonnenstrahl gesammelt.
Der Gesprächspartner Gregors erwidert darauf: Was du gesagt hast, daß Benedikt die ganze Welt in einem einzigen Sonnenstrahl gesammelt vor Augen sehen durfte, das habe ich noch nie erlebt und kann es mir auch nicht vorstellen. Wie könnte denn jemals der Mensch die Welt als Ganze schauen? In der Antwort des Papstes heißt es: Wenn er [...] die ganze Welt als Einheit vor sich sah, so wurden nicht Himmel und Erde eng, sondern die Seele des Schauenden weit.
Der geistliche Weg des heiligen Benedikt beginnt in der Höhle und

[349] Vgl. Gregor d. Gr., Der hl. Benedikt. Buch II der Dialoge (St. Ottilien 1995); bes. auch die Einführung, 53-64.

endet auf dem Turm wie in einem Symbol für sein Leben als innerer Aufstieg auf der geraden Leiter . Benedikt ist im Turm angelangt und da noch einmal im Obergemach , das in der Apostelgeschichte als ein Symbol der inneren Sammlung gilt. Am Fenster weitet sich sein Blick ins Freie. Aufrecht stehend, eröffnet sich ihm nun der Blick für das Ganze. Er kann das Ganze sehen, weil er aus der Höhe sieht und innerlich weit geworden ist. Wer also weit geworden ist, dem erschließt sich ein offener Blick für das Ganze dieser Welt.

Der Weg zu Gott ist nie abgeschlossen, denn er kennt keinen Stillstand und kein Ausruhen, weil alle Vollkommenheit im Gehen selbst besteht, in der Bewegung 'hin-zu'. Paulus sagt es in Phil 3,12ff. deutlich genug. In der Sprache *Gregors von Nyssa* und *Augustins*: Weil das Geschöpf extensio, Hindehnung ist, muß seine 'Vollkommenheit' im Vollzug dieser Dehnung selber bestehen (H.U. von Balthasar). Die Vervollkommnung des Geschöpfes geschieht nicht nach Maßgabe von Regeln, Stufen und Etappen, sondern einzig und allein in dem Wachsen der Sehnsucht nach Gott. Es ist kaum möglich, Gesetzlichkeiten für dieses Wachsen in der Liebe zu Gott anzugeben; zu leicht könnte der Eindruck entstehen, daß Patentregeln verkauft oder gar Rezepte weitergegeben würden.
Trotzdem läßt sich der Weg zu Gott klar umreißen: Er wird zu mehr Freiheit und Freimütigkeit führen. Die alten Väter in der geistlichen Tradition stellen diesen Weg als einen Weg von der Knechtschaft zur Freiheit dar, als einen Weg lebenslangen Mühens, da der Geist der Knechtschaft nicht leicht abzulegen ist: Ein Sklave hat etwas, wo er sein Haupt hinlegen kann, er darf sicher mit seinem Essen rechnen, er nimmt einen festen Stand in der Gesellschaft ein, wenn auch ganz unten, und er ist sozial gedeckt, weil sein Herr für ihn verantwortlich ist.
Ein freier Mensch zu werden, bedeutet für die Mönchsväter hingegen, einen langwierigen Prozeß erleiden, der viel mehr Zeit und Kraft verlangt als die Bewußtmachung der Knechtschaft. Denn die geschenkte Freiheit bringt zugleich ein höchst ungesichertes Leben, das nach Aussage des Buches Samuel nicht gerne ergriffen wird: Die Juden

wollen ihre Freiheit austauschen gegen die Sicherheit durch einen König, dem sie sich unterstellen möchten. Doch Gottes Wille ist, daß alle Sicherheitsbestrebungen fallengelassen und durch die Ungesichertheit des freien Menschen ersetzt werden, des Menschen, der im Werden ist. Diesen Werdegang beschreiben die frühchristlichen Schriften als einen Prozeß in drei Stadien:

Der Sklave gehorcht aus Furcht,
der Lohnarbeiter gehorcht um Lohn,
und der Sohn handelt aus Liebe.

Was in den drei Etappen durchlebt wird, zeigt, daß der Glaubende Gott ohne Furcht und ohne Erwartung eines Lohnes dienen möchte. Nachdem er alle Formen der Knechtschaft in sich abgelegt hat, ist er in reiner Liebe offen für das Geschenk der Gegenwart Gottes.
Der Übertritt von der Knechtschaft in die Freiheit ist nicht leicht, denn es genügt nicht, Ägypten zu verlassen, man muß auch in das verheißene Land hineingehen (Johannes Chrysostomus). Mancher freut sich über die Befreiung aus der Knechtschaft (alte Sünden sind abgelegt, Haßgefühle beseitigt, das Kreisen um das eigene Ich ist geringer geworden, und die Liebe zum Nächsten wächst immer mehr), doch man ist nicht gleich bereit, das Leben im Land der Freiheit aufzunehmen: ein Leben in radikaler und äußerster Armut erscheint unmöglich, die Angst vor dem eigenen Tod lähmt, und kleine Anhänglichkeiten bleiben resistent. Das Leben im Land der Verheißungen Gottes wird auch dadurch erschwert, daß das verheißene Land, in dem Milch und Honig fließen, zwar von Gott angekündigt, aber in Wirklichkeit nicht zu sehen ist.

Auch wenn der Tod von den Heiligen als eine Befreiung ersehnt und erwartet wird, finden wir bei ihnen in diesem letzten Augenblick ihres Lebens auch sehr menschliche Gefühle und Empfindungen. Über den Tod des *Pfarrers von Ars* wird uns berichtet: Der Sommer des Jahres 1859 war besonders heiß und nur sehr schwer zu ertragen. Über der Landschaft von Ars lag eine drückende Luft. Dessenungeachtet nahmen die Pilger immer noch ihren Weg nach Ars, denn sie fürchteten, bald werde ihnen Pfarrer Vianney durch den Tod entrissen. Ihre Zahl nahm ständig zu. Tatsächlich schwanden die Kräfte des Pfarrers Vianney mehr und mehr dahin. Seine Stimme war so schwach geworden, daß man ihn kaum mehr zu verstehen vermochte, wenn er seinen täglichen Religionsunterricht erteilte. [...] Eines Tages sagte er zur getreuen Katharina Lassagne: 'Wenn ein Priester durch alle Mühsale und Arbeiten, die er der Seelen wegen auf sich genommen hat, zum Sterben kommt, dann ist es nicht schlecht um ihn bestellt.' 'Dabei machte er einen solch zufriedenen Eindruck', fährt Katharina fort, 'daß man spürte, er sehnt sich danach.' Die Zeiten waren also für ihn vorbei, sich nach dem Tod eines Einsiedlers zu sehnen, er wollte den Tod eines Märtyrers sterben. Er wollte in den Sielen sterben...

Tatsächlich kam jener Tag, da er, vom Husten gefoltert, von der Hitze überwältigt und unter der Last der Beichtenden fast erdrückt, nicht mehr konnte und sich gezwungen sah, die Kirche zu verlassen, um sich zehn Minuten im Hof zu ergehen und auszuruhen. Katharina Lassagne berichtet darüber: 'Am Abend kam er mit dem Bruder Hieronymus ins Pfarrhaus zurück. Ich ging hin, um nachzusehen, ob er etwas essen wollte. Die Sonne war schon untergegangen, und er war sehr müde. [...] Wir zogen uns zurück und ließen ihn allein, taten es aber nur schweren Herzens. Gegen ein Uhr klopfte er. Ich kam als erste zu ihm. Als ich ihn fragte, wie es gehe, erwiderte er: 'Es geht mit mir zu Ende. Sie müssen den Pfarrer von Jassans rufen.' Dieser war sein Beichtvater. Kurz darauf sagte er zu Bruder Hieronymus: 'Es geht zu Ende.'

Am Morgen kamen sowohl der Pfarrer von Jassans als auch der Arzt. Der letztere erklärte: 'Wenn das Fieber zurückgeht, besteht noch Hoffnung. Hält es aber an, dann werden wir ihn verlieren.' Aber das Fieber wich nicht. Seine Worte waren nur noch ein Hauch. Man riet ihm, sich die heiligen Sterbesakramente spenden zu lassen. Er bat, dies sofort zu tun. Beim Empfang seiner letzten heiligen Kommunion weinte der Pfarrer von Ars vor Freude. Katharina Lassagne schreibt: 'Sein Glaube an unseren Herrn und Heiland war ja so lebendig. Schon bevor das Allerheiligste in sein Zimmer gebracht wurde, war er tief bewegt, und die Tränen rannen ihm über die Wangen. Bruder Hieronymus fragte ihn nach der Ursache seiner Tränen, und er erwiderte: Oh, wenn man daran denkt, daß man zum letzten Mal den lieben Gott hienieden empfängt ...' Was ihn aber noch viel mehr rührte, war der Gedanke an die Güte Gottes: 'Wie gut ist doch der liebe Gott', hauchte er dahin. 'Wenn man nicht mehr zu ihm kann, dann kommt er zu uns.' Vom Kirchturm aus ertönte die Glocke, um das Volk in die Kirche zu rufen.

Der Beichtvater des Sterbenden, begleitet von etwa zwanzig Priestern, die aus der Umgegend herbeigeeilt waren, brachte dem Heiligen zum letzten Mal den Leib des Herrn.

Tiefe Ergriffenheit lag über allen, während die heilige Kommunion dem Sterbenden gereicht und ihm anschließend die heilige Ölung gespendet wurde. [...] Als der Bischof von Belley am Abend des 3. August erfuhr, der Pfarrer von Ars liege im Sterben, machte er sich sofort auf den Weg, um ihn noch ein letztes Mal zu sehen. Pfarrer Vianney sagte dem Bischof in herzlichen Worten seinen Dank für alles, was er ihm erwiesen habe. Dann begab sich der Bischof in die Kirche und forderte das Volk auf, für den Sterbenden zu beten.

Es schien, als sei Johannes Maria Vianney ununterbrochen in Gott versunken. Die in Ars anwesenden Missionare hielten bei ihm Wache. Am 3. August gegen 22 Uhr glaubten sie, sein Ende stehe unmittelbar bevor, und Abbe Toccanier erteilte ihm den für die Sterbestunde vorgesehenen vollkommenen Ablaß in articulis mortis.

Wirklich, der Todeskampf begann. Um Mitternacht reichte Abbe Monnin dem Sterbenden das Kruzifix zum Küssen und begann, langsam die Sterbegebete zu sprechen. Inzwischen war er bei den Worten angekommen: 'Mögen die heiligen Engel ihm entgegenkommen und ihn in das himmlische Jerusalem einführen', da entschlief der getreue Arbeiter Christi ohne Todeskampf sanft im Frieden des Herrn.

Es war 2 Uhr morgens, am 4. August 1859, gerade in dem Augenblick, da sich ein schweres Gewitter mit grollendem Donner und aufzuckenden Blitzen über Ars entlud. Der heilige Priester war 73 Jahre, 2 Monate und 27 Tage alt geworden. Seit 41 Jahren, fünf Monaten und 23 Tagen war er Pfarrer von Ars gewesen. [350]

---

[350] L. Christiani, Der heilige Pfarrer von Ars. Leutesdorf 2000, 168-171.

Von dem beliebtesten Heiligen der Stadt Rom, dem heiligen *Philipp Neri*, hören wir von seinen letzten Tagen, wie er immer mehr verfiel. Er aß kaum noch etwas, wurde ständig von fiebrigen Katarrhen geplagt, kam aber nicht auf die Idee, sich zu beklagen: 'Du, Christus, am Kreuz - und ich in meinem Bett, gut gepflegt und bedient, umgeben von vielen Freunden!' Immer häufiger kletterte er mühsam über eine Hühnerleiter auf seine kleine Terrasse hinauf - der einzige Luxus seiner Wohnung - und betrachtete still den Himmel über Rom. Seine Messe dauerte jetzt Stunden und wurde von langen Perioden völliger Versunkenheit unterbrochen. Ein Ministrant schloß ihn dazu in seiner Privatkapelle ein und hing ein Schild an die Tür: 'Eintritt verboten, Vater Philipp liest Messe.' Aber wenn er krank im Bett lag, wollte er die Tür weit offen haben, sonst beraube man ihn ja jeder Unterhaltung! Eines Nachts im Jahr 1595, Filippo ist fast achtzig, ruft er nach seinen 'Söhnen'. Sie finden ihn auf dem Bettrand sitzend, wie reisefertig. 'Ich gehe fort', sagt er zu ihnen, macht eine segnende Bewegung und stirbt in Frieden. Es ist der 26. Mai, ein Tag, den seine Römer heute noch als Volksfest begehen. Auf dem Sterbebett hat der Mann, den man kaum drei Jahrzehnte später bereits heiligsprechen wird, geweint und seinen Freunden das verzweifelte Geständnis gemacht: 'Ich habe nie etwas Gutes getan, nichts, gar nichts', und diesmal ist es kein Spaß. 'Wenn ich gesund werde, will ich mein Leben ändern!' [351]

Wir haben Zeugnisse vom seligen und in Freude erwarteten Tod im Leben der Heiligen. So ist es bei *Teresa von Avila*. Ihre Freundschaft mit dem Herrn bezeugte Teresa im Kreis ihrer Mitschwestern auch vor ihrem Tod: Obwohl Teresas Gesundheit hoffnungslos zerrüttet war, nachdem sie mit fünfundsechzig noch eine schwere Grippeepidemie überstanden hatte, gründete sie in den zwei Jahren, die ihr noch blieben, erneut sechs Klöster. Sie mußte sich mit einer widerspenstigen Priorin und einem unwirschen Kardinal herumschlagen, ärgerte sich über den eigenen Körper, der ihr nicht mehr gehorchte - Gehen und Sprechen fielen ihr schwer, der Kopf wurde von nervösen Zuckungen

---

[351] C. Feldmann, Gottes sanfte Rebellen, 256f.

geschüttelt -, litt große Schmerzen, erwartete den Tod aber ohne Angst. Im Gegenteil, als sie spürte, daß es zu Ende ging, begann ihr Gesicht zu leuchten, und sie rief: 'Nun ist sie gekommen, die so oft und heiß ersehnte Stunde, mein Herr und Bräutigam! Es ist Zeit, daß wir uns sehen, mein Geliebter, mein Herr! Es ist Zeit, daß ich mich auf den Weg mache. Brechen wir auf, die Stunde ist da!' Ihre weinenden Mitschwestern bat sie, ihr das 'böse Beispiel' zu verzeihen, das sie ihnen gegeben habe, und nichts davon nachzuahmen. 'Denn ich war die größte Sünderin der Welt und habe meine Regel und meine Satzungen am allerwenigsten gehalten.' Dann wurde ihr Gesicht wieder heiter, und sie schlief friedlich ein - am 4. Oktober 1582, in ihrem Kloster Alba de Tormes bei Salamanca, im Alter von 67 Jahren. [352]

In aller Zuversicht erwartet ist der Tod bei *Benedikt von Nursia.* Sechs Tage vor seinem Tode ließ Benedikt sich ein Grab richten , berichtet Papst Gregor der Große in seinen Dialogen .[353] Bald darauf befällt ihn ein quälendes Fieber. Die Krankheit verschlimmert sich, und nach sechs Tagen läßt er sich von seinen Schülern in die Basilika tragen. Er empfängt die Kommunion. Aufrecht steht er neben seinem Lager, gestützt von seinen Mitbrüdern, da er selbst nicht mehr die Kraft dazu hat. Mit zum Himmel erhobenen Händen und unter Gebeten stirbt Benedikt im Jahr 550.

Auch *Franziskus* geht in der Freude des Glaubens und Hoffens auf seinen Tod zu. Er ersucht, daß man ihn nackt ausziehe und nackt auf den nackten Boden lege, damit er, wie Celanos großartige Formulierung lautet, nackt mit dem Nackten ringen könne. Nach dem Spiegel der Vollkommenheit fügt Franziskus in dieser Situation seinem Sonnengesang noch eine Strophe hinzu:

---

[352] Ebd., 342f.

[353] Gregor der Große, Dialoge, II,37.

Lob sei Dir, Du Herre mein,
durch unseren Bruder, den leiblichen Tod;
ihm kann kein Mensch lebendig entrinnen.
Unheil wird jenen, die in Todsünden sterben.
Selig sind jene, die in Deinem allheiligen Willen sich finden,
denn der zweite Tod tut ihnen kein Leid an.[354]

Franziskus bittet die Brüder, als der Bruder Tod sich ihm nun nähert, den erweiterten Sonnengesang anzustimmen, was sie denn auch unter Tränen tun. So stirbt er am Samstagabend, dem 3. Oktober 1226 in der Stadt Assisi.

2. Verlassenheit

Das Leben im Gelobten Land ist meist ganz anderer Art, als es erwartet wurde: Die Begegnung mit dem lebendigen Gott gleicht nicht dem Auflösen eines Kreuzworträtsels, sondern läßt Fragen des Lebens unbeantwortet und bringt keinen Zuwachs an Wissen, ganz gleich, ob dieses Wissen die Breite der Materialfülle oder die Tiefe des Glaubensgegenstandes betrifft; die Erfahrung Gottes bedeutet auch keinen Zuwachs an Sicherheit, anders würde das Ringen um den Glauben in die Nähe des Unglaubens gebracht und die dunkle Nacht der Mystiker mißverstanden. Gott ist je größer und ganz anders . Das Leben in der Gegenwart Gottes nimmt zuweilen eine recht unerwartete Gestalt an, so daß der Mensch die ganze Not des Glaubens als letzte Prüfung durchleidet: in Verfolgung und Martyrium, im Verlassensein von Gott (*Johannes vom Kreuz, Alfons von Liguori*) und im Leerwerden von allem, was nicht Gott ist (*Meister Eckhart*); auch der Prozeß des eigenen Alterns kann zur Prüfung im Glauben werden, wie *Kardinal J.H. Newman* gegen Ende seines Lebens bezeugt: Der größte Teil unserer Jugendfrömmigkeit, unseres Glaubens, unserer Hoffnung, Freudigkeit, Beharrlichkeit ist natürlich - oder wenn nicht natürlich, dann entspringen sie

---

[354] Die Schriften des heiligen Franziskus von Assisi, ed. Hardick, 1956, 165.

einer *euphia* (guten Anlage), die der Gnade nicht widersteht und sehr wenig Gnade zur Erleuchtung braucht. Die gleiche Gnade reicht in der Jugend viel weiter, da sie auf weniger Widerstand stößt, d.h. bei den erwähnten Tugenden. [...] Alte Menschen sind in der Seele ebenso steif, ausgetrocknet und blutlos wie ihr Körper, soweit nicht die Gnade sie erfüllt und erweicht. Und dazu bedarf es einer Flut von Gnade. Ich bewundere alte Heilige mehr und mehr. Der heilige Aloysius, der heilige Franz Xaver oder der heilige Karl sind nichts neben dem heiligen Philipp Neri. [355] Sicher spielt dabei der Charakter der betreffenden Person eine Rolle. Wer sehr empfindsam ist, wird in gewissen Momenten der Müdigkeit, der Niedergeschlagenheit und der Krankheit leichter dahin kommen, so zu sprechen.
Auf jeden Fall ist uns immer wieder berichtet, daß Heilige allein und verlassen gestorben sind. *Ignatius von Loyola* stirbt wie viele andere Heilige allein, ohne päpstlichen Segen, um den er vorher gebeten hatte, ohne die Sterbesakramente der Kirche und ohne jeden mitbrüderlichen Beistand. Er stirbt am 31. Juli 1556 einsam mit dem einsamen Gott . Ignatius ist keineswegs der einzige Heilige, der einsam stirbt. Die Mönchsväter sind ebenfalls allein in die Ewigkeit eingegangen. Auch Franz Xaver ist vor den Toren Chinas in letzter Einsamkeit gestorben. Pascal sagte: Man stirbt allein. [356]

Gott hat in seinen Heiligen Prüfungen in Einsamkeit und Verlassenheit zugelassen. Es sind nicht Leiden rein physischer Art, sondern Leiden, die einen apostolischen Ursprung haben. Dies kann ein Blick in den letzten Lebensabschnitt des Apostels *Paulus* verdeutlichen. Auf seinen Reisen mußte er für den Herrn leiden, bis hin zu Geißelungen und Steinigungen. Doch diese physischen Leiden bedeuten wenig gegenüber dem Leiden, das ihn am Ende seines Lebens trifft. Es ist ein Erleiden der Einsamkeit im Verlassensein von Menschen, wie es auch Jesus am Ende seines Weges erlebt hat.

---

[355] J.H. Newman, Briefe und Tagebuchaufzeichnungen aus der katholischen Zeit seines Lebens (= Ausgew. Werke, Bd. 2-3). Mainz 1957, 254f.

[356] B. Pascal, Pensées, Nr. 211.

Paulus bricht in Worte aus, die seine Müdigkeit nicht mehr verbergen können, und man hat den Eindruck, daß er bis an die Grenzen seiner Kraft gelitten hat: Beeil dich, komm bald zu mir! Demas hat mich aus Liebe zu dieser Welt verlassen und ist nach Thessalonich gegangen; Kreszenz ging fort nach Galatien, Titus nach Dalmatien. Nur Lukas ist noch bei mir. Bring Markus mit; denn er wird mir ein guter Helfer sein... Und er fährt fort: Alexander, der Schmied, hat mir viel Böses getan; der Herr wird ihm vergelten, wie es seine Taten verdienen. Nimm auch du dich vor ihm in acht, denn er hat unsere Lehre heftig bekämpft. Bei meiner ersten Verteidigung ist niemand für mich eingetreten; alle haben mich im Stich gelassen. Möge es ihnen nicht angerechnet werden! (2 Tim 4,9-11.14-16). Die letzte Zeile drückt sein Leid am härtesten aus.
Nach den Worten: Alle haben mich verlassen! , versichert Paulus zugleich: Der Herr stand mir zur Seite und gab mir Kraft, damit durch mich die Verkündigung vollendet wird und alle Heiden sie hören; und so wurde ich dem Rachen des Löwen entrissen. Der Herr wird mich allem Bösen entreißen, er wird mich in sein Reich des Himmels führen. Ihm sei die Ehre in alle Ewigkeit. Amen (2 Tim 4,17f.).
Clemens von Rom schreibt, daß Paulus nicht wegen einer Verfolgung, nicht aus heidnischer Bosheit, sondern durch den Neid einiger christlicher Rivalen getötet wurde; wenn die Christen einmütiger gewesen wären, wären die heidnischen Behörden bei ihrer Verfolgung des Paulus nicht so weit gekommen... Neid, Spaltung, Zwistigkeiten und Parteiungen - sie haben das Leben des Apostels bestimmt und die Versuchung zur Verzweiflung nahegelegt.[357]

Paulus und andere Zeugen des Glaubens zeigen auf ihre Weise, daß mit zunehmendem geistlichen Fortschritt das Einswerden im Glauben oft ein recht ungewöhnliches Gesicht bekommt und von Nacht, Dunkelheit und seelischer Not begleitet ist. Solche Zeiten lassen sich nicht durch Antworten lösen , denn Frage und Not der Stunde bleiben bestehen. In Geduld und Gottvertrauen eine solche Zeit zu durchleben, verlangt viel

---

[357] Siehe C.M. Martini, Die Bekenntnisse des Heiligen Paulus. Zürich 1982, 47.

Kraft. *Johannes vom Kreuz* zeigt in einem Lied, das er im dunklen Kellerloch von Toledo, in seiner eigenen dunklen Nacht dichtete, wie zu Zeiten äußerster Verlassenheit und Trockenheit Gott allein im nackten Glauben erfahren wird; ein sich wiederholender Vers lautet, gleichsam als Refrain:

Wohl kenn' den Urquell ich,
der quillt und fließt,
obgleich's bei Nacht ist.

Was im Zusammenleben mit anderen eine Glaubensprobe werden kann, daß sich nämlich Menschen von einem abwenden, wird um so schmerzvoller erfahren, sobald die Nähe Gottes nicht mehr zu spüren ist.
Viele Heilige mußten durch Zeiten der äußersten Gottverlassenheit, wie beispielsweise Angela von Foligno, Mechthild von Magdeburg, Heinrich Seuse, Johannes Tauler, Margarete Ebner, Katherina von Siena. *Mechthild von Magdeburg* wird nach acht Jahren der Gotteserfahrung in totale vinsternisse gestoßen und von ungeloube versucht. Die heilige *Rosa von Lima* befällt 15 Jahre hindurch eine schwere innere Dunkelheit und Traurigkeit, in der sie sich täglich über Stunden hin von Gott verlassen fühlt. *Bernhard von Clairvaux* beschreibt die Erfahrung, die jeder im Leben des Gebetes einmal durchleiden wird: Mein Herz ist vertrocknet in mir, es ist wie wasserloses Land. Ich kann nicht durch Tränen zerknirscht werden, so groß ist die Härte meines Herzens. An keinem Psalm finde ich Geschmack, geistliche Lesung gefällt mir nicht, am Beten habe ich keine Freude! Wo ist jetzt jene Berauschung des Geistes, wo jene Freude im Heiligen Geist! [358]
Es gibt im Leben und Sterben der Heiligen auch die Erfahrung und das Zeugnis eines schweren Todes . Von der heiligen *Katharina von Siena* wissen wir, wie sehr das damalige Schisma ihre letzten Lebenstage überschattete. Als der zuerst gewählte Papst Urban VI. sie auffordert, nach Rom zu kommen, macht sie sich auf, obwohl sie schon schwerkrank ist. Der Papst schickt schließlich sogar ihren Beichtvater nach

---

[358] Bernhard von Clairvaux, Cant. 54.

Frankreich, so daß sie ohne geistlichen Beistand bleibt. Mühsam geht sie mit letzter Kraft Morgen für Morgen zur Peterskirche, um an der Heiligen Messe teilzunehmen und danach noch lange Zeit zu beten. Kurz vor ihrem Tod wird sie von zahlreichen Dämonen heimgesucht, auch die physischen Kräfte verlassen sie vollkommen. Sie stirbt, auf das Kreuz schauend, am 29. April 1380.
Nikolaus von Flüe gehört in die Reihe der schwer sterbenden Menschen. Etwa acht Tage vor seinem Ende wird er von einer heftigen Krankheit betroffen: Da sie den ganzen Körper ergriff, klagte er aus angstvoller Seele über den Schmerz in den Knochen und Sehnen, so daß, da das Fleisch verzehrt und beinahe abgestorben war, er, sich hin und her wälzend, nirgends ruhig bleiben konnte. [359] Nachdem er die Kommunion empfangen hatte, stirbt er am 21. März 1487, auf dem bloßen Holzboden ausgestreckt.
Fast tragisch ist der Verlauf des Lebens und Sterbens von *Bernadette Soubirous,* der die Gottesmutter erschienen ist. Doch schon bald bekennt sie: Sehen Sie, meine Geschichte ist ganz einfach, die Jungfrau hat sich meiner bedient, dann hat man mich in die Ecke gestellt. [360] Es scheint für sie fast wie selbstverständlich, daß sie nach der Gnade der Erscheinungen vieles im Kloster zu erleiden hat. Schon gleich nach ihrem Eintritt ins Kloster wird sie schwerkrank und bleibt es bis zum Ende ihres Lebens. Über Monate liegt sie im Todeskampf. Sie kann die Schmerzen kaum noch ertragen und gesteht nur noch: Ich habe Angst! Sie stirbt mit 35 Jahren, und ihr letzter Schrei ist: Mein Gott!

Diese Erfahrungen nehmen noch andere Dimensionen an, wenn nach der Sinnhaftigkeit des eigenen Lebens gefragt wird; hier kommt es sogar zur Versuchung, sich das Leben zu nehmen. Heiligen ist die Versuchung zum Selbstmord nicht fremd geblieben. *Paul vom Kreuz* bekennt einem Mitbruder: Heute fühle ich mich mit aller Kraft getrieben, davonzugehen und flüchtig durch diese Wälder zu streifen; ich

---

[359] Bruder Klaus (ed. Durer). Bd. I, 1917, 549; zit. nach W. Nigg, Die Hoffnung der Heiligen, 60.

[360] Zit. nach W. Schamoni, Das wahre Gesicht der Heiligen. München 1967, 308.

fühle mich angeregt, mich aus einem Fenster zu werfen, und ich habe ständig schreckliche Versuchungen zur Verzweiflung. Später heißt es: Eine Seele, die himmlische Liebkosungen verkostet hat, sich dann aber doch in dieser Zeit, beraubt von allem, wiederfindet, kommt dann an einen Punkt, wo sie sich, wie es ihr scheint, verlassen fühlt von Gott. Sie meint, Gott will sie nicht mehr, er kümmert sich nicht mehr um sie, er ist sehr erzürnt, so daß es ihr scheint, daß alles, was sie nun tut, böse ist. Oh, ich kann nicht ausdrücken, was ich wünsche. Es sind Qualen wie die der Verdammten, Qualen, die alles übersteigen.

Eine ähnliche Versuchung ist von *Ignatius von Loyola* berichtet und von der größten Mystikerin Frankreichs (H. Bremond): Nach vielen mystischen Erfahrungen schon vor ihrem Klostereintritt verliert *Maria von der Menschwerdung* alle Tröstungen und erleidet viele Versuchungen und besondere Prüfungen . Zwei Monate nach dem Eintritt in das Noviziat erfährt sie für drei Jahre lang, was wir schon bedachten: Es waren Versuchungen zur Gotteslästerung, zu Ungeradheiten, auch zum Stolz, obwohl ich soviel Schwachheit und Armseligkeit in mir empfand. Dazu kamen Unempfindlichkeit und Stumpfheit für religiöse Dinge, Phantasievorstellungen über die Handlungsweise des Nächsten, die mir ganz entgegen war, ein Drang, mich aus dem Fenster zu stürzen [also wieder der Gedanke an Selbstmord!]. Sie fühlt sich bis in die Hölle verdammt und kann sich der Versuchung zur Verzweiflung nicht mehr erwehren; sie glaubt, Gott zu hassen.[361]

Die Heiligen sind und bleiben ganz Mensch . Wer genauer hinschaut, findet im Heiligen keinen Helden , der kommt, sieht und siegt, sondern eine meist rätselhafte Mischung von Elend, Schwachheit, Versuchung und verborgener Herrlichkeit und Liebe zu Gott.

Das Leben in der Gegenwart Gottes kann für den Glaubenden recht überraschende Züge annehmen, die ihm zunächst fremd erscheinen und gar nicht mit der göttlichen Liebe und Güte übereinstimmen wollen. Dies gilt nicht zuletzt sogar angesichts des Todes, wo er nochmals die ganze Not des Glaubens scheint durchleiden zu müssen. Schon der Pro-

---

361 Marie de L'Incarnation, Zeugnis bin ich Dir, 163.

zeß des eigenen Alterns kann zur Prüfung im Glauben werden. Bei *Kardinal J.H. Newman* hat sich die Veränderung, die durch seine Konversion in das eigene Leben eingetreten ist, auch in sein Gesicht eingegraben hat, so daß er im Alter bekennt: Wie war doch mein Leben einsam und grämlich, seit ich katholisch geworden bin. Hier war der Gegensatz - als Protestant empfand ich meine Religion grämlich, aber nicht mein Leben, und nun, als Katholik, ist mein Leben grämlich, aber nicht meine Religion. Unsere frühen Jahre sind ja (menschlich gesprochen) die besten - und es erscheinen die Ereignisse durch den Abstand im milderen Licht, und so blicke ich auf meine Jahre in Oxford und Littlemore mit zärtlicher Liebe zurück. Dies war die Zeit, da ich eine besondere Sendung hatte - aber wie habe ich mich sogar im Aussehen verändert. Bis zu der Geschichte mit Nr. 90 [hier setzt der Konflikt mit den Bischöfen der anglikanischen Kirche ein] und meiner Übersiedlung nach Littlemore, war mein Mund halb geöffnet und gewöhnlich ein Lächeln auf meinen Lippen - von da an war mein Mund verschlossen und zusammengepreßt, und jetzt sind die Muskeln so gelagert, daß mein Aussehen nur noch ernst und abweisend sein kann ... Und heute bin ich mir meines düsteren Aussehens bewußt, so daß ich kaum noch jemanden sehen mag. Es fing an, als ich meinen Blick Rom zuwandte; und seit ich das große Opfer brachte, zu dem Gott mich rief, hat Er mich auf tausenderlei Arten belohnt: Ach in wie vielem! Aber Er hat meinen Weg mit fast unaufhörlicher Abtötung gezeichnet. [362]
So kann sich eine ganze Lebensgeschichte in der Landschaft eines Gesichts eingraben. Dennoch gilt immer beides: Das Innere eines Menschen drückt sich im Äußeren seines Antlitzes aus, aber auch: Der Mensch muß nicht so sein, wie er aussieht. Das Antlitz eines Menschen ist keine Tafel, auf der sich die Ereignisse des Lebens mit äußerer Notwendigkeit aufzeichnen; dem Menschen bleibt eine letzte Entscheidungsfreiheit darüber, was sich ihm einprägt. Das Zeugnis Kardinal Newmans zeigt, wie grundlegend der Weg des Glaubens das Leben eines Menschen ändert und auch den Weg auf den Tod hin bestimmt.

---

[362] Leben als Ringen um die Wahrheit. Ein Newman Lesebuch. Hrsg. von G. Biemer und J.D. Holmes, Mainz 1984, 103.

Die Erfahrung der Dunkelheit und Verlassenheit blieb auch der am meisten geehrten Frau des 20. Jahrhunderts nicht erspart, nämlich *Mutter Teresa* aus Kalkutta. Mehr als drei Jahrzehnte ist Mutter Teresa die Vorbildfigur für viele Christen und Nichtchristen, vor allem aufgrund ihres Einsatzes für die Ärmsten der Armen . Seit 1960 unentwegt als Weltreisende unterwegs, erhält sie fast jedes Jahr eine hochrangige Ehrung, nämlich den Albert-Schweitzer-Preis, den Verdienstorden Großbritanniens, die Ehrenbürgerschaft Albaniens, mehrere Ehrendoktorverleihungen in Washington, New Delhi, Cambridge, Rom, und schließlich wird ihr der Friedensnobelpreis in Oslo verliehen. Gerne nimmt Mutter Teresa diese Auszeichnungen an, weil sie mit Geld verbunden sind, das sie für ihre Arbeit gut gebrauchen kann.
Sie wurde am 27. August 1910 zu Skopje in einer albanisch-stämmigen Familie geboren. Man nennt sie Ganxhe , was im Albanischen Knospe heißt. Seit frühester Jugend ist ihre Frömmigkeit ignatianisch geprägt, was sich nicht nur in Äußerlichkeiten zeigt, etwa daß die 18jährige in den Orden der Loreto-Schwestern eintritt, die den Jesuiten nahestehen, sondern auch darin, daß die Gesellschaft Jesu ihre Ordensgründungen unterstützte und sie auch in ihren Reihen die geistlichen Begleiter und Beichtväter suchte; auch der Seligsprechungsprozeß wurde von Jesuiten betreut. Mutter Teresa übernimmt die von den Jesuiten seit der Barockzeit gepflegte Herz-Jesu-Frömmigkeit. Daher das Ordensmotto Mich dürstet! in jeder Ordenskapelle. Zweimal am Tag läßt sie ihre Schwestern die Gewissensrechenschaft ablegen, damit sie sich daran gewöhnen, die Spuren Gottes in ihrem Alltag zu suchen und in allen Dingen zu finden.
Mutter Teresa steht der Kleinen Thérèse nahe, vor allem in und mit ihrem Wunsch, unbedingt eine Heilige zu werden. Auf die Frage, wann ihr die Berufung zur Ordensfrau klar geworden sei, antwortet sie: Der Ruf des Herrn ist ein Geheimnis. Vielleicht werden wir erst im Himmel die tiefsten Beweggründe erfahren, die unser Leben bestimmt haben. Ich glaube, daß ich den ersten klaren Ruf des Herrn zu einem ihm geweihten Leben erstmals im Alter von etwa zwölf Jahren vernommen habe. [...] Erst sehr viel später, als ich 18 Jahre alt war, habe ich dem Ruf des Herrn entsprochen. Mit 18 verläßt sie ihre Familie und tritt in

die Kongregation der Loreto-Schwestern ein. Über Irland, wo sich das Mutterhaus der Kongregation befand, kommt sie nach Indien. Der neue Ruf kommt in der Nacht des 10. September 1946, als sie auf dem Weg nach Darjeeling in Westbengalen zu ihren Jahresexerzitien ist. Sie erzählt einmal hierüber: In dieser Nacht habe ich die Augen geöffnet für das Leid, und ich verstand zutiefst das Wesen meiner Berufung. Es war ein neuer Ruf des Herrn, eine Berufung innerhalb der Berufung. Der Herr lud mich ein, nicht meinen Stand als Ordensfrau aufzugeben, sondern ihn 'abzuändern', damit er mehr dem Evangelium und dem missionarischen Geist, den er mir gegeben hat, entspräche. Es war eine Einladung, meine Berufung, die ich mit 18 Jahren verstanden hatte, zu vervollkommnen. [...] Es war eine klare, eindeutige Botschaft: Ich mußte das Kloster verlassen und mit den Armen leben. Aber nicht mit irgendwelchen Armen. Er rief mich, den Verzweifelten zu dienen, den Ärmsten der Armen in Kalkutta; denen, die nichts und niemanden haben; denen, die von allen gemieden werden, weil sie ansteckende Krankheiten haben und schmutzig sind, voller Mikroben und Parasiten; denen, die nicht umhergehen können, um Almosen zu erbetteln, weil sie nackt sind und nicht einmal einen Lumpen haben, den sie sich überziehen könnten, so daß sie unmöglich heraus können; denen, die nicht mehr essen können, weil sie durch den Hunger so geschwächt sind, daß sie nicht mehr die Kraft haben, die Speisen zu kauen; denen, die auf der Straße zusammenbrechen, die am Ende sind, gänzlich verzehrt, wissend, daß sie bald sterben werden; denen, die nicht mehr weinen, weil sie keine Träne mehr haben. Das waren die Menschen, die Jesus mir während dieser Reise zu lieben gebot.

Am 2. Februar 1948 gibt Pius XII. die Erlaubnis, daß sie als Ordensschwester mit Gelübden außerhalb des Ordens leben darf, um einen neuen Orden zu gründen. Aus der unveröffentlichten Korrespondenz mit den Jesuiten Céleste Van Exem und Joseph Neuner, welche ihre Beichtväter waren, und mit dem Erzbischof von Kalkutta wissen wir, was selbst ihren engsten Mitarbeitern und Schwestern verborgen geblieben ist: Als sie aus einem 18monatigen ununterbrochenen Dialog mit Jesus sich gedrängt fühlte, einen neuen Orden zu gründen, um den Ärmsten der Armen dienen zu können, lebte sie danach ein halbes

Jahrhundert lang in der tiefsten Nacht des Glaubens, einzig unterbrochen von einem Monat des Lichtes im Oktober 1958, wo sie ein Zeichen der verborgenen Gegenwart Gottes erhält. Die dunkle Nacht wird für Mutter Teresa ein Weg der Solidarität.

Es gibt eine Leere, die von Gott entfernen kann. Hier verzweifelt der Mensch an Gott und kann nicht mehr an seine gütige und treue Gegenwart glauben. Ganz anders die Leere und Nacht, die der Mensch in einer inneren Stille und Gelassenheit schweigend annimmt. Da in der Passion der Heiligen die Passion Jesu für uns heute erfaßbar und verstehbar wird, verweist das innere Schweigen im Glauben der Heiligen auf das Schweigen Jesu in der Passion: Das Leiden der Heiligen ist kein Verstummen, sondern lebendiger Hinweis auf den leidenden und auferstandenen Herrn. Wer also auf die Finsternis, die Trostlosigkeit und Verlassenheit im Leben der Heiligen schaut, kann begreifen, was Christus in einer viel tieferen Weise erfahren und durchlitten hat. Im Blick auf seinen Weg haben Glaubende auf ihrem Weg Freiheit, Einfachheit und Liebe zu Gott gewonnen, die nicht mehr das Geschenk eines errungenen Fortschritts sind, sondern reines Geschenk der Gnade.

3. Martyrium

Ein besonders markanter Zeuge für das frühchristliche Verständnis des Martyriums ist *Ignatius von Antiochien* († um 110). Er sieht in dem zu erleidenden Martyrium die Vollendung seiner Nachfolge, denn der blutige Zeugentod führt in einzigartiger Weise zur Vereinigung mit Jesus Christus.[363]

---

[363] Weil das Martyrium die Hochform der Christusnachfolge darstellt und in einzigartiger Weise mit Christus verbindet, ist in ihm die Vollkommenheit schlechthin begründet, es gilt als das Werk der vollkommenen Liebe (Klemens von Alexandrien, Strom. 4,4,14). - Die Martyriumsidee wird schon bald zum Maßstab für die christliche Vollkommenheit und läßt nach Ersatzformen suchen, wenn das blutige Martyrium nicht möglich ist (vgl. Cyprian, Ad Fortun. 13; De zelo et liv. 16).

Trotz der zu erwartenden Grausamkeit der Leiden bekennt Ignatius: Ich sehne mich nach dem Tierkampf ,[364] denn ich bin verliebt in den Tod [365]. Für Ignatius führt die Nachfolge nicht gegebenenfalls , sondern notwendigerweise in das Martyrium: Denn wenn ich auch Fesseln trage im Namen (Jesu), so bin ich noch nicht vollendet in Jesus Christus. [366] Erst im Martyriumsleiden wird Ignatius von Antiochien zum wahren und wirklichen Jünger des Herrn[367]: Nahe dem Schwert ist nahe bei Gott, inmitten der Bestien ist mitten in Gott - einzig im Namen Jesu Christi. [368]

Die Nähe zu Gott ist es, die das Martyrium in enge Verbindung zum Mysterium der Lebenshingabe Jesu bringt. Wenn Ignatius seiner Gemeinde schreibt: Fleht Christus für mich an, daß ich durch diese Werkzeuge - das heißt: durch die Bestien - als Gottes Opfer empfunden werde ,[369] versteht er seine Lebenshingabe als Sühneopfer für die anderen: Ein Sühnopfer bin ich für euch und weihe mich für euch Epheser. [370] Die Lebenshingabe an den Herrn wie auch für die anderen steht bei Ignatius von Antiochien in einem eucharistischen Kontext, denn Martyrium, Passion Jesu und Eucharistie gehören innerlich zusammen[371]: Wie in der Eucharistie empfängt der Jünger in seinem Martyri-

---

364 Ignatius von Antiochien, Trall. 10.

365 Ignatius von Antiochien, Röm. 7,2.

366 Ignatius von Antiochien, Eph. 3,1. - Gerade hier setzt er sich von der Deutung des Leidens bei Paulus ab, denn für Ignatius genügt es noch nicht, Fesseln zu tragen, bin ja auch ich, obzwar ich Fesseln trage [...], deshalb noch kein Jünger (Ignatius von Antiochien, Trall. 5,2).

367 Ignatius von Antiochien, Röm. 2,1; 6,2; Smyrn. 4,2.

368 Ignatius von Antiochien, Smyrn. 4,2; weitere Ausführungen sind zu finden bei Th. Baumeister, Die Anfänge der Theologie des Martyriums (= Münsterische Beiträge zur Theologie, Heft 45). Münster 1980, 279.

369 Ignatius von Antiochien, Röm. 4,2.

370 Ignatius von Antiochien, Eph. 8,1; 21,1. - Von hier aus erklärt sich die kultische Verehrung der Martyrer, die im 3. Jahrhundert allgemein durchgedrungen ist: Das Sühneleiden des Martyrers kommt nicht nur ihm, sondern auch der Gemeinde zugute; er wird als Mittler bei Gott angerufen.

371 Man wird jedoch nicht Eucharistie und Martyrium in eins setzen können. Der

um die Gemeinschaft mit dem Herrn. Dieser ist es auch, der seinen Jünger im Erleiden des Martyriums vollendet und seinen Lebensweg im Glauben zum Ziel führt: martyrio consummatum est.[372]

4. Herausforderungen

Trotz der hohen Wertung der Krankheit als eines Mittels der Läuterung und als eines Weges der Befreiung zur reinen Gottesliebe ist der Fall selten, daß ein Visionär Gott geradezu um die Versetzung in den Krankheitszustand bittet. Eher wird die Krankheit, sobald sie von selbst eintritt, als gottgewollt verstanden und in Geduld und Gehorsam ertragen.

Juliane von Norwich hingegen erfleht unter den vier Wünschen, die sie als Kind Gott vorträgt, auch den konkreten Wunsch nach einer Krankheit, die sie inhaltlich und zeitlich genau terminiert: Ich wollte, diese Krankheit solle so schwer sein, daß sie sogar zum Tode führen könne, so daß ich dabei alle Sterbesakramente der Heiligen Kirche empfangen dürfte. Ich selbst sollte glauben, daß ich sterben müßte, und auch alle, die mich sahen, sollten dasselbe glauben; denn ohne Trost in leiblichen und irdischen Dingen wollte ich bleiben. Für diese Krankheit wünschte ich mir alle Arten von Schmerzen, körperliche und geistliche, so wie ich sie beim Tode erfahren würde; alle Ängste, alle Versuchungen der Teufel, jede Art ihrer Quälereien, außer das Aufgeben des Geistes; ich hoffte, daß mir all das helfen würde, wenn ich wirklich einst stürbe; denn ich sehnte mich, bald bei meinem Gott zu sein. [...] Die Krankheit

---

Martyrer wird im Tod nicht zum eucharistischen Brot, sondern er erreicht die Vollendung seines Lebens in einem Sein, das von der Lebensmacht Christi durchwirkt ist und insofern mit der Eucharistie verglichen werden kann (Th. Baumeister, Die Anfänge der Theologie des Martyriums, 284).

372 H. Delehaye, Les Origines du Culte de Martyrs. Sanctus. Essai sur le culte des saints dans l'antiquité, Bruxelles 1927; M. Viller / K. Rahner, Aszese und Mystik in der Väterzeit. Ein Abriß, Freiburg 1939, 19-40.

wünschte ich mir in Gedanken für mein dreißigstes Lebensjahr.[373] Als sie nun dreißigeinhalb Jahre alt war, wird sie so schwer krank, daß sie und ihre Umgebung nach drei Tagen davon ausgehen, daß sie sterben müsse: Darüber wurde ich recht traurig und wollte sehr ungern sterben. Ich hätte gerne weitergelebt, um Gott noch besser und noch länger lieben zu können, damit ich durch die Gnade des Weiterlebens eine größere Gotteserkenntnis und Gottesliebe in der Seligkeit des Himmels erlangen könnte. Mir schien, ich hätte hier im Vergleich zu der ewigen Glückseligkeit viel zu kurz gelebt. Und ich betete so: 'Guter Herr, darf mein Leben nicht noch länger währen zu Deiner Ehre und Anbetung?' Und die Antwort, daß ich sterben müßte, kam mir verstandesmäßig und im Gefühl meiner Leiden, und aus ganzem Herzen stimmte ich dem göttlichen Willen zu. Der Priester wurde gerufen, und er ließ sie auf ein Kreuz schauen. Darauf begann mein Sehvermögen nachzulassen, und es wurde ganz dunkel um mich im Zimmer und düster wie zur Nacht, und nur auf dem Kreuzesbild verblieb das Licht. Ich wußte nicht, wie es kam, alles um das Kreuz erschien mir so häßlich, als sei es von Teufeln umringt.[374] Juliana von Norwich berichtet über die Wende in ihrer Krankheit: Danach begann die obere Hälfte meines Körpers dem Gefühl nach abzusterben; meine Hände fielen zu beiden Seiten herunter, und auch mein Haupt sank aus Schwäche nach einer Seite. Das ärgste Leiden, das ich empfand, war das Aussetzen des Atems und das Schwinden des Lebens. Jetzt glaubte ich wirklich, das Sterben fange an. Und plötzlich waren alle meine Schmerzen vorüber; ich war ganz wiederhergestellt, so heil wie ich je zuvor gewesen war oder nachher war, vor allem was den Oberkörper betraf. Ich staunte über diesen Wandel, und ich hielt ihn für das heimliche Wirken Gottes und nicht für das der Natur. Trotz dieses wiedergekehrten Wohlseins glaubte ich doch nicht, daß ich leben würde, und dieses Gefühl der Erleichterung erschien mir persönlich nicht als wirkliche Besserung; denn viel lieber wäre ich von dieser Welt frei geworden, und mein ganzes Herz

[373] Zit. Nach E. Benz, Die Vision. Stuttgart 1969, 32.

[374] Ebd., 32f.

verlangte danach.[375] Juliana ist nun einerseits traurig, daß sie nicht gestorben ist, wollte sie doch für immer bei Christus sein. Doch zugleich beginnt nun auch ihr eigentliches mystisches Leben, also eine ganz neue und bisher nicht dagewesene Vereinigung mit ihrem Bräutigam Christus.

Wie vieles im Leben des heiligen *Johannes vom Kreuz* tragische und dramatische Züge annimmt, so auch sein Sterben. Neunundvierzig Jahre alt lag er im Kloster der Unbeschuhten Karmeliten zu Ubeda auf seinem Krankenlager, bedeckt mit eiternden Wunden: Der einzige Helfer des Fiebernden war ein Strick, an dem er sich mit versagender Kraft ein wenig hochzog, um sich von einer Wunde auf eine andere umzubetten. Den Schlüssel zu der Zelle verwahrte der Prior selber, Francisco de San Crisostomo, der einzige Besucher. Aber 'seine Besuche waren die eines Richters' - so veröffentlichte siebenundzwanzig Jahre später ein Biograph aus dem Karmelitenorden -, 'seine Worte die eines von Leidenschaft Hingerissenen'. Es waren die flammenden Worte eines Mannes, der sich zu den ersten Predigern Spaniens zählen durfte; und sie fanden Nahrung an der augenscheinlichen Gefühlstrockenheit des Verklagten. Hatte der Kranke nicht, als er noch das Amt eines Provinzials bekleidete, ihn selber wegen angeblicher Laxheit gemaßregelt, ihn und den großen Prediger Fray Diego? Nun lag er da, aller Würden entkleidet - mehr: unwürdig seiner Verpflegung, mit der sich das arme Kloster belasten mußte. Und Fray Diego, in seiner Eigenschaft als Visitator des Ordens, hatte Material gegen ihn zusammengebracht, das ihn nicht nur mit Laxheit belastete. Ja, der Prior wußte zu sagen, Fray Diego habe den Belasteten der Galeere würdig erklärt! Der große Prediger wußte nicht, daß Brüder des Klosters den Provinzial Fray Antonio de Jesus von der Strenge ihres Priors unterrichtet hatten. Von den beiden Neugründern des Unbeschuhten Karmelitenordens war dieser einundachtzigjährige Fray Antonio der eine; der andere, der als erster das Kleid der Unbeschuhten Karmeliten angelegt hatte, das Kleid, das ihm von der heiligen Mutter Teresa selber genäht worden war, er lag als Ge-

---

[375] Ebd., 33.

fangener des Priors, sterbenskrank und ohne Pflege, in Ubeda. [376] Doch Johannes vom Kreuz hatte sich zum Sterben ganz bewußt gerade dieses Kloster ausgesucht: Sohn, seien Sie darüber nicht bekümmert. Denn das Ordenskleid kann man mir nicht nehmen, ich müßte denn unverbesserlich und ungehorsam sein; und ich bin sehr bereit, mich in allem zu bessern, worin ich geirrt haben sollte, und zu gehorchen, welche Buße man mir auch auferlege.

Vom Ordenskapitel des Jahres 1591 waren ihm alle Würden genommen worden, zugleich auch die Verantwortung für fremde Seelen. Doch er bemerkt tröstend: Mein eigenes Los, Tochter, darf Sie nicht in Kummer stürzen; denn mir selber bereitet es nicht den geringsten. Eines quält mich sehr, daß Unschuldige in Mitleidenschaft gezogen werden könnten - sonst nichts. Werden doch solche Dinge nicht von Menschen gewirkt, sondern von Gott. Auf die Verdächtigungen schreibt er nur als Rat: Wo keine Liebe ist, da spende Liebe, und du wirst Liebe gewinnen. Gott hatte seine Bitte erhört: Um deinetwillen verachtet zu werden!

Als er schwer leidend nach Ubeda aufbricht und bewußt dieses Kloster auswählt, so tut er dies um des Priors willen, der sein erklärter Feind ist. Nach allem kann seine unzerstörbare Langmut gegenüber dem rachsüchtigen Vorgesetzten nicht wundern; befremdender sind die Zeichen von Ungeduld, ja Qual, die aus seiner Sterbenacht berichtet werden. Als Fray Antonio, der zum zweitenmal an sein Krankenbett geeilt war, ihm die Schmerzen des Übergangs zu lindern suchte und die untilgbaren Verdienste des Verfolgten pries, da hielt er sich mit letzter Kraft die Ohren zu. Und als einer der Anwesenden, dem er sein Kruzifix zu halten gegeben hatte, die Nähe des Zurückgebens ausnutzte, um ihm die Hand zu küssen, da hauchte er mit letzter Kraft: 'Oh, ich hätte es nicht fortgegeben, hätte ich gewußt, um welchen Preis!' - Zur Stunde, die er vorausgesagt hatte, verließ er die Erde, um die Matutin 'mit Unserer Lieben Frau im Himmel zu singen'. [377]

---

376 I. Behn, Spanische Mystik. Darstellung und Deutung, Düsseldorf 1957, 463f.

377 Ebd., 473.

Indem Johannes vom Kreuz bewußt Ubeda als Ort seines Sterbens wählte, an dem sich sein größter Feind aufhielt, wollte er bewußt Liebe schenken, wo keine Liebe war, und schließlich hat er auch diese Liebe des anderen gewonnen.

Vieles Seltsame, sogar Ungereimte verbindet sich mit dem Sterben auch bei dem russischen Starzen *Seraphim von Sarow*. Als Jelena Wassiliewna zwanzig Jahre alt wurde, sagt Seraphim von Sarow ihr, daß er sie als Nonne in Diwejewo aufnehmen werde: Aber was für einen Bräutigam du hast, meine Wonne! Nun ging sie recht stürmisch die Wege ihres geistichen Lebens, mit einem starken Willen und unbeirrt. Als sie siebenundzwanzig Jahre alt wurde, wird sie von Seraphim zu sich gerufen: Meine Wonne, du hast mir immer gehorcht. Die Sterbestunde deines Bruders ist nahe, aber er wird für (das Kloster) Diwejewo gebraucht. Stirb du für Michael Wassiliewitsch. Da antwortet sie: Gebt mir euren Segen, Väterchen. Darauf bekennt sie: Väterchen, ich habe Angst vor dem Tod. Meine Wonne, warum sollten wir den Tod fürchten, für uns hat nur die ewige Glückseligkeit Bedeutung. Sie verabschiedet sich von Seraphim und fällt auf der Schwelle zu Boden. Kurz vor ihrem Tod hat sie noch wunderbare Visionen. Sie stirbt einen Tag vor Pfingsten.[378]
Xenia Michailowna Kotscheulowa, eine alte und sehr strenge Frau, stand dem Konvent der Diwejewer Schwestern vor, der sich in der Nähe des Klosters Seraphims befand. Er hört, wie streng sie mit den Schwestern umgehe, ihnen vor allem auch nicht genug zu essen gebe. Seraphim tadelt sie deshalb mit drohender Stimme: Nein Mütterchen, ich verzeihe dir nicht. Vater Seraphim verweigert ihr zum Schluß den Segen. Als sie nun nach Hause kam, erkrankt sie und stirbt.[379]
Einmal sagt jemand zu Seraphim: Durch dich werden manche verführt. Er aber antwortet darauf: Ich laß mich weder dadurch verführen, daß mich die einen benutzen, noch dadurch, daß andere verführt

---

378 D. Mereschkowski u.a., Der letzte Heilige, 156f.

379 Ebd., 89-91.

werden. Einmal schnitt sich ein entlaufenes leibeigenes Mädchen die Haare kurz, zog ein Mönchsgewand an und pilgerte herum. Die Polizei nahm sie fest. Während des Verhörs sagte sie, daß Seraphim ihr angeblich seinen Segen dazu gegeben habe, sich wie ein Mann zu kleiden. Man setzt Nachforschungen an. Dieses Ereignis erschüttert Seraphim so sehr, daß er damals sagt: Alle diese Umstände deuten darauf hin, daß mein Lebensende nahe ist. Und es ist wirklich so geschehen.[380]
Kurz vor seinem Tode wiederholt er immer wieder stöhnend dieselben Worte: Dort ist es besser, besser, besser! Er spricht mit niemandem mehr und verläßt kaum noch seine Zelle. Er sitzt auf dem Sarg, den er für sich selbst gezimmert hat, und weint bitterlich. Ob er angesichts seiner Sünden oder des nahen Gerichts weinte?
An Mariä Verkündigung im Jahr 1831 hat Seraphim eine gewaltige Vision. Ewdokija, eine Starzin von Diwejewo, besucht ihn am frühen Morgen. Er beginnt den Akathistos zu beten. Doch dann spricht er zu ihr: Fürchte dich nicht, habe keine Angst. Die Herrlichkeit Gottes wird kommen. Da öffnet sich die Tür von selbst, ein Licht erstrahlt, Wohlgeruch verbreitet sich und Gesang ertönt. Seraphim fällt auf die Knie: Oh, Du gesegnete reine Jungfrau, Du mächtige Muttergottes! Die Gottesgebärerin, umgeben von Engeln und Heiligen, unterhält sich mit Seraphim und segnet ihn: Bald, mein Liebling, bald wirst du bei uns sein.
Als Seraphim immer schwächer wird, empfängt er kaum noch Besucher. Er verabschiedet sich: Dort werden wir uns wiedersehen, dort ist es besser, besser, besser. Er erwartet den Tod in größter Freude. Am 1. Januar 1833, an einem Sonntag, küßt er nach der Kommunion alle Ikonen und verabschiedet sich von seinen Mitbrüdern. Dreimal an diesem Tag geht er zu dem Ort, wo er beerdigt werden will. Am Abend singt er in seiner Zelle mit froher Stimme Osterhymnen. Am nächsten Morgen in der Frühe bemerkt man Feuergeruch im Flur. Man bricht die Tür auf. Leinentücher und Bücher schwelen bereits. Seraphim kniet vor der Ikone der heiligen Gottesmutter Wonne aller Wonnen , seine Hände vor seiner Brust gekreuzt. Die Zelle hatte durch eine umgefallene Kerze

---

380 Ebd., 102f.

Feuer gefangen, aber der Körper des Verstorbenen wurde nicht vom Feuer erfaßt. Nur die Seiten des Buches, über das er sein Haupt gebeugt hat, als sei er eingeschlafen, sind angekohlt.[381]

5. Angst

Von vielen Heiligen wird berichtet, wie sie vor ihrer Sterbestunde von großen Ängsten heimgesucht werden. Der Kapuziner *Pater Leopold Mandic*, der 1866 in Castelnovo geboren wurde und 1942 in Padua gestorben ist, sprach in der Beichte fast ausschließlich vom Erbarmen Gottes. Doch er selber spürt eine unerhörte Angst vor dem Gericht nach dem Tod. Er zittert beim Gedanken an seinen Tod und pflegt zu sagen: Oh, die Gerichte Gottes! Wie werde ich mich mit meinen vielen Sünden vor Gott rechtfertigen können? Und wiederum: Ich habe den Tod immer gefürchtet. Mich erschreckt weniger die körperliche Auflösung als vielmehr der Gedanke an das strenge Gericht Gottes, das unser nach dem Tode wartet. Ich bin ein großer Sünder, Gott möge sich meiner erbarmen! So sehr er also anderen die Erfahrung der Barmherzigkeit Gottes eröffnet, er selbst, ein kleiner Sünder, kann sich der Angst vor der göttlichen Gerechtigkeit nicht erwehren.

Am 20. September 1940 feiert Pater Leopold sein 50jähriges Priesterjubiläum. Selbst der Papst schickt ihm ein Schreiben mit seinem Segen. Er aber schreibt: Es geht mit mir zu Ende, doch seelisch fühle ich mich noch wie ein Kind! Er verfaßt einen verzweifelten Brief an seinen Freund Giovanni Calabris. Nach seinem Besuch kehrt Pater Leopolds Heiterkeit zurück. Er kann wieder essen und die Beichte hören.

Da er seinen Mitbrüdern keinen materiellen Beitrag für seinen eigenen Lebensunterhalt leisten kann, betrachtet er sich als Last für das Kloster. Schließlich wird er bettlägerig. Ich habe den Tod immer gefürchtet , bekennt er einem Mitbruder wenige Tage vor seinem Sterben; er hat Kehlkopfkrebs. Warum nicht Angst haben, wenn sogar Jesus davor zitterte und seinen himmlischen Vater bat, diesen bitteren Kelch hin-

---

[381] Ebd., 164f.

wegzunehmen. Mich erschreckt weniger die körperliche Auflösung als das Gericht Gottes, das uns nach dem Tode erwartet. Ich bin ein großer Sünder. Gott möge sich meiner erbarmen.

Von den letzten Tagen des begnadeten Beichtvaters Pater Leopold Mandic wird uns folgendes berichtet: An der Speiseröhre hatte sich ein Tumor angesetzt, und Kehlkopfkrebs lautete der Befund. Bald stellten sich so heftige Schmerzen ein, daß sie zur Bewußtlosigkeit führten. 'Ich habe den Tod immer gefürchtet', gestand er einem Mitbruder wenige Tage vor seinem Sterben. ... Nicht unschuldig an der Niedergeschlagenheit des Paters war sein damaliger Beichtvater Marcellino Bresolin. 'Bereiten Sie sich sofort auf den Tod vor!', befahl er Pater Leopold. 'Sie wissen es vielleicht nicht, ich aber sage es Ihnen: Sie haben ein hoffnungsloses Krebsleiden am Hals.' - 'Er hätte es mir früher sagen können', beklagte sich Pater Leopold beim Krankenpfleger. Der Gedanke verwirrte ihn, noch nicht bereit zu sein zum Aufbruch nach drüben. [...] Pater Leopold hatte um die Gnade gefleht, bis zu seinem letzten Tag für das Reich Gottes arbeiten zu dürfen. Noch am Vorabend seines Todes hörte er 50 Beichten.
Am 29. Juli 1942, einem sehr heißen Tag, begleiteten zwei Mitbrüder Pater Leopold am Abend in den Garten. Die Mönche erzählten von einem sterbenden Pater, der ohne Bewußtsein war. 'Wie traurig', sagte Pater Leopold, 'ohne Bewußtsein vor unserem Herrn zu erscheinen.'
Die letzte Nacht kam. Lange blieben die Krankenbrüder bei ihm. 'Du bist müde, ruh dich aus', sagte Pater Leopold zu einem von ihnen. 'Ich segne dich.' Ein anderer Bruder, der gegen Mitternacht kam, fand Pater Leopold im Gebet. 'Darf ich beichten?' fragte der Bruder. 'Da bin ich', antwortete Pater Leopold. Nachdem der Krankenbruder gebeichtet hatte, beteten sie gemeinsam, dann schickte Pater Leopold auch diesen Bruder zu Bett. 'Geh jetzt ausruhen! Aber vorher geh in die Kapelle und grüße den Herrn von mir!'
Pater Leopold stand am nächsten Morgen wie gewöhnlich früh auf und bereitete sich in der Krankenkapelle vor auf die Feier der heiligen Messe. Als ihm die Schwester das Meßgewand anzog, fiel er ohnmächtig zu Boden. Man brachte ihn ins Bett. Bei vollem Bewußtsein empfing er

die Letzte Ölung, und der Ordensobere sprach mit ihm die Sterbegebete. Mit immer schwächer werdender Stimme wiederholte er Wort für Wort: 'O gütige, o milde, o süße Jungfrau Maria', dann verstummte er. Maria, die Mutter, hatte ihn geholt. Sein Gesicht war wie verklärt. Es war am 30. Juli 1942 um 7 Uhr früh. [382]

6. Gleichgestaltung

Die Begegnung des heiligen *Franziskus* mit dem Kruzifixus in der Kirche von San Damiano fand im Jahr 1206 statt. Den Auftrag des Herrn: Franziskus, siehst du nicht, wie mein Haus zerstört wird? Geh und stelle es wieder her! , versteht er zunächst wörtlich und stellt das zerstörte San Damiano wieder her. Doch dann erkennt er, daß diese Erneuerungsarbeit nicht allein die Restauration dieses Kirchleins meint, sondern die Erneuerung der ganzen Kirche. Diese Erneuerungsarbeit verrichtet Franziskus nicht äußerlich, er erfährt sie als Leiden mit dem armen und wehrlosen Herrn am Kreuz: Von der Stunde an war sein Herz ganz wund und weich beim Gedenken an das Leiden des Herrn. Stets trug er von da an die 'Male des Herrn' in seinem Herzen, wie es später zutage treten sollte, da er dieselben Male auf wunderbare Weise 'am Leib' empfing, so daß sie äußerlich sichtbar wurden. [383]

Erst am Ende seines Lebens, im großen Fasten von La Verna um das Fest Kreuzerhöhung, findet das Werk der Erneuerung, zu dem Franziskus berufen ist, seine letzte Erfüllung: Er erhält die Stigmata, und zwar nicht für drei Stunden wie der Herr selbst, sondern zwei Jahre lang. So wird Franziskus zur lebendigen Ikone Gottes seiner Zeit und zum Christussymbol im Mittelalter (W. Nigg).

Armut und Wehrlosigkeit wie auch der Einsatz für die Erneuerung der Kirche führen also in ein neues Leiden mit dem Herrn, nämlich in den

---

[382] L. Gutweniger, Pater Leopold Mandic, 52f. 88-90.

[383] Franz von Assisi, Legenden und Laude. Hrsg. und erl. von O. Karrer, Zürich [3]1945, 41.

Empfang der Stigmata.[384] Im großen Fasten von La Verna läßt Franziskus dreimal im Namen der Dreifaltigkeit das Buch der Heiligen Schrift aufschlagen, um deutlich den Willen Gottes zu erkennen, und dreimal stößt er auf den Leidensbericht des Herrn, Zeichen dafür, daß er dem Gekreuzigten im Leiden gleichgestaltet werden sollte: Durch die Süße der Einheit im Leiden wurde er in den verwandelt, der aus unbegreiflicher Liebe gekreuzigt werden wollte. [385] Das Martyrium wandelt sich für Franziskus in die compassio mit dem leidenden und gekreuzigten Herrn, und er empfängt um den 14. September die Stigmata für zwei Jahre lang.

Hierüber finden wir einen ausführlichen Bericht bei Bonaventura, der das Geschehen theologisch auszuwerten versteht.[386] In seiner Beschreibung des Franziskuslebens richtet Bonaventura seine Aufmerksamkeit besonders auf das Lebensende des Heiligen.[387] Um dem inneren Prozeß des heiligen Franziskus nachzugehen, zieht sich Bonaventura 1259 auf den Alvernerberg zurück, also an den Ort, wo Franziskus die Wundmale des Herrn empfangen hat. Als Franziskus abseits auf einem hohen Berg zu Ehren des Erzengels Michael ein vierzigtägiges Fasten hält, geschieht es, daß um das Fest der Kreuzerhöhung am Hang des Berges ein Seraph mit sechs brennenden und strahlenden Flügeln aus der Tiefe des Himmels herabstieß [388]. Das Erstaunen des Franziskus erhält die Antwort, daß er als der Freund Christi nicht durch das Martyrium

---

[384] Vgl. E. Benz, Ecclesia Spiritualis. Kirchenidee und Geschichtstheologie der franziskanischen Reformation, Stuttgart 1934 (Nachdruck: Darmstadt 1964), 97f.

[385] Bonaventura, Legenda maior XIII (Analecta 616; S. Clasen, Franziskus, 365ff.).

[386] Bonaventura hieß ursprünglich Johannes Fidanza. Doch Franziskus nennt ihn, als er ihm in der Kindheit nach einer schweren Krankheit die Gesundheit wiederschenkt, Bonaventura , also gütiges Geschick . Dem doctor seraphicus , wie er auch bezeichnet wird, geht es nicht so sehr um die Erweiterung theologischen Wissens, als vielmehr um die Vereinigung mit dem Wirken der göttlichen Trinität, die Franziskus auf dem Alvernerberg erlebt: Sie wird zum inneren Leitbild der Theologie des seraphischen Lehrers.

[387] Bonaventura beschreibt in den Kapiteln XIII-XV seiner Legenda maior den Empfang der Wundmale.

[388] Bonaventura, Legenda maior XIII,3 (ed. S. Clasen 367).

des Fleisches, sondern durch das Entbrennen des Geistes gänzlich in das Ebenbild des gekreuzigten Christus verwandelt werden soll [389]. Dieser Prozeß der Verwandlung in das Bild des Gekreuzigten ist Bonaventura *expressiva et impressiva*[390]. Der Gekreuzigte kann das leibliche Zeichen seines Kreuzes in Franziskus eindrücken , weil dieser selbst Ausdruck der Liebe des Gekreuzigten ist: So trug der Diener des Herrn an seiner Brust expresse impressam similitudinem Crucifixi. [391]
Das geschaffene Bildsein des Menschen konkretisiert sich im angleichenden Bildwerden: Passive Analogie vollendet sich hier unmittelbar in der aktiven.

Im Glauben auf den Gekreuzigten bezogen und nach seinem Bild geformt, wird Franziskus nun selbst zur expressio expressa: Was alle Dinge verkünden, geschieht jetzt an Franziskus am transparentesten. Was Franziskus bisher ein Leben lang durch Entsprechung zum Menschensohn eingeübt hat, wird nun zur Verwandlung als Vergegenwärtigung des Gekreuzigten in irdischer Leiblichkeit. In der Gestalt des Franziskus erkennt die Erde ihr Urbild, am Leib dieses Heiligen wird die Erde wieder zum Bild, trägt sie doch fortan die Wundmale des Gekreuzigten.[392]

In den Erfahrungen des heiligen Franziskus, so läßt sich zusammenfassend sagen, wird nochmals das Urgestein christlicher Nachfolge sichtbar, wie es in der frühen Theologie des Martyriums erstmals ungebrochen aufleuchtet.

Vor seinem Tod wird Franziskus von solchen Leiden heimgesucht, daß alle Kräfte dahinschwinden und nur noch die Haut an seinen Knochen klebt. Der liebliche Troubadour, wie er im frommen Schrifttum beschrieben wird, ist in Wirklichkeit ein abgezehrter, blinder, todkranker Mann von 42 Jahren. Franziskus, von Schmerzen verzehrt, sieht sein

---

389 Ebd.

390 Bonaventura, Hex. XXII,23 (V,441).

391 Bonaventura, Legenda minor (VII,576).

392 W. Nyssen in der Einleitung zu Bonaventura, Collationes in Hexaemeron. München 1964, 18.

eigenes Lebenswerk in Gefahr, da die Seinen geteilt sind, aber er singt Gott das Opfer des Lobes: Darauf benützte er die wenigen Tage, die bis zu seinem Heimgang noch übrig waren, zum Lobe Gottes und forderte seine geliebten Gefährten auf, mit ihm Christus zu loben. [...] Er lud auch alle Geschöpfe zum Lobpreis Gottes ein und durch Worte, die er einstens gedichtet, forderte er sie auf zur Liebe Gottes. Ja, sogar den Tod persönlich, allen schrecklich und verhaßt, forderte er auf zum Lobpreis. Fröhlich ging er ihm entgegen und lud ihn ein zu Gast: 'Sei willkommen, mein Bruder Tod!' [393]

Die Begegnung mit der Unentrinnbarkeit des Sterbens wandelt sich für Franziskus in die Bejahung des ganzen Daseins. Auf dem Antlitz des Todes entdeckt er eine Wirklichkeit, die größer ist als der Tod und die ihm als solche vertraut war; weil er ein Leben lang für sie bereit war, kann er sie in der Stunde des Todes als Bruder und Schwester begrüßen. Was Franziskus auf besondere Weise erfahren hat, gehört zur Wirklichkeit jedes Lebens in der Nachfolge. Der Dienst am Heil der anderen und die Erneuerung der Kirche geschehen nicht mit guten Worten und Reden; am eigenen Leib wird der Berufene dem Herrn gleichgestaltet, der als Auferstandener an seinen Wundmalen erkannt wird, weil Er sich ihrer nicht entledigt.

7. Gottferne

Thérèse von Lisieux lebte in der Familiarität mit Gott, wie Gott sie ursprünglich dem Menschen schenken wollte, wie sie der wahren paradiesischen Natur entsprach [394]. Aufgrund dieser Vertrautheit tritt sie alle ihre Rechte ab: Ich wünsche nicht die fühlbare Liebe, es genügt mir, daß sie für den Herrn fühlbar sei. [395] Der Mensch kann nichts anderes tun, als sich und sein Tun offenzuhalten für Gott, und zwar ins Leere

---

[393] II Celano 163; vgl. Franziskanische Quellenschriften V, 429.

[394] H.U.von Balthasar, Schwestern im Geist, 285.

[395] Brief Nr. 114 vom 3. September 1890 (an Schwester Agnès de Jésus) (Br 150; L 162; C 567).

hinein, auf daß die ganze inhaltliche Fülle dieses offenen Raumes allein von Gott kommt. Dieses Überlassen führt Thérèse in die Indifferenz angesichts der eigenen Schwachheit.[396] Thérèse ist es sogar viel lieber, versagt, als vorbildlich gelebt zu haben. Das bedeutet für sie keine Verliebtheit in die eigene Schwäche, sondern eine wache Sensibilität für Gottes Gnade. Im Anerkennen der eigenen Schwachheit verzichtet Thérèse auf die Großartigkeit vollkommenen Lebens und erklärt sich sogar bereit, in Schwäche zu leiden. Sie erinnert an die Worte von P. Pichon: Erinnern Sie sich an jene Worte des Paters: 'Die Märtyrer litten in Freuden, der König der Märtyrer aber mit Traurigkeit.' [397] Die Kleine Thérèse wird beim Wort genommen, als sich ihr Leiden immer mehr zu einem Nichtkönnen wandelt. Das Neuartige dieses Weges ist nicht zu übersehen, da zum erstenmal vielleicht in der Geschichte der Mystik die Abbildung der Auferstehung nach der Passion eine ganz jenseitige bleibt. Ein Nichtkönnen bis in den schrecklichsten Tod hinein [398].

Der Verzicht auf das Können impliziert den Verzicht auf den Fortschritt. Die Schritte, die Gott einfordert, ergeben zusammen keinen Fortschritt. Wenn Thérèse bekennt: Niemals werde ich wissen, wie man stirbt! ... Ich kann nicht mehr! ... Ich kann nicht atmen, ich kann nicht sterben! [399], verzichtet sie darauf, die Früchte des eigenen Lebens zu sehen, denn alles bleibt nur Stückwerk. Darum sucht sie einen anderen Weg, den für sie einzig möglichen, auf dem sie so vollkommen wird wie der Vater im Himmel. Sie erklärt sich bereit, am Ende ihres Lebens mit leeren Händen vor Gott zu erscheinen, um in aller Demut

---

[396] Noch kurz vor ihrem Tod sagt sie: Wenn mich zum Beispiel der Gedanke an meine Dummheit, die ich gesagt oder gemacht habe, verfolgt, so gehe ich in mich und sage mir: Ach ja! So bin ich also immer noch am gleichen Punkt wie früher! Aber das sage ich mir in aller Sanftmut und ohne Traurigkeit. Es ist so süß, sich schwach und klein zu fühlen (D I,237 [5. Juli 1897: Ich gehe, 79]).

[397] Brief Nr. 197 vom 17. September 1896 (an Schwester Marie du Sacré Coeur) (Br 303; L 340f.; C 895): Les martyrs ont souffert avec joie et le Roi des Martyrs a souffert avec tristesse. Das Wort stammt vom 13.10.1887.

[398] H.U. von Balthasar, Schwestern im Geist, 266.

[399] D I,375 [29. September 1897: Ich gehe, 223]).

die ewige Belohnung zu empfangen, die ohnehin in keinem Verhältnis zum Opfer ihres eigenen Lebens stehen wird. Die Demut, die den Menschen erkennen läßt, wie es wirklich um ihn steht, bleibt für Thérèse die einzig realistische Haltung, da alles von Gott kommt. Um einzig Gott zur Geltung zu bringen [400], setzt Thérèse ganz auf die Demut im Glauben und verzichtet auf alles Außergewöhnliche. Aufgrund ihrer Demut behält Thérèse trotz ihrer eigenen Schwachheit immer dasselbe verwegene Vertrauen, eine große Heilige zu werden [401], denn Gott ließ mich auch verstehen, daß mein Ruhm nicht sterblichen Augen ansichtig werden sollte, sondern daß er darin bestünde, eine große Heilige zu werden!!! [402] Der Weg zur Heiligkeit verläuft für Thérèse nach keinem Schema von Stufen, denn wichtiger ist der Einklang mit dem Willen Gottes. Die Erkenntnis des göttlichen Willens ist, wie Thérèse betont, für jeden identisch mit seiner Sendung, die Gott ihm gibt; und die empfangene Sendung wiederum ist eins mit der vom einzelnen zu verwirklichenden Heiligkeit.

Thérèse richtet den Weg zur Heiligkeit ganz auf die Gemeinschaft im Glauben aus. Deshalb sucht Thérèse in ihrem Streben nach Heiligkeit nicht die Vollkommenheit für sich selber, sondern einzig für die Verherrlichung der Kirche und zur Rettung der Seelen.[403] Dieser Weg zur Vollkommenheit ist einzig am Willen Gottes ausgerichtet. Weil Gott selbst sie mit diesem Weg beauftragt hat, erklärt Thérèse ihren Weg als einen allgemein gültigen, der für jeden möglich ist, selbst für die Kleinen .

---

400 I.F. Görres, Das verborgene Antlitz. Eine Studie über Therese von Lisieux, Wien 1948, 462.

401 SS 66. Die Begründung lautet: denn ich zähle nicht auf meine Verdienste, da ich *gar keines* besitze, sondern hoffe auf Den, der die Tugend, die Heiligkeit Selbst ist.

402 Ebd.

403 Was Thérèse als ihren eigenen Weg zur Heiligkeit erkennt, bleibt nicht ohne Schatten. Als Thérèse über die Erfahrung eines Wunders spricht und sich dabei ein verstecktes Leistungsstreben meldet: Um sie davon zu heilen, war ein *Wunder* nötig (SS 62). Nicht erst das Zuteilwerden dieses Wunders führt sie auf den Weg zur Heiligkeit, vielmehr steht sie längst schon in der Gemeinschaft der Heiligen.

Seit ihrem Eintritt in den Karmel entzieht sich der so geliebte Gott gerade bei der Betrachtung und läßt sie in einer trostlosen Vereinsamung zurück. Angesichts der eigenen Todesängste , die ohne jeden Trost bleiben, wundert es Thérèse nicht, daß so viele der Ungläubigen Selbstmord begehen [404]. Die Erfahrung der Gottesferne wird für Thérèse jetzt zu einer endgültigen. Heißt es für die Zeit vorher: Ich konnte nicht glauben, daß es gottlose Menschen gibt, die den Glauben nicht haben. Ich glaubte, sie würden gegen ihre Überzeugung sprechen, wenn sie die Existenz des Himmels leugnen [405], sagt Thérèse nun: In den so freudenvollen Tagen der Osterzeit ließ Jesus mich fühlen, daß es tatsächlich Seelen gibt, die den Glauben nicht haben. [406] Für viele Mitchristen ihrer Zeit lag der Atheismus gar nicht im Bereich ihres eigenen Lebens, sie hielten den Unglauben für ein Zeichen intellektueller oder moralischer Schwäche. Ganz anders Thérèse: Sie macht so große innere Prüfungen durch, daß ich mich manchmal fragte, ob es einen Himmel gebe [407]. Die Gottesferne, die ab Ostern 1896 zum Dauerzustand wird, bezeichnet Thérèse im Manuskript B, das im September entstand, als dunklen Sturm , der sie seit dem strahlenden Osterfest erfaßt hat, und im Juni 1897, im Bericht des Manuskripts C, bekennt sie, daß ihre Seele in dunkelste Finsternis gehüllt [408] ist. Sie möchte ihr Herz, das von der Finsternis, die es umgibt, von den Nebeln, ermüdet ist , ausruhen lassen, doch nur Kampf und Qual sind übrig geblieben. Von der Finsternis, die sie wahrnimmt, will sie mit ihren Schwestern nicht sprechen, um sie nicht zu beunruhigen.

Im letzten erlebt Thérèse keinen Zustand des Unglaubens und der Zerstörung des Glaubens, sondern nur dessen Infragestellung. Da sie darum weiß, was mit ihr geschieht, muß von einer Anfechtung, nicht aber von einer dunklen Nacht der Seele gesprochen werden. Selbst die

---

404 I.F. Görres, Das verborgene Antlitz, 469.

405 SS 219.

406 Ebd.

407 SS 177.

408 SS 219.

Erfahrung restloser Finsternis hat für Thérèse nichts von einer Vernichtung an sich[409], denn obwohl sie sich von Gott und seiner Hilfe verlassen fühlt, vertraut sie sich der Sorge und Nähe Gottes an. So kann sie der Finsternis, die sie mit anderen teilt, ins Angesicht schauen und doch letztlich im Frieden bleiben. In allen ihren Krisen erfährt Thérèse die Finsternis, und das ist entscheidend und unterscheidend für die Heilige, nicht als etwas, das von innen her an sie herantritt, sondern als ein Widerfahrnis, das rein von außen auf sie zukommt.
Thérèse kann ihren Weg nicht so darstellen, daß die Seele schon auf Erden am innertrinitarischen Leben teilhat und der leibliche Tod darüber an Gewicht verliert; dem leiblichen Tod gibt sie eine geradezu mystische Bedeutung: Der Tod ist für sie die letzte Anfrage der göttlichen Liebe, die nicht nur alle Vorstellungen von Gott, sondern das Leben selber vernichtet. Aber was im Tod rettet, rettet auch im Leben: Der Mensch verliert die Lust, sich selbst zu betrachten, und blickt nur noch auf den einzigen Viel-Geliebten [410]. Der von Thérèse geforderte nackte Glaube bleibt keineswegs, wie für Johannes vom Kreuz, ein Durchgangsstadium, schon gar nicht Durchgang zu einer späteren, ungefährlich gewordenen Selbstschau. Thérèse kritisiert hier Johannes vom Kreuz, der auf der höchsten Stufe von einer Selbstschau der Seele spricht, und lehnt seine Deutung des Liebestodes ab: Unser Herr ist als Opfer der Liebe gestorben, und seht, was für einen Todeskampf Er durchleiden mußte! [411], bzw. sie modifiziert diese Theorie: Unser Herr ist in Todesängsten am Kreuz gestorben, und doch war es der schönste Liebestod, der einzige, den man gesehen hat. Den Tod der Heiligen Jungfrau hat niemand gesehen. Aus Liebe sterben heißt nicht, in Verzückung sterben. Offen gestanden glaube ich, das ist es, was ich erfahre. [412] Thérèse hört den Herrn nie sprechen, sie bekennt O! wel-

---

[409] Seitdem Gott zugelassen hat, daß ich Anfechtungen gegen den Glauben erdulde, hat er in meinem Herzen den Geist des Glaubens sehr vermehrt (SS 229).

[410] Brief Nr. 109 vom 27.-29. Juli 1890 (an Marie Guérin: Br 144; L 156; C 549).

[411] D I, 219 (4. Juni 1897: Ich gehe, 59).

[412] D I, 237f. (3. Juli 1897: Ich gehe, 78).

che Melodie ist dieses Schweigen Jesu für mein Herz [413], und sie weiß, daß es bis zum Ende ihres Lebens so bleiben wird. Dies alles erklärt, warum es bei Thérèse in den letzten Jahren ihres Lebens eine antimystische Wendung gibt.

Das für Thérèse eigentümliche Verständnis von Aktion und Kontemplation zeigt sich in der Weise, wie sie auf ihren Tod zugeht. Zum einen fragt sie: Mutter, ist das der Todeskampf? Wie werde ich es nur machen, um zu sterben? Nie werde ich zu sterben verstehen! [414], und zum anderen trifft sie auf Erden alle Maßnahmen für ihr Wirken im Jenseits. Thérèse weiß, daß sie im Himmel keine Ruhe haben wird, solange es Seelen gibt, die zu retten sind [415]. Hier spricht Thérèse keine Vermutung aus, sondern eine absolute Sicherheit als Teilnahme an dem, was in voller Wahrheit, wenn auch verhüllt, schon *ist* [416]. So hat Thérèse schon auf Erden alles, was sie im Himmel ersehnt, so daß sie alles, was in der Gegenwart nicht schon Ewigkeit ist, für Spiegelung, Traum hält.

Thérèse erkennt die Erfahrungen ihres Lebens erst dann als Ausdruck des Glaubens, als die augenblickliche Erfahrung der eigenen Schwachheit sie tiefer erfassen läßt, was zur Krisis ihres Glaubens gehört, nämlich daß sie eine Gesendete ist. Damit verliert die Krisen-Erfahrung für Thérèse alles Krisenhafte, weil sie in ihre Sendung aufgehoben ist - bis in den Himmel hinein. Von diesem Augenblick an weiß sich Thérèse an den Ort gestellt, wo sie von allen Seiten aus betrachtet werden kann, als Vorbild für die kleinen Seelen.

---

413 Brief Nr. 145 vom 2. August 1893 (an Céline) (Br 208; L 230; C 714).

414 D I, 377 (29. September 1897: Ich gehe, 223).

415 D I, 269 (17. Juli 1897: Ich gehe, 110).

416 H. U. von Balthasar, Schwestern im Geist, 71. Thérèse denkt den Himmel gemäß dem, was sie augenblicklich erfährt, denn sie lebt jetzt schon auf den Himmel hin.

8. Allein

Eine alte monastische Weisheit sagt, daß der Mönch allein stirbt. So ist von vielen Vätern und Müttern des Ordensstandes berichtet, wie sie großen Wert darauf legen, am Ende ihres Lebens allein zu sein, um sich so auf die Begegnung mit Gott vorbereiten zu können. Als ein Beispiel sei das Sterben des *Starez Siluan* berichtet. Vom ihm heißt es in einem Bericht eines treuen Schülers, nämlich des Archimandriten Sophronius:

Vom Anbeginn seiner Krankheit bis zum Tod sprach der Starez nicht. Früher hatte er mir einmal von einem Schimonach erzählt, der sich zum Tod vorbereitete. Dieser hatte die ganze Zeit mit geschlossenen Augen verbracht, um das Gedenken an Gott nicht durch äußere Eindrücke zerstören zu lassen. Der Freund und Mitbruder dieses Schimonachs unterhielt sich immer nur ganz kurz mit ihm, und der Kranke öffnete dabei nicht die Augen, denn er erkannte den Freund an der Stimme. Daran dachte ich und störte den Frieden des Starez nicht mit Fragen - mit geringen Ausnahmen. Nach einer Woche wurde der Gesundheitszustand des Starez bedenklich.

Am Freitag, dem 23. September, abends, kurz vor Sonnenuntergang, kam der Beichtvater Priester-Schimonach Sergius zu ihm, um den 'Kanon der Gottesmutter beim Heimgang der Seele' zu lesen. An das Bett des Kranken tretend, sagte er: 'Segnen Sie uns, Vater Siluan.'

Der Starez öffnete die Augen und sah uns schweigend und mild an. Sein Gesicht war sehr blaß, aber ruhig und friedlich. Als er schwieg, sagte der Geistliche: 'Vater Siluan, erkennen Sie uns?' 'Ich erkenne euch', antwortete er mit leiser, aber klarer Stimme. 'Wie fühlen Sie sich?' 'Gut, mir ist sehr gut.'

Ob er seine Schmerzen verbergen und sich nicht mit einer Klage über die Krankheit äußern wollte oder ob der Starez sich tatsächlich geistig so gut fühlte, daß die Krankheit nicht mehr von ihm wahrgenommen wurde und den Frieden der Seele nicht störte? Ich weiß es nicht. 'Wir sind gekommen, um mit Ihnen zu beten und den Kanon der Gottesmutter zu lesen. [...] Wollen Sie?' sagte der Seelsorger, 'ja, ich möchte [...], danke, ich möchte sehr.'

Der Geistliche begann mit dem Kanon. Der Starez lag ruhig und unbeweglich da, mit geschlossenen Augen, die rechte Hand auf der Brust, die linke längs des Körpers. Ohne seine linke Hand aus ihrer Lage zu bringen, tastete ich vorsichtig nach dem Puls. Er war schlecht, bald so schwach, daß man ihn kaum wahrnehmen konnte, bald stärker, aber immer so unrhythmisch, daß er sich im Laufe einer halben Minute mehrmals veränderte. So wurde das Lesen des Kanons beendet. Der Starez öffnete die Augen, dankte leise, und wir verabschiedeten uns 'bis morgen'. Um Mitternacht trat der Krankenpfleger, Vater Nikolai, ins Zimmer. Der Starez fragte ihn: 'Ist jetzt der Frühgottesdienst?' Vater Nikolai bejahte und fügte hinzu: 'Benötigen Sie noch etwas, Vater Siluan?' 'Danke, es ist nichts nötig.'

Die ruhige Frage des Starez und sein ruhiger Dank für die angebotene Hilfeleistung sowie die Tatsache, daß er das Lesen der Frühandacht hörte, das so leise war, daß es kaum bis in seine Ecke dringen konnte, zeigten, daß er bei vollem Bewußtsein und Verstand war. Als die Frühandacht beendet war, das sind knapp anderthalb Stunden später, schaute Vater Nikolai wieder zum Vater Siluan und war äußerst erstaunt, daß er verschieden war. Niemand hatte das leiseste Geräusch gehört - selbst die nicht, die ganz nahe bei ihm lagen. - So still und sanft war er hinübergegangen zu Gott.

Nach der mönchischen Tradition soll der Körper eines Mönchs nicht entblößt werden. So wird auch keine ganze Waschung ausgeführt, sondern nur Stirn, Brust, Hände, Füße und Knie werden mit einem feuchten Schwamm mit dem Zeichen des Kreuzes gezeichnet.

Mit allen seinen monastischen Gewändern bekleidet, der Tunika und darüber dem Schima, wird der Körper des Verstorbenen einschließlich des Kopfes in seine Riasa genäht und auf eine besondere Bahre gelegt. Danach wird er mit einem schwarzen Schleier bedeckt, auf dem, wie auf dem Schima, ein dunkelrotes Kreuz gestickt ist, und in die Kirche getragen. [...] Der selige Starez Schimonach Siluan ist heimgegangen in der zweiten Nachtstunde des 24. September 1938; er wurde begraben am selben Tag, um 14 Uhr nachmittags. [417]

---

[417] Archimandrit Sophronius, Starez Silan. Mönch vom Berg Athos. Sein Leben und

XVI. VEREHRUNG DER HEILIGEN

Die Bedeutung der Heiligen wird darin deutlich, daß nach ihrem Tod ihr Lebens- und Glaubenszeugnis unersetzlich bleibt. Ihre Sendung geht im Himmel weiter, so daß sich die Kirche im Gebet an sie wendet und ihre Fürsprache erbittet. Warum die Heiligen so unerläßlich sind für die Gemeinschaft im Glauben, gilt es nun zu bedenken[418]. Wenn nämlich alle Christen Heilige sind, wie Paulus in der Anrede an die Gemeinden deutlich macht - durch Christus haben sie unmittelbaren Zugang zu Gott, dem wahrhaft Heiligen -, stellt sich die Frage, warum wir solche Vermittlungsinstanzen brauchen. Eine Antwort soll in drei Schritten versucht werden.

1. Kanonisation

Für die Kirche war es ein langer Weg, bis daß sie einzelne als Heilige eigens hervorhob. Geschichtlich betrachtet, beginnt der Heiligenkult mit der Verehrung der Martyrer, der Bekenner und Asketen aufgrund ihrer radikalen, exemplarisch gelebten Nachfolge. Auf besondere Weise ehrt die Kirche seit frühester Zeit die Gottesmutter Maria (hyperdulia) und die Apostel und Jünger wegen ihrer besonderen Nähe zum Herrn. Zwischen dem 4. und 6. Jahrhundert werden weitere Glaubenszeugen zum Gegenstand eines religiösen Kultes.
Wie sich die Heiligenverehrung nur langsam über viele Jahrhunderte hin entwickelt, so auch der kirchliche Prozeß der Kanonisation . In ihm geht es um die Aufnahme in den Kanon der zu verehrenden Seligen und Heiligen, es ist eine promotio ad cultum , nicht ad gloriam . Es handelt sich also um eine liturgische Aussage über die öffentliche

---

seine Lehre. Bd. I, Düsseldorf 1980, 243-251.

418 Hierzu W. Beinert (Hg.), Die Heiligen heute ehren. Eine theologisch-pastorale Handreichung, Freiburg-Basel-Wien 1983; G.L. Müller, Gemeinschaft und Verehrung der Heiligen. Geschichtlich-systematische Grundlegung der Hagiologie, Freiburg-Basel-Wien 1986.

gottesdienstliche Verehrung; von der Heiligkeit des Entsprechenden ist dabei unmittelbar nicht die Rede. Auf keinen Fall dient die Heiligsprechung dem Heiliggesprochenen, denn es werden nur Verstorbene heiliggesprochen.

Bei einem ordentlichen Verfahren der Kanonisation hat der Ortsbischof ein Erhebungsverfahren durchzuführen, in dem die Schriften des Betreffenden geprüft werden und ermittelt wird, welche Bedeutung er hat (Wunder, Ruf der Heiligkeit, Tugend, Martyrium); er darf vor allem bisher noch keine amtliche Verehrung empfangen haben. Das Ergebnis der Untersuchung wird an die Ritenkongregation weitergereicht, die alles überprüft und ein Dekret schreibt, das abschließend vom Papst bestätigt werden muß; er entscheidet darüber, ob ein Diener bzw. eine Dienerin Gottes künftig liturgisch verehrt werden darf.

Ein Blick in die Geschichte der Heiligsprechungen zeigt, daß am häufigsten Männer heiliggesprochen wurden; in der Zeit vom 10. bis zum 19. Jahrhundert sind es genau 87%. Im 20. Jahrhundert verschiebt sich das Verhältnis geringfügig, es sind 76% Männer gegenüber 24% Frauen. Ferner fällt auf, daß meistens Kleriker heiliggesprochen wurden, während es bei den Laien eher Martyrer waren; nur selten finden sich verheiratete Laien, wobei die Tatsache, daß sie verheiratet waren, nebensächlich zu sein scheint. Als die ideale Pressure Group für die Durchführung eines Heiligsprechungsverfahrens erweisen sich die Ordensgemeinschaften.

Wenn ein Mensch heiliggesprochen wird, ist das eine Glaubensaussage (ein Häretiker kann nicht für Christus sterben); sie bringt zum Ausdruck, was Inhalt jeder liturgischen Feier eines Heiligenfestes ist: Die versammelte Gemeinde feiert Christus, der im Sterben seiner Heiligen den Ostersieg erneuert: In den Gedächtnisfeiern der Heiligen verkündet die Kirche das Pascha-Mysterium in den Heiligen, die mit Christus gelitten haben und mit ihm verherrlicht sind.[419] Der Bezug zum Pascha-Mysterium führt zu dem Brauch, daß die Heiligen meist an ihrem Todestag oder Begräbnistag liturgisch verehrt werden, nicht an

---

[419] SC 104.

ihrem Geburtstag, denn der Todestag des Verstorbenen wird zum (Geburts-)Tag des Übergangs in das ewige Leben.
Jede Heiligsprechung ist - gleich einem jeden Heiligenfest - ein kleines Osterfest. Darum wird am Festtag nicht die Biographie des zu Verehrenden verlesen, sondern das Gotteswort verkündet; der Heilige selber wird während der Liturgie kaum direkt angesprochen. In den acta sanctorum (Taten der Heiligen) preist die Kirche die gesta Dei per sanctos (die Taten Gottes durch die Heiligen).

2. Neue Ansätze

Daß Heilige als Helden des Glaubens erscheinen, hat eine längere Geschichte. Ein spezifischer Heiligkeitsbegriff findet sich schon im christlichen Altertum bei den Martyrern, Bekennern und Asketen, doch voll ausgebildet erst im Mittelalter, als dem Heiligen immer mehr außergewöhnliche menschliche und religiöse Kräfte und ungewöhnliche Steigerungen von Frömmigkeitsleistungen zugesprochen werden. Die Renaissance rückt am Heiligen vor allem das menschlich Ungewöhnliche, Geniale und Heldenhafte im sittlichen Verhalten wie auch in der heroischen Ausübung der Tugenden in den Vordergrund.
Gegenüber allen Einseitigkeiten und Verengungen in der Heiligenverehrung gilt es zu betonen, daß sie ein Lobpreis auf die Menschenfreundlichkeit Gottes ist, der siegreich in seinen Heiligen wirkt. Dies wird gleich bei der ersten Kanonisation (im Jahr 993) deutlich, nämlich der des Bischofs Ulrich von Augsburg, bei der Papst Johannes XV. betont: Wir ehren die Diener, damit die Ehre auf den Herrn fällt, der gesagt hat: Wer euch aufnimmt, der nimmt mich auf. [420] Wer sich einem Heiligen zuwendet, setzt damit keine Vermittlungsinstanz zwischen sich und den Herrn des Lebens: Für alle ist das Heil schon da und zugänglich.
Die Ausrichtung auf den Ursprung aller Heiligkeit ist im Lauf der Geschichte teils verdeckt gewesen, besonders als die Heiligen vor allem

---

[420] DS 675.

wegen ihrer moralischen Leistungen bewundert wurden. Der entscheidende Wandel beginnt mit dem Übergang zur Massenkirche, der aus der Kirche der Heiligen eine heilige Kirche werden läßt[421]; das führt zu einer Verselbständigung der ethischen Seite im Verständnis der Heiligkeit.

Etwa seit dem 5. Jahrhundert tritt statt der sakramental bestimmten Auffassung von Heiligkeit die ethische in den Vordergrund - eine der folgenschwersten Verschiebungen in der Auffassung des Christentums [422]. Der Heilige ist jetzt jener, der am meisten aus der Gnade, die er von Gott erhalten hat, gemacht hat. Die Heiligkeit wird nun nicht mehr als ein Charisma verstanden, das in den Aufbau der Gemeinde eingebracht werden muß, sondern als Lohn für die ethische Vollkommenheit, die mit der Gnade erworben wurde. Nun stehen die Heiligen als die Vollkommenen den normalen und gewöhnlichen Christen gegenüber.

Für das konkrete Glaubensleben ist die Verehrung der Heiligen nicht unbedingt notwendig, weder gegenüber bestimmten Heiligen noch gegenüber der Gottesmutter Maria, wohl aber ist sie gut und nützlich (bonum atque utile)[423]; das gilt in gleicher Weise für die Anrufung der Heiligen.

3. Das Gebet zu den Heiligen

Wenn es gut und nützlich ist, die Heiligen auf besondere Weise im Glauben an Gott zu verehren, ist noch nicht verständlich, warum zu ihnen gebetet wird. Welche Bedeutung kommt dem Bittgebet zu den Heiligen (invocatio) und der Fürbitte der Heiligen (intercessio) zu?

Eine erste Antwort gibt ein Blick auf die Heilige Schrift. Im Alten

---

421 Vgl. K.S. Frank, Grundzüge der Geschichte des christlichen Mönchtums. Darmstadt [4]1983, 12f.

422 J. R. Geiselmann, Die theologische Anthropologie J.A. Möhlers. Ihr geschichtlicher Wandel. Freiburg/Br. 1955, 74; auch 56-106.

423 DH 1821.

Testament finden sich Hinweise dafür, daß Glaubende für andere bitten: Die Urväter wie Abraham (Gen 18,22-33; 20,17) und Isaak (Gen 25,21) beten für andere, aber auch Mose (Ex 8,8; 32,11ff.; 34,8f; Num 12,13; 14,19) und die Propheten (Jer 14,7.17-22); schließlich ist die Fürbitte derer bezeugt, die gestorben sind (2 Makk 15,12-14).[424] Im Neuen Testament findet sich kein Zeugnis für die Fürbitte von Verstorbenen; erst allmählich läßt sie sich im Zeugnis der frühen Kirche nachweisen.

Die jüdische und hellenistische Umwelt des Christentums kannte viele Mittler, Gerechte und Fürbitter. Die frühe Kirche lehnt die zeitgenössische jüdische Verehrung und Anrufung der Gerechten und Martyrer zunächst ab.[425] Aber schon bei Augustinus ist überliefert, daß man nicht nur für die Martyrer betet, sondern sich auch ihrem Fürbittgebet anempfiehlt.[426] Da er das öffentliche Bekenntnis zu Jesus Christus standhaft bis in den Tod durchgehalten hat, gilt der Martyrer als ein himmlisch Vollendeter (vgl. dazu Apk 7,13-17). Die alttestamentlichen Hinweise auf die Fürbitten von Gerechten und Verstorbenen werden schließlich von der frühen Kirche auf die christlichen Martyrer - und später auf alle Heiligen - bezogen.

Über viele Jahrhunderte hin wird der Heilige vor allem als Fürsprecher bei Gott angesehen, wie noch im Katechismus des Petrus Canisius deutlich wird: Nur beiläufig erwähnt er, daß der Heilige nachgeahmt werden soll. - Die Reformatoren lehnen die Heiligenverehrung nicht grundsätzlich ab, stellen jedoch die namentliche Fürbitte der Heiligen und deren Anrufung in Frage. Sie betonen die Einzigartigkeit der Mittlerschaft Christi und schränken die Heiligenverehrung darauf ein, daß das Leben und der Glaube der Heiligen nachzuahmen sei. - Anders als das Konzil von Trient rückt das II. Vatikanum das Beispiel der Heiligen an die erste Stelle; dann folgt der Hinweis auf ihre Verehrung und

---

424 Vgl. A. Ebneter, Fürsprache und Anrufung der Heiligen, in: Orientierung 25 (1963) 223f.

425 Vgl. B. Kötting, Heiligenverehrung , in: Handbuch theologischer Grundbegriffe. Hrsg. von H. Fries. Bd. I, München 1962, 635.

426 Vgl. Sermo 159,1 (PL 38,868).

Fürbitte: In den Gedächtnisfeiern der Heiligen verkündet die Kirche das Pascha-Mysterium in den Heiligen, die mit Christus gelitten haben und mit ihm verherrlicht sind. Sie stellt den Gläubigen ihr Beispiel vor Augen, das alle durch Christus zum Vater zieht, und sie erfleht um ihrer Verdienste willen die Wohltaten Gottes. [427]
Die Vorstellung von den Verdiensten der Heiligen - oft verknüpft mit der Lehre über den Kirchenschatz und den Ablaß - ist heute von vielen nur noch schwer nachzuvollziehen. Sie erscheint als Ausdruck eines rechtlichen Denkens, das weitgehend als überholt gilt. Allerdings steht hinter dieser Lehre eine Überzeugung, die bleibendes Gewicht hat: Im Leib Christi, in der Kirche, gibt es Solidarität über den Tod hinaus. Christliches Leben bedeutet - sowohl auf Erden als auch in der himmlischen Vollendung -, für andere dazusein. Sinn und Bedeutung der Fürbitte ergeben sich daraus, daß alles Beten in der Kirche ein Mitbeten mit Christus ist. Wer betet, betet im Heiligen Geist durch Christus zum Vater: Christus, der Hohepriester, ist der Fürsprecher und Beistand beim Vater (vgl. 1 Joh 2,1f.).
Die Jakobus-Liturgie aus Jerusalem, die als die ursprünglichste aller Liturgien gilt, kennt noch keine spezifische Heiligenverehrung; sie ist erst allmählich aus dem Martyrerkult entstanden. Auffällig gerade für die Chryostomus-Liturgie ist die Darbringung für die Heiligen und alle im Glauben Vollendeten, eine Formulierung, welche die Basilius-Liturgie vermeidet, mit der die Chrysostomus-Liturgie aber zum Ausdruck bringen möchte, daß die eucharistische Gegenwart des Herrn die ganze Kirche umschließt und allen Anteil am Heil schenkt. In der Chrysostomus-Liturgie vertraut sich die Gemeinde nicht nur der Fürbitte der Heiligen an, sondern sie betet auch ausdrücklich *für* sie:

> *Noch bringen wir diesen geistigen Gottesdienst dar* für *die im Glauben ruhenden Vorväter, Väter, Patriarchen, Propheten, Apostel, Prediger, Evangelisten, Martyrer, Bekenner, Asketen und für jeden Gerechten, der im Glauben sein Leben vollendet hat. Insbesondere*

---

[427] SC 104.

für *unsere allheilige, makellose, hochgelobte und ruhmreiche Herrin, die Gottesgebärerin und immerwährende Jungfrau Maria.*

Das eucharistische Opfer wird ausdrücklich für die Heiligen dargebracht. Michael Kunzler führt hierzu aus: Damit unterscheidet die Ostkirche sich in einer eigenen Theologie der Vollendung der Heiligen im Himmel vom Abendland, für die im strengen Sinn Fürbitte zu leisten schon Augustinus als 'iniuria' bezeichnet hatte. So sagt die byzantinische Theologie, daß auch die Heiligen des Himmels durch diesen Ausdruck der Gemeinschaft einen geistlichen Gewinn haben. Sie weiß sie zwar schon in der Herrlichkeit des Himmels, aber die Fülle des Reiches Gottes muß auch von ihnen noch erwartet werden. Sie ist erreicht am letzten Tag, wenn alle Menschen, auch die noch zukünftig geborenen, welche zu Christus gehören, seinen geheimnisvollen Leib, der die Kirche ist, vollendet haben. Bis dahin sind alle Verstorbenen, sogar die Heiligen, noch nicht die 'im Glauben Ruhenden', sondern leben in einer erwartenden Spannung von 'schon' und 'noch nicht', über Christus verbunden mit der Kirche der auf Erden Lebenden und der Verstorbenen. Die Seligkeit aller im Glauben durch den Tod Vorangegangenen wächst in dem Maß, wie die mit ihnen verbundenen, noch auf Erden lebenden Menschen im sicheren Hafen des himmlischen Heils ankommen, und damit ist das Höchstmaß ihrer Seligkeit erst erreicht, wenn die Fülle der Erlösten bei Gott sein wird. So gesehen, gilt das Gebet 'für' die Heiligen mehr der Kirche auf Erden als diesen selbst. Über Christus mit ihnen verbunden, richtet sich die Gemeinde aus auf die einstige Gemeinschaft mit ihnen, wenn die Fülle des Reiches Gottes anbricht. [428] Die Fürbitte der Heiligen meint keinen Instanzenweg , sondern zielt auf die universale Heilsgemeinschaft des Glaubens, also die Einheit von irdischer und himmlischer Kirche. In der Jakobus-Liturgie heißt es an dieser Stelle:

Würdige Dich, Herrscher, auch jener zu gedenken, welche Dir seit ewiger Zeit von Geschlecht zu Geschlecht wohlgefällig waren, der

---

[428] M. Kunzler, Archieratikon. Paderborn 1998, 341f.

heiligen Väter, der Patriarchen, Propheten, Apostel, Martyrer, Bekenner, Lehrer, der Heiligen und jedes rechtgläubigen Geistes, der im Glauben entschlafen ist.
Gedenke, Herr, der Stimme des Erzengels, die sprach: ‚Freue dich, du Gnadenvolle, der Herr ist mit dir, Du bist gesegnet unter den Frauen, und gesegnet ist die Frucht deines Leibes, denn geboren hast du den Erlöser unserer Seelen.'
Gedenke vor allem unserer hochheiligen, makellosen und ruhmreichen Gebieterin, der Gottesgebärerin und immerwährenden Jungfrau Maria.
Gedenke des heiligen Johannes, des ruhmreichen Propheten, Vorläufers und Täufers. Der heiligen Apostel, der heiligen Propheten, Patriarchen und Gerechten, der heiligen Martyrer und Bekenner.
Gedenke, Herr und Gott, unserer heiligen Väter, der Erzbischöfe und allen Fleisches, wie auch derer wir gedacht haben und derer wir nicht gedacht haben. Gib ihnen Frieden im Lande der Lebenden, in Deinem Reich, in der Wonne des Paradieses, im Schoße unserer heiligen Väter Abraham, Isaak und Jakob, dort, wo es weder Schmerz noch Trauer noch Klage gibt, wo das Licht Deines Angesichts wacht und immerdar leuchtet. Das Ende unseres Lebens laß christlich, wohlgefällig und sündelos sein, o Herr, und versammle uns zu Füßen Deiner Auserwählten, wann und wie Du willst, bloß ohne Schande und Sünde, durch Deinen eingeborenen Sohn, unseren Herrn, Gott und Erlöser Jesus Christus, denn er ist der einzige, der ohne Sünde auf Erden erschienen ist.

Bezeichnend für die Jakobus-Liturgie ist also, daß sie das Gedenken der Verstorbenen, Martyrer und Zeugen des Glaubens ausdehnt und heilsgeschichtlich die Perspektive eröffnet bis zum Letzten Gericht.

Die Vorstellung von einer Fürbitte der Heiligen weist auf die Gemeinschaft aller Glaubenden bis zum Ende der Zeiten; ihre Bedeutung kommt aus der Überlegung, daß alle Menschen durch ein gemeinsames Schicksal verbunden sind hinsichtlich ihrer Hoffnung auf das ewi-

ge Heil und seine Gefährdung durch die Sünde [429]. Gott schenkt sein Heil auf die Gemeinschaft der Glaubenden hin: Durch die Taufe (1 Kor 12,13) bildet die Gemeinschaft der Glaubenden einen Leib mit verschiedenen Gliedern (Röm 12,4-8), wie Augustinus sagt: Haupt und Leib Ein Christus (totus Christus caput et membra) . Es gibt also eine doppelte Verbundenheit, nämlich die mit Christus und die mit allen Christen; und wenn ein Glied leidet, leiden alle Glieder mit, wenn ein Glied verherrlicht wird, freuen sich alle anderen mit (1 Kor 12,26).
Wer einen bestimmten Heiligen in konkreten Anliegen um seine Hilfe anruft, tut dies in dem Wissen, daß Liebe immer konkret ist: Die Vollendeten behalten ihre besondere Beziehung zu den Orten, Personen etc., zu denen sie auch in ihrem Leben eine besondere Beziehung hatten. Die Bitte in konkreten Anliegen ist keine Beschwörung und kein Erzwingen; sie verbindet sich mit dem Wunsch, auf dem eigenen Lebensweg den Willen Gottes so zu erfüllen, wie es Christus und seine Heiligen in ihrem Leben getan haben. Das konkrete Anliegen ist eins mit der Bitte um die Offenheit für den Willen Gottes, die den Christen täglich beten läßt: Dein Reich komme! In dieser Bitte weiß sich die irdische Kirche in Einheit mit der himmlischen Kirche.
Vor Gott bleibt jedes Leben in Christo für alle gültig - auch über den Tod hinaus.[430] Deshalb können die Schwestern und Brüder einander im Glauben helfen, das Vollmaß Christi zu gewinnen. Dieser Dienst gründet im Auftrag der Nächstenliebe: Die Heiligen, die in ihrer Liebe vollendet und vollkommen sind (Thomas von Aquin), setzen in der Fürbitte den Dienst ihrer Liebe zum Nächsten fort[431], auf daß alle Anteil haben am Los der Heiligen, die im Licht sind (Kol 1,12). In der Anrufung der Heiligen wie auch in der Bitte um ihre Fürsprache drückt sich die über den Tod hinaus bewahrte Verbindung mit dem Nächsten und der Liebe

---

429 E. Dassmann, Sündenvergebung durch Taufe, Buße und Märtyrerfürbitte in den Zeugnissen frühchristlicher Frömmigkeit und Kunst (= MBT 36). Münster/W. 1973, 163.

430 Vgl. K. Rahner, Die Verehrung der Heiligen als Anbetung Gottes, in: ders., Schriften zur Theologie VII. Einsiedeln-Zürich-Köln ^{2}1971, 301-303, hier: 302.

431 Vgl. Origenes, De orat. II (ed. Koetschau 322).

zu ihm aus. Hier gilt der Satz des Apostels Paulus: Die Liebe hört niemals auf (1 Kor 13,8). Die damit verbundene Verehrung des Heiligen gilt als eine Weise der Liebe zum Nächsten, die zu Gott führt. Von der Liebe der Glieder des Leibes zueinander, also der konkreten Nächstenliebe, unterscheidet sich die Heiligenverehrung nicht dem Wesen, sondern der Form und Realisierung nach. In diesem Sinn gehört die Einheit mit denen, die ihren Lauf vollendet haben, zu einem Grundmodell christlichen Lebens.

4. Das fünfte Evangelium

In der Rückschau auf die vorgestellten Modelle christlicher Existenz im Alltag des Glaubens ergibt sich ein recht buntes Bild, das teils sonderliche Züge trägt. Es kann nicht darum gehen, dieses Bild zum Schluß abzurunden und zu glätten. Die Unebenheiten und Kanten sind letztlich Zeichen für eine Sprache der Liebe, die weiß, daß sie nie genug geliebt hat. So verkündete *Franziskus* in den naheliegenden Städten und Dörfern: Die Liebe wird nicht genug geliebt! Der Liebe ist es nie genug, und so gehen die Heiligen bis zum äußersten, um wenigstens ein kleines Zeugnis ihrer anfänglichen Liebe zu geben. So tun sich aber auch neue Dimensionen auf, die überraschen und in allem einmalig sind. So heißt es bei Pascal: Die Heiligen haben ihr eigenes Reich, ihren Glanz, ihre Siege, ihre Herrlichkeit. Sie bedürfen weder der irdischen noch geistigen Größe und haben mit ihr, die ihnen weder etwas geben noch nehmen kann, nichts zu tun. [432]

Gewiß, die Heiligen haben in ihrem Leben Heroisches geleistet und sind damit außergewöhnliche Menschen. Doch ihre Besonderheit liegt nicht in dem, was sie aus sich und ihrem Leben gemacht haben, sondern in dem Ruf, den sie erhielten und der sie verpflichtete, anders als ihre Mitmenschen zu leben. Auch die Heiligen kennen Erfahrungen von Sünde und Schuld, zuweilen sind sie viele Umwege gegangen. Doch schließlich haben sie Neues gewagt und sind dadurch selbst eine

[432] B. Pascal, Fragm. 793.

neue Existenz geworden. Die konkrete Lebensform, die sie wählen, entspricht der Konkretheit des Rufes, der an sie ergangen ist. Hierzu heißt es bei George Bernanos: Die Heiligkeit ist auf keine Formel zu bringen, oder vielmehr auf alle. Sie umschließt und überhöht sämtliche Kräfte, sie verwirklicht die in eine einzige Ebene hinabgezwungene Verdichtung der allerhöchsten Fähigkeiten des Menschen. Um die Heiligkeit auch nur zu erkennen, bedarf es einer Anstrengung, einer Teilnahme gewissermaßen an ihrer Lebensform, an ihrem unsäglichen Aufschwung. [433] Um also die Lebensform der Heiligen verstehen zu können, muß man selbst ein Leben der Heiligkeit führen.

Ein solches Leben ist jedem Christen aufgetragen: Das ist der Wille Gottes, eure Heiligung (1 Thess 4,3). Der Unterschied mag wohl darin liegen, daß die Heiligen diese Umwandlung in Heiligkeit mit all ihren Kräften anstreben. Diese sehnsuchtsvolle Suche nach Umwandlung im Heiligen Geist ist das, was die Heiligen auszeichnet, denn ihnen geht es in ihrem Leben einzig darum, der Heiligung nachzujagen, ohne die niemand den Herrn schauen wird (Hebr 12,14).

Das erste Werk der Heiligen ist nicht irgendeine Tat, sondern ihr Leben selbst, in dem alles enthalten ist. Sie leben nicht nach einem Gesetz oder Buchstaben, sondern suchen alles mit Geist zu erfüllen. So ist zum Inhalt ihres Lebens die Verheißung der Bergpredigt geworden: Selig sind jene... (Mt 5).

Kaum ein Heiliger hat etwas Großes in der Welt geleistet; eigentlich sind und bleiben sie alle nutzlos für die Gesellschaft und die Verbesserung der Welt. Der Erfolg ihres Lebens liegt woanders. Es gelingt ihnen nämlich, in ihrem Leben ein Bibelwort von einer ganz neuen Seite her zu beleuchten und es wie in einem Symbol zu verwirklichen: Bei den Heiligen findet sich das bedeutsame Denken des Herzens, das allein dem Religiösen entspricht. Sie betätigen das symbolische Sinnen, das sich nach ganz anderen Gesetzen bewegt als das rationale Denken, welches nach Ursache und Wirkung fragt. Der innere Verfall des Christentums beruht nicht ausschließlich auf der Gottlosigkeit und dem Materialismus der Menschen in

---

[433] Zit. nach W. Nigg, Große Heilige, 15.

der Neuzeit, sondern auf dem Übergewicht des rationalen gegenüber dem symbolischen Denken in religiösen Fragen. [434]
Die Stärke der Heiligen ist nicht die begriffliche Argumentation, sondern die Kraft ihres Herzens, mit der sie sich in den Dienst des Lebens stellen. Kein Heiliger stellt die ganze christliche Heiligkeit dar, deshalb bilden sie alle zusammen einen symphonischen Klang.
Die Heiligen vermitteln nicht zwischen uns und Gott, denn Gott bedarf keiner Vermittler, wohl aber sind die Heiligen Zeugen für die Herrlichkeit Gottes, die in ihnen aufstrahlt. Doch diese Herrlichkeit ist für die Welt ein Ärgernis, wie es im Kreuz Jesu aufstrahlte. So stößt der Leser von Heiligenbiographien immer wieder an die Kanten und Ungereimtheiten im Leben dieser Zeugen des Glaubens, die sich nicht auf einen Nenner bringen lassen. Auch in den vorgestellten Beispielen gibt es viele solcher dunklen Seiten im Leben der Heiligen. Ein solcher Realismus ist oft eine erschreckende Wirklichkeit, erklärt sich aber letztlich daraus, daß in jedem Heiligen die göttliche Wirklichkeit einbricht, und diese ist immer anders als alles, was der Mensch für möglich und angebracht hält. Auch die Heiligen haben sich schwergetan mit den Rätseln, Spannungen und Antinomien ihres Lebens, und selten haben sie diese elegant gelöst; eher will es scheinen, daß sie an ihnen zerbrechen. Der italienische Autor Silone schreibt deshalb: Das Schicksal mancher Heiliger auf Erden gehört zu den dunkelsten Geheimnissen der Kirche. [435]
Aus der Andersartigkeit ihres Lebens erklärt sich auch, daß es nur schwer ist, hierüber etwas zu berichten. Meist versteht man einen Heiligen erst, wenn man sich über längere Zeit mit ihm beschäftigt hat und mit ihm umgegangen ist. Ja, letztlich kann nur ein Heiliger über das Leben eines Heiligen schreiben. Deswegen sind auch meist die Worte der Heiligen selbst besser als die ihrer Hagiographen.

---

[434] Ebd., 25.

[435] I. Silone, Das Abenteuer eines armen Christen (1969), 210; zit. nach W. Nigg, Die Heiligen kommen wieder. Leitbilder christlicher Existenz, Freiburg-Basel-Wien 1980, 22.

Die Hagiographie muß sich anderer Mittel bedienen als die der sonstigen Biographien. Vieles im Leben der Heiligen ist unverständich und läßt sich nicht mit natürlichen Argumenten und Einsichten einholen. So erklärt es sich, daß manchmal die Legenden mehr von der abgründigen Wirklichkeit eines Heiligen darstellen als manche hagiographische Schrift von heute. Schon im banalen Alltag der Heiligen erscheint das göttliche Mysterium, die andere Wirklichkeit unseres Lebens.

Auch in Niederlagen haben sie ihr Ziel letztlich erreicht, und von keinem Heiligen können wir sagen, daß er sein Leben vertan habe. Das stärkste Argument der Heiligen ist die Tatsache, daß man Heilige nicht widerlegen kann. Letztlich überzeugen sie immer - aus sich selbst heraus, wie das Wort ihres Herrn selber. Deshalb darf das Leben der Heiligen mit Recht bezeichnet werden als ein fünftes Evangelium .